汉字中的生活百态

刘悦　古敬恒　著

齊魯書社

图书在版编目（CIP）数据

汉字中的生活百态 / 刘悦，古敬恒著. -- 济南：齐鲁书社，2018.12

ISBN 978-7-5333-4052-0

Ⅰ. ①汉… Ⅱ. ①刘… ②古… Ⅲ. ①汉字－研究 Ⅳ. ①H12

中国版本图书馆CIP数据核字（2018）第281450号

汉字中的生活百态

HANZI ZHONG DE SHENGHUO BAITAI

刘 悦 古敬恒 著

主管单位 山东出版传媒股份有限公司

出版发行 齊魯書社

社 址 济南市英雄山路189号

邮 编 250002

网 址 www.qlss.com.cn

电子邮箱 qilupress@126.com

营销中心 （0531）82098521 82098519

印 刷 日照日报印务中心

开 本 880mm×1230mm 1/32

印 张 11.5

插 页 3

字 数 295千

版 次 2018年12月第1版

印 次 2018年12月第1次印刷

印 数 1-2000

标准书号 ISBN 978-7-5333-4052-0

定 价 **45.00元**

山东省社会科学普及与应用重点研究项目 山东省高校人文社科研究计划项目（J18RA031） 淄博师专基础教育创新发展研究院学术基金资助项目

序

长久以来，笔者就有一个愿望，想跟读者特别是青年朋友就常用汉字的构形原理与文献含义做一个交流。汉字是记录汉语的书写符号，也是我国悠久文化的灿烂瑰宝。近些年来，随着网络文化的流行，汉字的书写出现了新的状况，提笔忘字、随意解字等现象屡见不鲜。这对于我们建设文化强国的崇高目标无疑是一个极大的干扰。因而，近年来全国兴起的汉字书写比赛、汉字争霸赛以及汉字普及教育，应是向社会提供积极正能量的活动。

汉字经历了由古文字到今文字的演变。从甲骨文到小篆的古文字阶段，为汉字的构意提供了理据。发展到隶书、楷书阶段，为了方便书写，人们对字符多有改变，产生了不少字形混同或讹变现象，造成了构字理据的缺失或曲解。例如“泉”，楷书处理为会意字，使人误以为泉指“白色的水”。其实，甲骨文中泉作，像水从山洞里流出，应看作象形字。又如“庶”，楷书难以分析其意，传统又把“广”下面的部分解释为“光”，似乎房里有光就表示人多。其实，庶在甲骨文中作，于省吾先生释为以火烧烤石器，是早期饮食中的

石烹法。又如“祖”，《说文》分析为从示，且声。其实甲骨文作。徐中舒《甲骨文字典》：“本为断木，用作切肉之荐……其后，俎由切肉之器逐渐演变为祭神时载肉之礼器。”因俎用于祭祀先祖，所以称先祖为“且”，后转而为“祖”。由此可见，古文字形体为我们解释汉字提供了客观依据和有益的启示。

又如，在形声字中有一大批省形字和省声字，人们对其做结构分析时常会感到困惑，有时又难免望文生训，贻笑大方。如“星”，常分析成“从日，生声”，理由是太阳升起之时，正是星辰消散的开始。事实上，星的古体作曐，从晶，生声。晶正是星的初文。这是省形的例子。此外还有：晨，从晶省，辰声；釜，从金省，父声；耆，从老省，旨声。下面是省声的例子。雷，人们多认为是会意字，即雨降落到农田里时，会伴随着打雷。很显然，这种观点也是不正确的。事实上，雷的古字作靁，从雨，畾声。后来为了字形结构匀称，方便书写，人们把“畾”省成了“田”。此类例子还有：累，从糸，畾省声；豪，从豕，高省声；融，从鬲，蟲省声。有人认为，相对于简化字而言，繁体字属于“正体字”，因而提出要书写正体字，这是一种误解。实际上，简化字中有不少就选用了古体字，如“云”“气”等字，早在三千多年前的甲骨文中已经出现。因此，要追寻字的来历和本初的意义，必须寻根溯源，了解其在古文字中的形、义状况，如果只就楷书加以推测，很可能会本末倒置，走入歧途。当然，作为书写符号，那是另一回事。

本书共收录150多个常用汉字。在广泛借鉴前贤时彦相关论述的基础上，对汉字的古文字构形加以分析，指出其造字本义。当然，由于历史久远，有的字字形复杂，对于其六书类型的定位，前人也有歧见。对此我们一般采纳影响较大、说服力较强的观点，而对其他观点也一并提及，以便读者参考。除本义之外，我们也通过举例或提供文化背景，对字的常用义做出介绍与分析。

本书的重要参考材料已附列于后，在此谨对前贤时彦一并表示衷心感谢。本书在写作中得到了齐鲁书社的大力支持与帮助，在此谨表诚挚谢意。由于笔者学识所限，文中定有不妥之处，敬请广大读者不吝赐教。

目录

序 / 1

一、器用

（一）鼎 / 1
（二）尊 / 3
（三）干 / 5
（四）车 / 8
（五）舟 / 10
（六）斗 / 13
（七）斤 / 15
（八）俎 / 16
（九）床 / 18
（十）席 / 21
（十一）壶 / 23
（十二）灯 / 26
（十三）烛 / 28
（十四）扇 / 31
（十五）笛 / 33

二、行为

（一）行 / 36
（二）走 / 38
（三）拜 / 41
（四）坐 / 43
（五）来 / 45
（六）去 / 47
（七）至 / 49
（八）睡 / 51
（九）笑 / 53
（十）喜 / 55
（十一）思 / 57
（十二）为 / 59
（十三）治 / 61
（十四）理 / 64

三、性状

（一）好 / 67
（二）坏 / 70
（三）对 / 72
（四）错 / 75
（五）苦 / 77
（六）香 / 79
（七）长 / 82
（八）短 / 85
（九）快 / 87
（十）慢 / 89
（十一）曲 / 91
（十二）和 / 93
（十三）危 / 96
（十四）旷 / 98
（十五）青 / 101
（十六）巨 / 104
（十七）巧 / 106
（十八）吉 / 108

四、农耕

（一）辰 / 111
（二）辱 / 113
（三）农 / 115
（四）耕 / 118
（五）力 / 119
（六）井 / 121
（七）田 / 123
（八）禾 / 125
（九）年 / 127
（十）啬 / 129
（十一）率 / 131

五、饮食

（一）食 / 134
（二）饮 / 136
（三）饭 / 139
（四）饵（饼、餈） / 143
（五）饷 / 147
（六）粮 / 148
（七）稷 / 151
（八）餐 / 153
（九）菜 / 155
（十）饴（饧） / 157
（十一）酒 / 159
（十二）茶 / 162
（十三）饔（飧、铺、飱） / 164

六、服饰

（一）服 / 166
（二）饰 / 169
（三）衣 / 171
（四）装 / 173
（五）冠 / 175
（六）佩 / 177
（七）巾 / 180
（八）带 / 182
（九）裤 / 184
（十）屦（履） / 186
（十一）袜 / 188

七、建筑

（一）宫 / 191
（二）室 / 193
（三）堂 / 195
（四）殿 / 197
（五）台 / 200
（六）亭 / 202
（七）寺 / 204
（八）庙 / 206
（九）塔 / 208
（十）祠 / 210
（十一）坛 / 212
（十二）碑 / 214
（十三）庐 / 216
（十四）阁 / 218

八、称谓

（一）祖 / 221
（二）父 / 224
（三）母 / 226
（四）姑 / 229
（五）舅 / 230
（六）伯 / 232
（七）娘 / 234
（八）孟 / 237
（九）儿 / 239
（十）子 / 241

九、教育

（一）经 / 244
（二）书 / 247
（三）教 / 248
（四）学 / 250
（五）师 / 253
（六）礼 / 255
（七）义 / 257
（八）忠 / 259
（九）信 / 261
（十）仁 / 263
（十一）孝 / 265
（十二）恕 / 267
（十三）笔 / 269
（十四）墨 / 271
（十五）纸 / 273
（十六）砚 / 275

十、婚育

（一）夫 / 277
（二）妻 / 280
（三）妇 / 282
（四）婚 / 285
（五）姻 / 287
（六）归 / 289
（七）娶 / 290
（八）嫁 / 292
（九）聘 / 295
（十）媒 / 297
（十一）育 / 299
（十二）婴 / 301

十一、丧葬

（一）丧 / 303
（二）死 / 305
（三）葬 / 307
（四）殡 / 309
（五）棺 / 311
（六）奠 / 313
（七）含 / 316

十二、崇拜

（一）天 / 318
（二）地 / 321
（三）日 / 323
（四）月 / 325
（五）星 / 327
（六）神 / 329
（七）龙 / 331
（八）凤 / 333
（九）麟 / 336
（十）龟 / 338
（十一）福 / 339
（十二）禄 / 341
（十三）寿 / 343

插图目录 / 346

一、器用

器用，原指尊、彝一类的器物，后来作为各种用具的统称。如鼎鼐，本是炊具，后来成为国家权力的象征，古称重器；干戈，士兵作战时所用的武器，又称兵器；车舟，人类重要的交通工具；床席，人们睡眠时所凭依的对象物，又称卧具；锅碗杯盘，人们饮食所用的器具，人称食器；锣鼓琴瑟，人称乐器，等等，品类繁盛，不胜枚举。它们都是人类在历史发展进程中精心创制的物质财富，以下仅举出若干种略加分析。

（一）鼎

鼎是古代的一种炊具，两旁有耳，下有三足，甲骨文作，金文作，小篆作，为象形字。《说文》：“鼎，三足两耳，和五味之宝器也。昔禹收九牧之金，铸鼎荆山之下。”“炊具”应是“鼎”的本义。古人以镬烹煮，以鼎陈食。古代设宴时，天子九鼎，《礼记·郊特牲》孔颖达疏指出，九鼎所煮有牛、羊、豕、鱼、腊、肠胃、肤、鲜鱼、鲜腊九种，食材可谓丰盛。所谓“五味”，指的是醢、酒、饴

蜜、姜、盐之属。关于鼎的由来，《说文》认为是夏禹收集九州贡献的金属，在荆山之下所铸。而宋高承《事物纪原》援引古代文献，认为“黄帝采首山之铜，铸鼎于荆山。此鼎之始也”。也有人指出，“铜鼎是在新石器时代陶鼎的基础上发展而成的”[①]。总之，鼎是上古时代出现的炊具，在商周时代特别兴盛。人们将不同的肉食放在不同的鼎中煮熟后，围坐而食，故称“列鼎而食”。权贵人家讲究场面，往往享受“钟鸣鼎食”的奢华生活。

作为“国家”的重器，“鼎”的常见义项是“指王位和国家政权”。此义从何而来？辞书对此解释的角度有所不同。一说“相传禹铸九鼎，为传国宝器，后因以称王位或政权”（见《王力古汉语字典》），一说“古代立国铸鼎，所谓铸鼎象物，以作国图。王朝定都建国，称为定鼎，所以鼎也是传国之宝，鼎是权力的象征”[②]。相较而言，后者所说更为细密。鼎是王权的象征，故“铸鼎”或“铸鼎象物”可用以歌颂帝王的功德。唐李白《答杜秀才五松见赠》：“铜井炎炉歊九天，赫如铸鼎荆山前。”“移鼎”则指王权没落、权力转移。文献中有夏桀昏乱亡国而鼎迁于商、商纣暴虐而鼎迁于周的记载，还有秦始皇过彭城，斋戒祈祷，欲出周鼎于泗水，并派千人下水捞鼎而未得的传说。至今江苏徐州还有“古泗水捞鼎处”的纪念标志。相关的合成词还有“鼎玉”（以鼎和玉玺借指帝业和政权）、“鼎业”（指帝王之大业）、“鼎运”或“鼎命”（指帝王或国家的命运）。“鼎”也可转指重臣，如“鼎位”指宰相等重要职位，

---

① 杨金鼎：《中国文化史词典》，浙江古籍出版社1987年版，第191页。

② 纪德裕：《汉字拾趣》，复旦大学出版社1997年版，第312页。

也借指宰相，“鼎府”指宰相府。南朝宋颜延之《家传铭》：“内辞鼎府，外秉邦闾。”邦闾指郡邑乡里。因鼎是三足之器，故人们常用以表示并列的三种事物，如“鼎足三分”。宋田锡《叠嶂楼赋》中有“自春秋、战国之后，洎吴魏鼎分之际，干戈僭王，乘舆拟帝”之语。所谓“吴魏鼎分”，指的是魏、蜀、吴三国争雄。“鼎立”，一指“三方对立”，如宋叶适《纪纲一》：“然边方鼎立，彼此窥伺，一有蹉跌，而祸败随之。”二指“三者并立”，如宋苏轼《见子由与孔常父唱和诗辄次其韵》：“自君兄弟还，鼎立知有补。”施注：“常父与兄经父、弟毅父皆以文声起江右，鼎立元祐，时号三孔。”鼎有三足的特点，也使之可喻指“三公、宰辅、重臣之位”。《后汉书·陈球传》：“公出自宗室，位登台鼎。”

后母戊鼎

目前所知全国最大也是世界第一的鼎是后母戊鼎，1939年3月出土于河南安阳侯家庄武官村，重832.84千克，高133厘米。此鼎是殷商青铜器的代表作，因器腹内壁铸铭文“后母戊”而得名。“戊”是商王武丁王后妇妌的庙号。除此之外，大盂鼎、禹鼎、毛公鼎、大克鼎、卫鼎等也很出名。

（二）尊

尊，甲骨文作，金文作，小篆作。《说文》：“尊，酒器

也。从酉，廾以奉之……或从寸。”尊是盛酒的器皿。从酉，表明与酒有关，金文中酒或作“酉”。朱骏声《说文通训定声》：“（酒）即酉字之小篆，因酉为十二枝（地支）借义所专，又加水旁以别之。”从廾，或从寸，表示手持酒器。从字体构形看，尊为酒器是明确的，因而《说文》及一些现代辞书将“酒器”列为“尊”的本义，如《王力古汉语字典》：“酒器。古代用作祭祀的礼器。《礼记·明堂位》：‘尊用牺、象、山、罍。’郑玄注：‘尊，酒器也。’后来写作‘樽’、‘罇’。”但也有学者认为“酒器”义是构形义而非本义，因而把后起较抽象的“尊重”列为“尊”的本义（参见《汉语大词典》），对此笔者不敢苟同。其原因，一是“尊”的初义通过字形已论述得十分明确，二是“酒器”义在古代文献中多有例证。如《诗·鲁颂·閟宫》中有“白牡骍刚，牺尊将将”，《周礼·春官·小宗伯》中有“辨六尊之名物，以待祭祀、宾客”，王国维《说彝》中也指出“尊有大共名之尊”和“小共名之尊”。

作为盛酒礼器，尊常用于祭祀和宴享宾客，其接待对象都具有尊贵的地位；双手捧杯在我国传统习俗中又体现了对对方的尊敬。因此，“尊”的“尊重；重视”义是一种合乎自然的引申。《左传·成公九年》：“无私，忠也；尊君，敏也。”《论语·子张》：“君子尊贤而容众。”《孟子·公孙丑上》：“莫如贵德而尊士。”国君、贤者、士人历来是人们尊重的对象。由此，“尊”又引申出“高；高出”义。《周易·系辞上》：“天尊地卑，乾坤定矣。”杜甫《望岳》：“祝融五峰尊，峰峰次低昂。”由此，“尊”又引申为“地位高或辈分高”义。《韩非子·有度》：“法审则上尊而不侵。”《礼记·丧服小记》：“养尊者必易服。”郑玄注：“尊谓父兄。”此处

双羊尊

的“上”和“尊者”都指地位高或辈分高的尊长。

关于尊的起源，宋高承《事物纪原》做过论述：“《礼运》曰：‘礼之初，始诸饮食，污尊而杯饮。’注云：‘凿地为尊。此尊名始也。后世或以瓦木为之，取诸此也，至有虞始，又以泰名尊。’”[①]“尊”“彝”二字常连用，泛指礼器，专称则指盛酒器。尊盛行于商代和西周时期，形状似觚而中部较粗，口径较大。还有一类尊模拟鸟兽形状，统称为鸟兽尊，主要有鸟尊、象尊、羊尊、虎尊、牛尊等。《周礼·春官·司尊彝》中有“六尊”：“牺尊”即牛形的酒尊，“象尊”即大象形的酒尊，“著尊”即没有脚而底着地的酒尊，“壶尊”即壶形的酒尊，“大尊”即上古的陶制酒尊，“山尊”即刻画着山和云雷之形的酒尊。总之，它们都是用作祭祀神灵祖宗和宴请宾客的礼器。

（三）干

干，甲骨文作[甲骨文字形]，金文作[金文字形]，小篆作[小篆字形]。《说文》：“干，犯也。从反入，从一。”许慎所说并非“干”的本义。徐灏《说文解字注笺》：“疑干即古竿字。”从甲骨文、金文看，“干”字像有丫杈

① 高承：《事物纪原》，中华书局1989年版，第414页。

的木棒之形，应当是远古时期的一种原始兵器。但它是进攻型的兵器，还是防守型兵器“盾牌”呢？学界对此存在不同看法，有学者认为是进攻型兵器，由此可以与引申义“干犯”相连接。但现行辞书都将“盾”或“盾牌”列为“干”的本义（参见《汉语大字典》《汉语大词典》等），笔者认为这是符合传统文献实际的。再从甲骨文看，“汉字叔叔”网站所收录的甲骨文“干”字中，有七个都作，上面都明显设有盾牌，并保留两个丫杈。由此推测，早期作为兵器的“干”似兼有进攻与防守两种功能，后来演变成专做防御的盾牌。《尚书·牧誓》：“称尔戈，比尔干，立尔矛，予其誓。”《诗·大雅·公刘》：“弓矢斯张，干戈戚扬。”干、戈并举，表示各种兵器。

“干”的常见引申义有四。一为“捍卫”。《诗·周南·兔罝》：“赳赳武夫，公侯干城。”该诗句歌颂那雄赳赳的武士，赞扬他们是国家的捍卫者。干是盾，城是城郭，都具备防御功能，由此“干城”就用来比喻捍卫者。“干吾”，捍御，金文用语。郭沫若《师克盨铭考释》：“毛公鼎、师訇簋均有‘干吾王身’语，干吾者敦敌也，捍御也。”金文又言“干害”，义同。二为“冒犯；扰乱”。《左传·文公四年》：“军辱贶之，其敢干大礼以自取戾？”杜甫《兵车行》：“哭声直上干云霄。”三为“牵连；涉及”。宋李清照《凤凰台上忆吹箫》：

西晋持盾武士俑

“非干病酒，不是悲秋。”这一类的合成词有“干连”“干涉”“干系”“干预”“干政”“相干”等。四为“求取”。《尚书·大禹谟》：“罔违道以干百姓之誉。”孔传：“干，求也。”含此义的合成词多有，如“干禄”，一指求福，例见《诗·大雅·旱麓》：“岂弟君子，干禄岂弟。”二指求禄位、求仕进，例见《论语·为政》：“子张学干禄。”

“干”与“支”相配称为“干支”，是天干与地支的合称，多用来表示时间顺序。干支与我国的传统文化具有密切关系，相传是黄帝的史官大桡发明的。干指树干，支指枝叶。古人认为天主宰一切，地从属于天，因而天、干相连称“天干”，地、支相连称“地支”，二者结合形成一个整体。早在殷商甲骨文中就有用干支纪日的记载，后来又用来纪年、纪月、纪时。“用干支表示时间顺序的方法，是我国古代历法的一项重大发明和独特创造。”[①]此外，干还可以表示方位，如甲乙表示东方，庚辛表示西方。干表示次第时，通常采用甲乙丙丁四等，以甲等为最优。

“干”与繁体“榦”“幹”“乾”字具有渊源关系。“干”本作“榦”，指树木的主干。俗字“幹”产生后，逐渐代替了“榦”字。“幹”字又具有“事物的主体”“做”“能干”等意义。后来，“榦”作为“幹”的异体字被停止使用，“幹”作为繁体字并入“干”字。作为繁体字并入“干”的还有“乾”字。乾表示“干燥”“空虚”“只具形式的”（如“乾妈”）等意义时，用简化字“干”；作“乾坤”用时，不简化。

---

① 杨金鼎：《中国文化史词典》，浙江古籍出版社1987年版，第360页。

（四）车

车，繁体字作“車”。“车”的本义是“车子，陆地上有轮子的交通工具”。这一意义一直沿用至今，如火车、汽车、马车等。

奚仲像

车，甲骨文作，金文作，小篆作，象形字。《说文》：“车，舆轮之总名。”从甲骨文、金文看，“车”字中间一条长的竖线是车辕，车辕上端的横线是衡，车辕下端是用轴贯穿的两个车轮，车轴两端各装一个“辖”，即防止车轮脱轴的销钉。小篆字形简化，“车”字由车厢、车轮、车轴合成。关于车的发明者，《释名》等认为车是黄帝所造，故人们称黄帝为“轩辕氏”。《管子》《说文》等认为车是尧时车正奚仲所造。今山东薛城奚公山上还有奚仲之墓。2010年，薛城建造了奚仲纪念馆。

目前所见较早的车都是商代的，形制多是两轮，车厢为方形或长方形，独辕。古代车马相连，车轮大而车厢小。车主要用来乘人、载物或作战。乘车时尊者在左，中间是驾车人（御者），右边是骖乘（或名“车右”）。在古代军事编制中，一辆车称为一“乘”（shèng），常用来衡量国力的强弱，故有“万乘之国”“千乘之国”

等称说。一乘有甲士三人，步卒七十二人，驾驭四马。四马中，中间两匹称为服，即驾辕之马；两旁的马叫骖。古人以左为尊，有时会把左边的骖马解下来赠送贵宾或友人。《史记》记载，鲍叔牙与管仲为至交，当管仲因战败被俘时，就是鲍叔牙解下左骖把他救出来的。左骖也常用于结盟，人们杀马歃血，立誓为信。古代还有一种酷刑叫“车裂”，即将被杀者的头与四肢分别拴在五辆马车上，五辆马车同时奔驰，将人撕裂致死，亦称“五马分尸”。

“车”除了本义，还有一些派生义，如“驾车人”义，即指车士、车仆。《史记·魏公子列传》言魏公子无忌“告车趣驾归救赵”。又如“用车；乘车”义。《战国策·秦策二》：“寡人欲车通三川，以窥周室。”再如“利用轮轴旋转的工具”义。明陆容《菽园杂记》卷十：“纺纱具曰纺车，飏谷具曰风车，缫丝具曰缫车。”此外，车也可指“牙床骨”，属于一种比喻用法。《左传·僖公五年》记载，晋国想穿过虞国消灭虢国，就派使者向虞国借道。虞国大夫宫之奇认为，虞、虢为近邻，相互依存，虢若亡，则虞也难以幸免，他用了当时的一句流行语说：“辅车相依，唇亡

秦陵铜车马二号车

齿寒。”这里“辅”指颊骨，“车”指牙床，二者一表一里，相互依存，关系非常密切。当然，“辅”本指车帮，“车”本指车体，颊骨、牙床都属于借喻用法。

作为交通工具，车的种类繁多。如皇帝所乘的车叫“辂”（又作“路”）。《淮南子·主术训》：“尧为天子，大辂不画。”古代皇帝有五辂，大辂是一种金色的车，其上不绘彩画。“辇”，宫中所用的一种人力小车。汉代以后，辇为帝王专用，故称国都为“辇下”“辇毂下”。“蒲车”，以蒲草裹轮，帝王封禅或招贤时所用之车。据说，“封禅用蒲车是怕车轮伤了山上土石草木；招贤用蒲车，是防车子颠簸，求其舒适平稳”①。“安车”是一种用马拉、可坐乘的车（上车后倚立不坐的车叫“高车”）。古代官员告老，或德高望重者被征召时，朝廷往往赐乘安车，以示优礼。《史记》记载汉武帝曾派出驷马安车征迎申公，而与申公随行的弟子只能乘一马或轺传（两匹马拉的普通传车）。此外，古代还有用于运货的“辎车”，可以调节温度的“辒辌车”，有帷幕供妇女乘坐的“幨车”，装运货物的“般载车”，等等，展现了古代劳动人民的聪明才智和伟大创造力。

（五）舟

舟，甲骨文作，金文作，小篆作。《说文》：“舟，船也。古者共鼓、货狄刳木为舟，剡木为楫，以济不通。象形。”相传古时候共鼓、货狄两人，把大木挖空做船，削木做桨，以此来渡过河

---

① 纪德裕：《汉字拾趣》，复旦大学出版社1997年版，第33页。

河姆渡文化时期的陶舟

流。舟、船为同义词，也存在区别。《方言》卷九："舟，自关而西谓之船，自关而东或谓之舟。"这是从地域方言的角度进行区分的。也有从制作方式或使用的角度加以区分的，如朱骏声《说文通训定声》："古以自空大木为之，曰俞；后因集板为之，曰舟；又以其沿水而行曰船也。"其实，舟应当还是船的总称。

我国的造船史十分悠久，与造车的发展史相当。史传夏代已有舟。《论语·宪问》："羿善射，奡荡舟。"至于舟的发明者，史传为共鼓、货狄。有学者推断，"共鼓"是"空中木"的音节促读，与挖木成舟之事相关；"货狄"与"刳"具有语音联系。"这是中国古代人的一种归类认同的神话思维倾向。"[①]由于中国人起名往往具有一定含义，上述推测似可备一说。

舟的初始制作与"自空大木"密切相关，这从"俞"字的构形中可以窥见端倪。《说文》："俞，空中木为舟也。"即用中间

---

① 傅永和、李玲璞、向光忠主编：《汉字演变文化源流》，广东教育出版社2012年版，第303页。

空了的树木做舟（通常是独木舟）。从考古发掘资料来看，河姆渡文化遗址中出土的陶舟，是原木挖洞成舟的缩构。从民俗学材料推测，其制作过程是：截下一根粗树干，留出剖挖部分，在其余部分的表面涂一层厚泥，再用火对剖挖部分加以烘烤；随后把烧焦处用石斧掏空，从而形成船舱。“俞”的小篆形体有明确的“舟”字形，也是对其历史渊源的客观记录。至于甲骨文、金文，则更是有力的佐证。

“舟”也具有一些引申义，如“行船；用船运”。唐柳宗元《饶娥碑》：“娥父醉渔，风卒起不能舟。遂以溺死。”又如“器物名”，一指尊彝等器物的托盘，如《礼记·祭义》载“一举足而不敢忘父母，是故道而不径，舟而不游”，郑玄注：“舟，尊下台，若今时承盘。”二指酒器，如宋苏轼《次韵赵景贶督两欧阳诗破陈酒戒》：“明当罚二子，已洗两玉舟。”

我国的舟船制造业随着时代的发展而不断发展壮大，在世界上长期处于领先地位。《左传·僖公十三年》：“秦于是乎输粟于晋，自雍及绛相继，命之曰泛舟之役。”这是春秋时期的一次大规模水运活动，几百里的水路上船只不断。汉武帝时建造了高十余丈的楼船，用于作战，晋代则造出可载两千余人的大舰。这一时期所造之船重量大，速度快，有的还用于航海。隋唐以后，造船技术发达，载重万斛的内河船只已很常见，隋炀帝还曾“舟舻千里”，派兵渡海进攻高丽。海外贸易随着造船技术的进步而发展起来，唐宣宗时代中国海船开始驶抵波斯湾。宋代的海船已有指南针领航，开各国科技界之先。唐宋时还有在船上设轮，踏轮击水而进的“轮船”，其行如飞，令人惊叹。明清时期我国海船制造业更为发达，郑和七下西洋，成为我国航运史上的空前壮举。据《明史·郑和传》记载，郑和第一次下西洋时，乘大舶六十二艘，舶长四十四丈，广十八丈，共载士兵二万七千八百余人[①]，可以说代表了我国古代造船技术的最高成就。

（六）斗

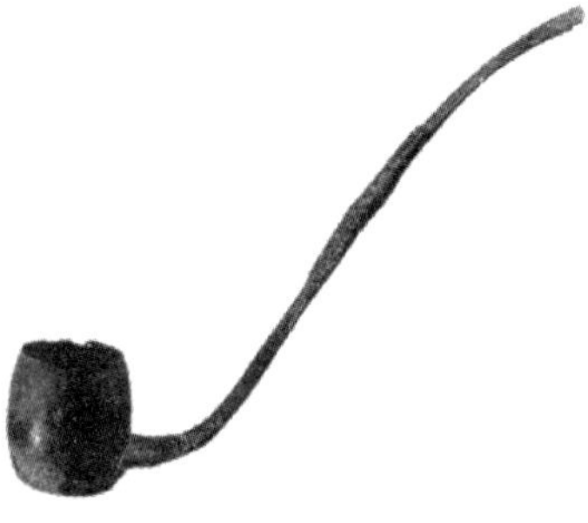

商晚期蝉纹铜斗

斗，甲骨文作，金文作，小篆作。《说文》：“斗，十升也。象形，有柄。”“斗”的本义是“量器”，也用作量词。古时的容量单位，十升为一斗，十斗为一石。《庄子·胠箧》：“掊斗折衡，而民不争。”《汉书·律历志上》：“斗者，聚升之量也。”二例中的“斗”都指量器。作为量器，斗不仅可以量米、量水，甚至还可以量“才能”的大小。《新唐书·食货志一》：“而百姓残于兵道，米斗至七千。”此乃量米。《庄子·外物》：“我，东海之波臣也。君岂有斗升之水而活我哉？”此乃量水。而晋谢灵运所说“天下有才一石，曹子建独占八斗，我得一斗，天下共分一斗”，此乃量才。

“斗”由“量器”义引申出一些相近的意义。如“形如斗状的器物”，即墨斗、拖斗、烟斗等。《淮南子·齐俗训》：“炮烙生乎热斗。”《晋书·韩伯传》：“母方为作褥，令伯捉熨斗。”又如“形如

---

① 张廷玉等：《明史·郑和传》，中华书局1974年版，第7767页。

斗状的指纹”，由多数环形线、螺形线组成。再如“传统建筑中的一种构件，即拱与拱之间所垫的方木”，因其形状如斗，故称“斗”。《释名·释宫室》：“斗在栾两头，如斗也。斗负上员檼也。”

古代一种酒器也称“斗”。《诗·大雅·行苇》：“酌以大斗，以祈黄耇。”此言一群贵族和兄弟们用斗酒祭神，以祈求长寿。《史记》鸿门宴中，张良说：“玉斗一双，欲与亚父。”玉斗，即玉制的酒器。唐杜甫《饮中八仙歌》：“李白斗酒诗百篇，长安市上酒家眠，天子呼来不上船，自称臣是酒中仙。”一斗酒的容量看来并不少。上引《诗经》中有“大斗”一词，毛传：“大斗，长三尺也。”按今制折算，有70多厘米。唐陆德明《经典释文》云：“三尺，谓大斗之柄也。”从考古发掘资料来看，陕西秦始皇陵墓附近出土陶盘上镌有“一斗二升”的说明文字。后经检验，一斗二升合今天两千四百毫升。明白于此，就有助于理解古书中的“斗酒只鸡”“斗酒彘肩”“斗酒双柑”等含义。

用“斗”做比喻，来称呼天上的星斗，这也是十分常见的。如北斗七星、南斗六星，都像一个斗勺的形状。朱骏声《说文通训定声》：“北斗七星、南斗六星，又天市垣小斗五星，皆象斗形，故以为名。”据此，“斗”指“星宿名”可有三说。一指二十八宿之一，北方玄武七宿的第一宿，在我国夏季黄昏，出现在南方天空，与北方天空的北斗七星遥相辉映，又称南斗，有星六颗。宋苏轼《赤壁赋》：“少焉，月出于东山之上，徘徊于斗牛之间。”斗指南斗，牛指牛宿。二指北斗七星。《诗·小雅·大东》：“维北有斗，不可以挹酒浆。”三指天市垣小斗五星。《星经·斗》：“斗五星，在宦星西南，主称量度。”其实“斗”也泛指天上的星辰，如“满天星斗”。

（七）斤

斤，今常用义是一种计量单位，在古代则是一种器具。甲骨文作或，金文作，小篆作。《说文》：“斤，斫木斧也。象形。”前人对其结构做了分析，认为是一种用来砍削木头的横刃斧头。唐兰《古文字学导论》：“甲文象曲柄斧形。”饶炯云：“斧刃纵向，伐木者用之，其形与刀同；斤刃横向，斫木者用之，其形与锄同。”故而“斤”的本义是“古代砍物工具，一般用以砍木，与斧相似，比斧小而刃横”。

斤与斧同义，二者在文献中常常连用，如“斤斧”。《管子·乘马》：“其木可以为棺，可以为车，斤斧得入焉。”又如“斧斤”。《孟子·梁惠王上》：“斧斤以时入山林，材木不可胜用也。”在生产力落后的远古时代，一把斧斤往往成了改造山河的象征性利器，具有相当强的威力。郭沫若指出，“（父）乃斧之初字。石器时代，男子持石斧以事操作，故孳乳为父母之父”。古代从“斤”的字不少，有的字的常用义与斧斤相去甚远，从中也可看出斧斤在古代影响的广泛性。如“所”，常用义有“处所”“辅助性代词”，但其本义是“伐木声”。《诗·小雅·伐木》：“伐木所所。”东汉许慎《说

半坡出土石斧复原图

文》：“所，代木声也。”又如“斯”，常用义是代词“这”，本义却是“析”，即劈开。《诗·陈风·墓门》：“墓门有棘，斧以斯之。”意即用斧头把它劈开。“断”，表示“截断；隔绝；判断”等意义，而截断所用的工具是“斤”。“新”，常见义是“初次出现的”，但本义则是“取木”，即砍取树木。

“斤”除了表示类似斧头的砍伐工具，还表示一种类似锄头但比锄头小的农具。《国语·齐语》：“恶金以铸锄、夷、斤、斸（zhǔ），试诸壤土。”“斤”还可以表示“兵器”义。清王筠《说文释例》卷八：“斤即兵也，故兵亦从斤。”“斤”由名词用作动词，引申为“砍；削”义。东汉马融《长笛赋》：“挢揉斤械。”又引申为“加工文字”义。元佚名《渔樵记》：“望大人略加斤正咱。”

“斤”用以表示重量单位，古已有之。《吕氏春秋·务大》：“乌获举千钧，又况一斤？”高诱注：“若乌获之力以举一斤，言其易也。”一斤，旧制十六两，市制一斤为十两。此外，叠音词“斤斤”，本表示“明察”，如《诗·周颂·执竞》“斤斤其明”；后多表示“过分”，如“斤斤计较”。这些引申义与“斧子”“斤两”毫无联系，只是一种借用。

（八）俎

俎是古代祭祀、宴飨时置放牛羊等牲体或其他食物的礼器。其形制与几相似，通常以木料制作并加漆饰。因木料容易腐烂，故实物较难以传之后世，但我们可以通过古文字形体及文献材料得其梗概。俎，甲骨文作，金文作，小篆作。《说文》：“俎，礼俎也。从半肉在且上。”从小篆字形看，“俎”左旁为祭肉，右旁

“且”是置放牲体的器具。而从甲骨文字形看，“俎”像祭肉放在且上，上下两房都是肉，中间的横画应是木楅之类。《左传·宣公十六年》：“季氏！而弗闻乎？王享有体荐，宴有折俎。”杜预注：“体解节折，升之于俎，物皆可食，所以示慈惠也。”古人先把牛羊等牲体放在镬内煮熟，然后取出放入鼎内，再从鼎内取出放到俎上，故称其为载牲之器。

东汉刀俎俑

尽管俎通常不易久存，但也有个别留传下来。据河南省文物考古研究院《信阳楚墓》考古报告称，二号墓共出土28件漆木俎，俎板作长方形，有足，通体髹黑漆，并绘有朱色图案，具体可分为两种式样：一种是俎板两端的两足略似战国的方足货币，另一种是俎板下的两足为长方形的木跗。[①]俎的发现，为我们提供了珍贵的文物材料。

俎既是古代的礼器，就会与一些相关的事物结合，形成一些合成词，从而多方面地展现礼器的作用。如与“礼”结合为“礼俎”，表示俎的基本功用。俎的形状与几相似，故二者合称为“俎几”，亦作“俎机”。《宋史·乐志八》：“执事骏奔，肃将俎几。神其顾

---

① 河南省文物研究所编：《信阳楚墓》，文物出版社1986年版，第94～98页。

歆，永锡多子。”俎和豆是古代祭祀和宴飨时盛放食物所用的两种礼器，因此合成词“俎豆”可泛指各种礼器。汉班固《东都赋》：“献酬交错，俎豆莘莘。下舞上歌，蹈德咏仁。”也指“祭祀；奉祀”。《论语·卫灵公》：“俎豆之事，则尝闻之矣；军旅之事，未之学也。”“俎簋”也是祭祀时所用的两种礼器，俎载牲体，簋盛黍稷。《周礼·春官·小史》：“大祭祀，读礼法，史以书叙昭穆之俎簋。”至于“俎实”“俎味”“俎羞（馐）”等，则指祭品，也借喻美味佳肴。

“俎”也指“切肉切菜用的砧板”。刀、俎配合成词，常比喻宰割者或迫害者，如《史记·项羽本纪》：“如今人方为刀俎，我为鱼肉，何辞为？”面对项羽、范增精心布局的鸿门宴，此时的刘邦早已成为任人宰割的对象。三十六计走为上，“刀俎”句虽由樊哙之口说出，却真实地反映了刘邦的困境和心声——被人宰割欺凌却无力反抗。“刀俎”又称“俎上肉”。《晋书·孔坦传》：“今由俎上肉，任人脍截耳。”

“俎”的同义词有“梡”“椇”“房”“房俎”等。王国维先生在《观堂集林·说俎》中指出，有虞氏时代的俎称“梡”，是“完也”（完备），商代的俎称“椇”，是“具也”，皆全烝之俎。周代的俎称为“房”“房俎”，则是“房俎”对“全俎”而言。盖升半体之俎，当有两房，半体各置其一，合两房而牲体全，所以称为“房俎”。观察前文所引甲骨文字形，似能见其概貌。

（九）床

床，本作，小篆作。《说文》：“床，安身之坐者。从木，

爿声。”林义光《文源》：“考爿并有床象，实即床之古文。”供人睡眠的家具称为“床”。《释名·释床帐》：“人所坐卧曰床。床，装也，所以自装载也。”古人席地而坐，室内也有一些坐卧家具，如床、榻等。清马国翰《通俗文》：“八尺曰床。”关于床的起源，宋高承《事物纪原》卷八做过推断：“《孟子》曰：象往入舜宫，舜在床琴。《黄帝内传》有七宝登员之床。则床疑始于有熊氏也。”《诗·小雅·斯干》：“乃生男子，载寝之床。”《诗·豳风·七月》：“十月蟋蟀，入我床下。”可见在周秦时代，床已普遍流行开来。上古时坐床叫“案”，《周礼·天官·掌次》：“王大旅上帝，则张毡案，设皇邸。”贾公彦疏：“案谓床也。”但自汉代开始，案不再指坐床，而转指胸前之案、食案之类。“榻”，指狭长低平的坐床兼眠床。[①]床、榻为同义词，区别而言，床较高较宽，周围有围栏，可施帐幔；榻则较低较窄，无围栏，不施帐幔而可置屏风。

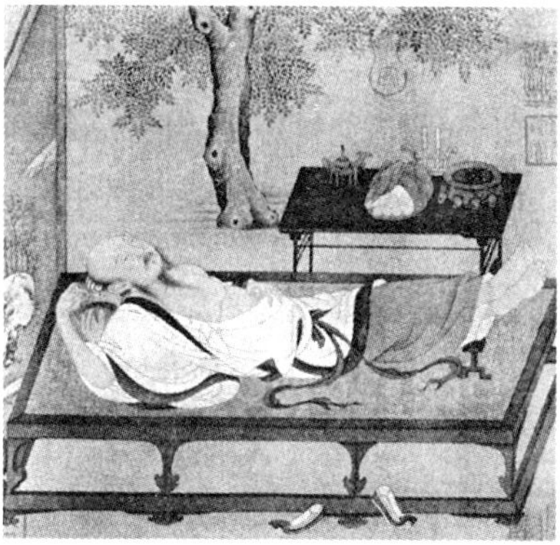
槐荫消夏图

“床”也指古代的坐具。《史记·郦生陆贾列传》：“郦生至，入谒，沛公方倨床使两女子洗足，而见郦生。”“倨”通“踞”，指叉开双腿坐着，以这种姿势见宾客，是一种不礼貌的态度。刘邦倨傲，瞧不起儒生，郦食其

① 黄金贵：《古代文化词义集类辨考》，上海教育出版社1995年版，第1093页。

拜见他，他却正叉腿坐在床上让两个女子为他洗脚。据文献记载，坐床长的有八尺（约1.92米），既可以在内室用作卧具，又能摆在堂上供人坐，一床可坐二至三人。还有一种方形短足小坐具叫“枰”，只供一人独坐。在山东嘉祥武梁祠画像石、甘肃嘉峪关东汉画像砖上可以见到这种枰。还有一种可以折叠的轻便坐具，类似现在的轻便折叠椅，又名“交床”“交椅”“绳床”，其形制是床足斜向交叉，上施床面。这种坐具大约在东汉时由域外传入[1]，从域外传入时名为“胡床”，后来改称“交床”，有人曾记述了其中的原委。唐吴兢《贞观政要·慎所好》：“隋炀帝性好猜防，专信邪道，大忌胡人，乃至谓胡床为交床，胡瓜为黄瓜。”原来，由“胡”改为“交”，是出于人们的避讳心理。

古代安放器物的支架、几案等，也称为“床”。南朝梁徐陵《玉台新咏·序》：“翡翠笔床，无时离手。”唐杜牧《郡斋独酌》：“交横碧流上，竹映琴书床。”形状像床的器具也叫“床”。唐杜甫《羌村三首》之二：“赖知禾黍收，已觉糟床注。”糟床又称酒床，亦即酒醡，是压酒糟的造酒器具。物体的底部也叫“床”，如“河床”。古代井栏有数米高，成方框形围住井口，很像古代的床，所以井栏也叫“床”。唐李贺《后园凿井歌》：“井山辘轳床上转，水声繁，丝声浅。”李白的名句“床前明月光”中的“床”常被误解为睡床，其实是指井栏。这些都是因事物具有外部形貌上的相似点，激发起人们的想象和联想而产生的引申义。

“床”用作量词，可以表示“架；座”，如“屏风十床”；可

① 杨金鼎：《中国文化史词典》，浙江古籍出版社1987年版，第197页。

以表示“套；副”，如“一床乐器”；还可以表示“条”，如“一床毛毯”。

（十）席

席是用芦苇、竹篾、蒲草等编成的坐卧铺垫用具，如炕席、凉席、芦席等。甲骨文作，小篆作。《说文》：“席，籍也。《礼》：‘天子、诸侯席，有黼绣纯饰。’从巾，庶省。”顾野王《玉篇》：“席，床席也。”张自烈《正字通·巾部》：“坐卧所籍也。”“籍”有“凭借”义，《说文》及《正字通》均用“籍”表明席是人们坐卧铺垫时所凭借的物品。从甲骨文形体看，席为象形字。到小篆时，席成为一个形声字，从巾，庶省声。

古代的席具有种类与名称的差别，依席子材质的不同、铺设位置的差异作划分。《周礼·春官·司几筵》：“设莞筵纷纯，加缫席画纯。”贾公彦疏：“初在地者一重即谓之筵，重在上者即谓之席。”

河姆渡出土席残片

席、筵为同义词，都是铺在地面上的用具。区别而言，筵比席大，直接铺于地上；席比筵小，铺在筵上。古人登堂入室后，先脱鞋，然后席地而坐。用蒿秸编织而成的席子叫“荐”，用莞蒲编成的则称为“席”。席根据享用者的等级而有所差别。天子、诸侯用的席有黑白斧形图案绣边的装饰物，显得相当华美，臣民均不能享用。即使大夫的席，民众也不得使用。《礼记·檀弓上》记载了一则“易箦”的故事。箦，是大夫专享的华美竹席。春秋时期，鲁国的曾参曾接受季孙氏赠送的箦。按照礼制，曾参未任过大夫，故不能用箦席做铺垫。所以曾参临终前，让儿子曾元将他扶起，把箦席抽去，随后即死去。后来人们称人病重将死为“易箦”。比较粗陋的席子叫“稿”，由禾秆儿编成。“席稿”者，一指贫苦人。唐王维《酬诸公见过》：“愧无莞簟，班荆席稿。”二指臣下表示请罪。《史记·范雎蔡泽列传》：“应侯席稿请罪。”三是用来在居丧时表示忠孝之心。《晋书·礼志》：“陛下以万乘之尊，履布衣之礼，服粗，席稿，水饮疏食。”

关于席子，有几个成语值得一说。席子是家居生活中必不可少但又相对低档的用品，成语“身无长物”与此相关。南朝宋刘义庆《世说新语·德行》：“王恭从会稽还，王大看之。见其坐六尺簟，因语恭：‘卿东来，故应有此物，可以一领及我。’恭无言。大去后，即举所坐者送之。既无余席，便坐荐上。后大闻之，甚惊，曰：‘吾本谓卿多，故求耳。’对曰：‘丈人不悉恭，恭作人无长物。’”王恭从会稽回来后，王大去看望他。看见他坐着一张六尺长的竹席子，便对王恭说：“你从东边回来，自然会有这种东西，可以拿一张给我。”王恭没有说什么。王大离开时，王恭就拿起所坐的那张竹席送给王大。自己既没有多余的竹席，就坐在草席子上。后来王大听说这件事，很吃惊，对王恭说："我原来以为你有多余的，所以才问你要的。"王恭回答说："你不了解我，我为人处世，没有多余的东西。"后来"身无长物"就成了生活清贫的代名词。生活闲适的人可以淡定地坐于席上休憩，但事务繁忙者或心情焦虑者就无法做到。成语"席不暇暖"就形容一个人因事务极为繁忙，没有一点休息的时间。"坐不安席"则形容人焦虑不安。《史记·项羽本纪》："且国兵新破，王坐不安席，扫境内而专属于将军，国家安危，在此一举。"

座席距离的远近也是衡量人们关系亲疏的标志。古代关系亲密的朋友往往凭几席地，促膝谈心。关系远者，则会分席而处。如果双方要断绝朋友关系，可能会"割席绝交"，语出《世说新语·德行》："（汉末）管宁、华歆……尝同席读书，有乘轩冕过门者。宁读如故，歆废书出看。宁割席分坐，曰：'子非吾友也。'"二人志不同道不合，割席绝交乃情理中的事。

公孙灶壶

（十一）壶

传统的壶为盛酒或盛水器。根据考古发现，早在新石器时代我国已经有了壶，新石器时代的壶乃陶质，深腹，敛口，表面一般有纹

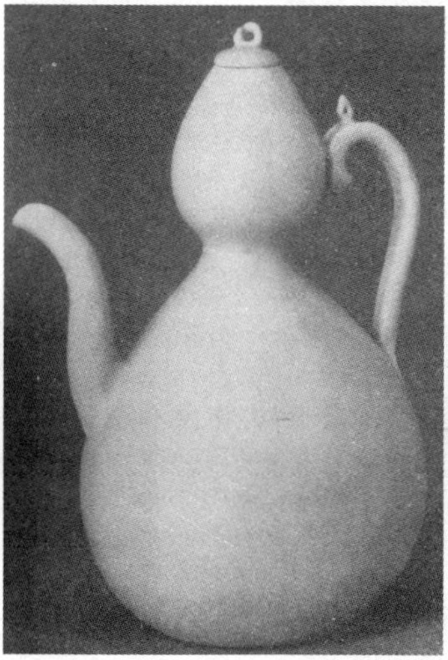

青釉葫芦式执壶

饰。商代有青铜制作的壶，多为扁圆形，贯耳，圈足。周代的壶多为圆形，长颈，大腹，有盖，兽耳衔环。春秋的壶多扁圆，长颈，肩上有二伏兽，此外也有方壶。1923年河南新郑出土的春秋大壶，圈足下有伏兽，盖上装饰莲瓣，中立一鹤。战国时的壶有圆形、方形、扁形等多种形状。到了汉代，圆形壶称为“锺”，方形壶则称为“钫”。[①]

壶，甲骨文作，金文作，小篆作。《说文》：“壶，昆吾，圜器也。象形。从大，象其盖也。”壶是一种圆形的器皿，别名叫昆吾。从语源角度看，有学者认为壶是模仿“瓠”之形而来，瓠即瓠瓜、葫芦，葫芦急读就是“瓠”。[②]壶与“瓠”在文献中也有互通的用例。《诗·豳风·七月》载“八月断壶”，指到了八月人们开始摘取葫芦。《鹖冠子·学问》载“中河失船，一壶千金”，指船在河中倾翻，这时凭一只葫芦就能救人一命，因而葫芦价值千金。以上语例中的“壶”都是“瓠”的通假字。由此推断，壶很可能是模仿葫芦之形，改进加工而成的。

---

① 杨金鼎：《中国文化史词典》，浙江古籍出版社1987年版，第194页。

② 傅永和、李玲璞、向光忠主编：《汉字演变文化源流》，广东教育出版社2012年版，第1077页。

壶有不少种类，如盛油的“油壶”，盛茶的“茶壶”，浇花的“喷壶”，盛冰的“冰壶”，装粉末状鼻烟的“鼻烟壶”，盛箭用的“箭壶”，以及供人夜间解手用的“夜壶”等。壶还能和其他器皿结合使用，如“壶尊”，用作盛酒器或礼器。《宋史·礼志四》：“壶尊实清酒为终献，陈于阼阶之下，皆为酌尊。”又如“壶榼”，泛指盛酒或茶水的容器，也借指铺陈酒具饮酒。《淮南子·氾论训》：“今夫霤水足以溢壶榼，而江河不能实漏卮。”再如“壶觞”，指酒器。晋陶潜《归去来兮辞》：“引壶觞以自酌，眄庭柯以怡颜。”

壶还可以与食物配合，表示饮食。如“壶飧”，指壶盛的汤饭熟食。《左传·僖公二十五年》：“晋侯问原守于寺人勃鞮，对曰：‘昔赵衰以壶飧从径，馁而弗食。’故使处原。”又如“壶浆”，指茶水和酒浆。《孟子·梁惠王下》中有成语叫“箪食壶浆”，指用筐盛着饭食、用壶盛着酒浆来欢迎他们拥戴的军队，后用以形容犒师拥军。

元代铜壶滴漏

古代一种滴水计时的器具叫“壶”。《周礼·夏官·挈壶氏》：“凡丧，县（悬）壶以代哭者，皆以水火守之，分以日夜。”郑玄注：“县（悬）壶以为漏。”贾公彦疏：“以壶为漏，分更相代。”又称“壶漏”，如宋米芾《咏潮》：“势与月轮齐朔望，信如壶漏报晨昏。”壶漏中指示刻度的箭筹叫“壶箭”，掌管刻漏计时的官员叫“壶郎”。

此外，古代宴会时有一种礼制，也是一种娱乐活动，叫“投壶”。投壶用具有壶和矢。宾主以盛酒的壶口为目标，在距壶口一定距离处向壶中投矢，以投中多少决定胜负，负者饮酒。

（十二）灯

灯，繁体字作“燈”“鐙”，形声字。灯中点火烛，故从“火”；古代的灯在金属质的底座上放置火烛，故从“金”。声符为“登”。

灯是照明器具，其起源已难以确考。宋高承《事物纪原》引《黄帝内传》曰：“王母授帝九华灯檠，于是灯有檠，则注膏油以为灯。明其前有也。”这只是一个传说。从出土文物看，至迟在汉代已产生灯。古代铜灯也称作“锭”，式样很多，一般上有盘，用来盛油或插烛，中有柱，下有底。底座呈雁足形的叫雁足灯，下有三足；边有把儿的叫“行灯”。河北满城汉墓出土的长信宫灯做工精细，呈跪地持灯人的

西汉雁鱼灯

造型，灯四周有壁和小门，可调节气流和照度。

西汉长信宫灯

每逢传统节日，人们就会张灯结彩，因而灯除了照明作用，也具有烘托节日欢乐气氛的特殊功能。我国古代以农历正月十三至十七日为“灯节”，其中十五日元宵节为“正灯”节。这一天，家家户户都张灯结彩，人们都去街市观灯，故这一活动又称灯会。会上悬挂各式各样的彩灯，到处灯火辉煌。有的还有高跷、狮子、旱船、杂技表演等娱乐活动。宋元时期又产生了灯市。灯市指元宵节前后张设、悬挂花灯的场所。这里花灯繁多，制作精美。顾禄《清嘉录》云：“腊后春前，吴趋坊、申衙里、皋桥、中市一带，货郎出售各色花灯……有琉璃球、万眼罗、走马灯、梅里灯、夹纱灯，画舫龙舟，品目殊难枚举。”此外，还有龙灯、宫灯、花灯种种名目。为了增加观赏的乐趣，人们还在灯上设置灯谜，又称“灯语”“灯词”，供众人猜射。人们把难以猜射的灯谜比喻成难以射中的老虎，因而灯谜又别名为“灯虎”。《儿女英雄传》第二十二回：“你听罢，什么古记儿，笑话儿，灯虎儿，他一肚子呢！”

灯给我们带来了喜庆，增添了欢乐，成为中国节庆文化的组成部分。与灯相关的事物和语词还有不少，如因元宵节之夜张灯游乐，故称此夜为“灯夕”或“灯宵”；张设灯彩的游船叫“灯船”；张灯的彩楼叫“灯楼”；用灯光照射兽皮或纸板做成的人物剪影以表演故事的戏剧形式叫“灯影戏”或“皮影戏”。还有一种“走马灯”，是供玩赏的花灯，中置一轮，轮周围置纸人纸马等，依靠热力使空气流动，纸人纸马随轮子不断旋转，从而给观灯人带来欢乐。另一方面，由于纸马旋转一刻也不停歇，于是人们又赋予它新的意义，即人或事物频繁更替，缺乏稳定性。

灯既然是照明的器具，它的使命便是冲破黑暗的束缚，给人们带来光明。它的象征意义遂为后人所引用。东汉时期佛教传入我国，佛教认为灯能指明破暗，因而用灯来比喻佛法，说佛法是引导信徒破除黑暗、走向新生的指路明灯。晋习凿齿《与释道安书》：“若庆云东徂，摩尼回曜，一蹑七宝之座，暂现明哲之灯。”唐刘禹锡《送僧元暠东游》：“传灯已悟无为理，濡露犹怀罔极情。”他们都将佛法视作指路明灯。宋代释道元的《景德传灯录》、释普济的《五灯会元》将“灯”置于书名之中，也是出于同样的原因。

灯作为照明器具，自古传今。随着时代进步、科技创新，人们早已摆脱油灯、蜡烛，走进电灯时代。探照灯、霓虹灯等五光十色，造福世人。又如我们熟悉的红灯、绿灯，指挥着人们的行动，确保城市交通顺畅、安全。“亮红灯”表示设置障碍、阻止别人前进，“开绿灯”则表示提供便利、不加阻止，二者都是“灯”在新时期所产生的新的文化意义。

（十三）烛

烛，繁体字作“燭”。本读chóng，据《集韵·东韵》，表示“旱灼”即旱热之气，与简化字“烛”只是形体借用，并无意义联系。故本文“烛”只分析采用其繁体字的用法。

烛，小篆作燭。《说文》：“烛，庭燎火烛也。从火，蜀声。”据郑玄《周礼·秋官·司烜氏》注，烛既指插在门内庭院中的火炬，也指插在门外的火炬。《仪礼·士昏礼》：“从车二乘，执烛前马。”郑玄注：“使徒役持炬火，居前照道。”很明显，烛既然指火炬，就与人们惯常理解的“蜡烛”没有关联。

河南密县打虎亭东汉墓秉烛图

古代的烛通常用麻秸扎制而成。古书中有“麻烛”“蕡烛”之称。西汉桓谭《新论·祛蔽》：“余见其旁有麻烛，而灺垂一尺所。”《周礼·秋官·司烜氏》：“凡邦之大事，共坟烛庭燎。”“坟”通“蕡”，大也。麻烛、蕡烛都是用麻秸编成的，为了延长燃烧照明的时间，通常要在麻秸中浸入油脂，或撒上麻籽的渣屑。火烛下部设有把柄，以便于人们举烛或插烛。古人以“跋”指烛的把柄。《礼记·曲礼上》：“烛不见跋。”郑玄注：“跋，本也。烛尽则去之，嫌若烬多，有厌倦。”此言在接待宾客时，应当注意在换用新火把的同时，把即将烧完的旧火把的柄收藏起来，以免使客人见了旧柄，误以为主人倦于待客，巴望客人早点离去。从这一小小细节中，我们看到的是先人的待客之道，感悟到的则是传统文化中浓浓的人性关怀。

烛光熊熊，可以照见外物，也能照亮人心。古人常用“烛”表示“明察；洞悉”义。此类词语有“烛知”“烛物”“烛幽”“烛理”“烛察”等。如《南齐书·王融传》：“皇鉴烛幽，天高听下，赏片言之或善，矜一物之失时。”《韩非子·孤愤》：“重人不能忠主而进其仇，人主不能越四助而烛察其臣，故人主愈弊而大臣愈重。”“举”“秉”“炳”等动词常与“烛”搭配，表示把火炬举高或点燃，字面义普通却内含深义。如“举烛”，《韩非子·外储说左上》：“郢人有遗燕相国书者，夜书，火不明，因谓持烛者曰：‘举烛！’云而过书‘举烛’。举烛，非书意也。燕相受书而说之，曰：‘举烛者，尚明也；尚明也者，举贤而任之。’燕相白王，王大悦，国以治。治则治矣，非书意也。”因为阴差阳错，“举烛”竟引申出“举贤而任”义。《古诗十九首·生年不满百》中有“昼短苦夜长，何不秉烛游？为乐当及时，何能待来兹”之句，“秉烛游”指夜晚举着火把去游玩。“秉烛”字面义虽然普通，指“持烛以照明”，但它习惯上与观赏、游乐结合，从而衍生出一种习俗文化意义。如唐孟浩然《春初汉中漾舟》：“良会难再逢，日入须秉烛。”秉烛的目的是为了延续亲朋聚会的欢乐氛围。此外，还有“炳烛”一词，表示点燃火把，出自西汉刘向《说苑·建本》中一个著名的故事，即晋平公说他想学点东西，但担心年已迟暮，学不进去。师旷就以“何不炳烛”以相劝谕。“老而好学，如炳烛之明”的比喻，生动形象地点明了“老年好学”的深刻意义。

“烛”表示“蜡烛”义，大约开始于东汉时代。程树德《说文稽古篇》：“《西京杂记》：‘闽越王献高帝蜜烛二百枚。’此为蜡烛之权舆。《潜夫论》：‘知脂蜡之可明灯也，而不知甚多则冥之。’

章氏《检论》：‘汉初炷烛不过麻蒸，后汉之季，始有蜡烛。’是以蜡为烛，始于东汉。《晋书》：‘周颢弟嵩，以所执蜡烛投之。’此蜡烛始见于史者。《世说》：‘王君夫以饴精澳釜，石季伦用蜡烛作炊。’盖至西晋后始盛行。”有学者提出“脂烛”“膏烛”是火把而非蜡烛，认为《西京杂记》是最早提到蜡烛的文献，并赞同蜡烛起源于东汉的观点。[①]这与上引《说文稽古篇》并无二致。

（十四）扇

扇，小篆作。《说文》：“扇，扉也。从户，从翅声。”“从翅声”之说不合体例，当依徐锴《说文解字系传》作“翅省”，“象鸟之翅。会意”。故字形分析当作“从户，从翅省。会意”。“扇”的本义是用竹或苇编制的门，亦泛指门扇、门扉。从户，户是小门；从翅省，表示门扇像鸟的翅膀，可以自由开合。《礼记·月令》：“是月也，耕者少舍，乃修阖扇，寝庙毕备。”郑玄注：“用木曰阖，用竹苇曰扇。”扇用作动词，表示扇动。《尔雅·释虫》：“蝇丑扇。”宋邢昺疏：“青蝇之类，好摇翅自扇。”此义读阴平，与“门扇”义读去

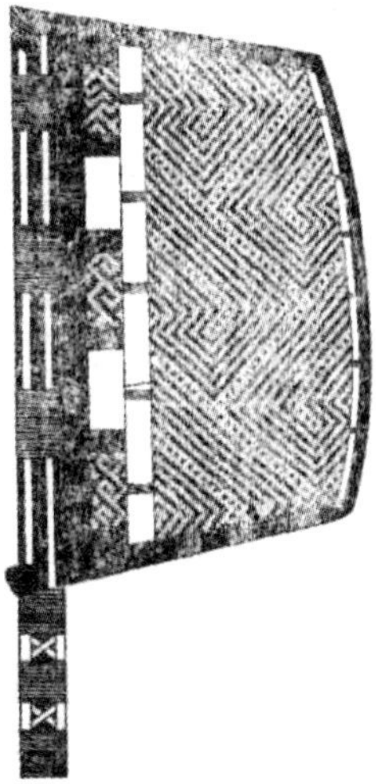

湖北江陵马山砖厂
楚墓出土的扇子

① 傅永和、李玲璞、向光忠主编：《汉字演变文化源流》，广东教育出版社2012年版，第1188页。

声相区别。

“扇子，摇动生风的用具”是“扇”的常用义。此义在先秦时期已经产生。宋高承《事物纪原》：“崔豹《古今注》曰：舜广开视听，求贤人以自辅，作五明扇……陆机《扇赋》曰：昔武王玄览造扇于前。然则今以招凉者，周武王所作云，故传有武王扇暍之事。一曰夏禹也。”舜禹也罢，周武王也罢，扇源于先秦可以定论。《事物纪原》中还提及羽扇和轮扇。早期的扇子大多是羽扇，《诗经》中就有不少篇写到人们手持鸟羽舞蹈的场景，如《诗·陈风·宛丘》：“坎其击鼓，宛丘之下。无冬无夏，值其鹭羽。”毛传：“鹭鸟之羽可以为翳。”无论冬天或夏天，舞者都手持鹭鸟的羽毛跳舞。后世舞蹈中有以扇为舞具的“扇舞”，如南朝梁的鞞扇舞、近现代的采茶扑蝶舞等，都是以扇子作为道具的。

当今人们常用的折扇，大约出现于北宋。宋郭若虚《图画见闻录·高丽国》：“（高丽国）使人每至中国，或用折叠扇为私卖物，其扇用鸦青纸为之，上画本国豪贵，杂以妇人、鞍马，或临水为金沙滩，暨莲荷、花木、水禽之类，点缀精巧，又以银泥为云气月色之状，极可爱，谓之倭扇，本出于倭国也。近岁尤秘惜，典客者，盖希得之。”南宋吴自牧《梦粱录》卷十三写到杭州店铺有“周家折揲扇铺，陈家画团扇铺”。宋时在五月以出售扇子等时令物品为主的集市叫“扇市”，宋赵朴《成都古今记》有“五月扇市”之句。

“扇”很早就引申指“门扇”。《管子·四时》：“三政曰：令禁扇去笠。”唐尹知章注：“禁扇去笠者，不欲令人御盛阳之气。”扇，指门扇；笠，指门闩。此言禁止门扇去门闩，即禁止敞开门不关，因夏时天热，故提醒人们天热不可忽视关门避暑。

“扇”还有一个特殊的意义是“侵削”。如“扇地”指侵削地力。北魏贾思勰《齐民要术·种榆白杨》：“榆性扇地，其阴下五谷不植。”“扇迫”指侵削迫近。《吕氏春秋·辩土》：“肥而扶疏则多秕。”汉高诱注：“根扇迫也。”孙诒让云：“扇者，侵削之意……盖汉、晋、六朝人常语。”“扇”由“侵削”义又引申指“阉割牲口”，《王力古汉语字典》认为该义是“骟”的通假，可备一说。《新五代史·郭崇韬传》：“至于扇马，亦不可骑。”宋彭大雅《黑鞑事略》：“四齿则扇，故阔壮而有力，柔顺而无性，能风寒而久岁月。”

（十五）笛

我国的吹奏乐器很多，如箫、管、笙、竽、笛、篪、埙等，限于篇幅，这里仅对笛加以讨论。笛，小篆作，《六书通》作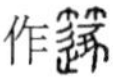。《说文》：“笛，七孔筒也。从竹，由声。羌笛三孔。”此言笛是七孔的管乐器，而羌地的笛通常是三孔。“由”为喻母四等字，根据“喻四归定”原理，上古时应读“定”母，所以可以作“笛”的声母。

考古资料显示，早期的笛也有骨头制作的。浙江余姚河姆渡新石器时代遗址中曾出土骨笛，系用鸟禽类的肢骨制作而成。河南省舞阳县新石器时代遗址中出土的18支骨笛，距今已有七八千年，其音孔有五孔至八孔多种，而以七孔居多。在此之前，人们都认为距今四千年

骨笛

的瑞典骨笛是世界上最早的骨笛，而我国骨笛的出土将骨笛史向前推进了三四千年，从而展示了我国历史文化的辉煌。

关于笛子的吹奏，历来有“竖吹”与“横吹”的争议。对此，王筠《说文句读》引《梦溪笔谈》做过考证。我们可以拿孙诒让《周礼正义》的观点作一简括。孙氏认为：大抵汉魏六朝所谓笛，皆竖笛；宋元以后谓竖笛为箫，谓横笛为笛。今人一般就称横笛为笛，而古代的笛曾经是竖吹的。

笛的声音多清脆悠扬，有时又凄楚哀婉，颇能引发人的思绪。唐人王之涣的《凉州词二首》之一：“黄河远上白云间，一片孤城万仞山。羌笛何须怨杨柳，春风不度玉门关。”此诗被后世评为唐人绝句的压卷之作，后二句由景及人，用笛声写怨别，气势浑厚、悲凉、慷慨，成为典型的盛唐之音、千古绝唱。因而古语中的“吹笛”还具有特殊的文化内涵。晋向秀《思旧赋》序：“余与嵇康、吕安居止接近，其人并有不羁之才。然嵇志远而疏，吕心旷而放，其后各以事见法……余逝将西迈，经其旧庐。于时日薄虞渊，寒冰凄然。邻人有吹笛者，发音寥亮。追思曩昔游宴之好，感音而叹，故作赋云。”后来人们就以“吹笛”为伤逝怀旧之典。如北周庾信《寄徐陵》：“莫待山阳路，空闻吹笛悲。”箫笛声还能诱发人们的乡思。据乾隆《徐州府志·山川考》，徐州“子房山”相传是张良以箫声吹散项羽子弟兵的山头。张良在此山上用洞箫吹奏楚调，触动了楚兵的思乡之情，楚兵纷纷逃亡，导致楚霸王势单力薄而兵败。这虽系民间传说，但也从一定程度上说明了箫笛的艺术感染力。

历史上由“笛”构成的合成词不少，反映了我国制笛工艺的高超。如“笛材”，即笛竹。唐白居易《寄蕲州簟与元九因题六韵》：

“笛竹出蕲春，霜刀劈翠筠。”笛子发出的乐音叫“笛韵”“笛音”。北周庾信《对酒歌》：“筝鸣金谷园，笛韵平阳坞。”检定笛音的仪器叫“笛律”。“笛步”是南京市一地名，古代教坊所在地。相传王羲之曾在此邀桓伊吹笛，因而得名。道教中的“铁笛”，其声“割断云根”“切开岩石”，也具有震撼人心的艺术感染力。

二、行为

这里所说的“行为”，包括人的举止动作、生活行为、生产行为、心理活动，也包括人的政治活动、艺术活动。举手投足、南来北去、衣食住行是人的举止、生活、生产行为；喜怒哀乐是人的心理活动；治、理主要是人的政治行为。不过词语往往是多义的，如“行”本指道路，后又指行走，由名词转作动词。“为”，由人牵大象从事劳作，转指治国理政。《论语·为政》：“子曰：‘为政以德，譬如北辰，居其所而众星共之。’”“坐”，由席地而坐引申出“由……而获罪”义。“治”，由治水转指治国，即由生产行为转指政治行为。这些都是通过词义引申实现的，也反映了国人善于想象、联想，擅长具象思维的民族心理与文化特质。

（一）行

行，《说文》：“人之步趋也。从彳，从亍。”意指人的各式行走。许慎把“行”读作xíng，解释为“行走”，并不符合其造字本义。行，甲骨文作，金文作，从古文字形体看，应是一个纵横

交叉的十字路口。罗振玉《增订殷虚书契考释》："象四达之衢，人所行也。"这个意义应读作háng。因此，现行辞书都将"行"的本义确定为"道路"。此义古书例证很多，如《诗·豳风·七月》："遵彼微行。"微行，指小路。《诗·小雅·大东》："行彼周行。"周行，指大道。

随着道路的发展演变，"行"又生发出一些新的意义。如"行列"义。《诗·大雅·常武》："左右陈行，戒我师旅。"《吕氏春秋·辩土》："正其行，通其风。"行列具有先后顺序，故"行"可转用于指人的"排行；辈分"，如"丈人行""大父行"。清蒲松龄《聊斋志异·萧七》："徐问其族姓，女自言：萧姓，行七。"大道需要畅通无阻，但为了适应人们生活的需要，后来有的道路旁开始出现售货摊点，各行各业的人陆续聚集，形成"工商交易处"。随后又出现了"三百六十行"，如粮行、竹行、票行等。行货、行情、行业等一批词语也陆续出现。

"行"的动词义，首先是"行走"。《诗·唐风·杕杜》："独行踽踽，岂无他人！"《论语·述而》："三人行，必有我师焉。"此处引申为"经历"义。《管子·问》："城粟军粮，其可以行几何年也？"此处引申为"运动；运行"义。

有个术语叫"五行"，指金、木、水、火、土五种物质。古代一些思想家用"五行"来解释世界万物的构成及其相互关系，后来中医学也借用"阴阳""五行"学说来说明人体的生理现象与病理变化。

"行"还可以表示"从事""行为"等概念，又表示古诗体裁，如韩愈有《嗟哉董生行》，孟郊有《灞上轻薄行》，李贺有《雁门太

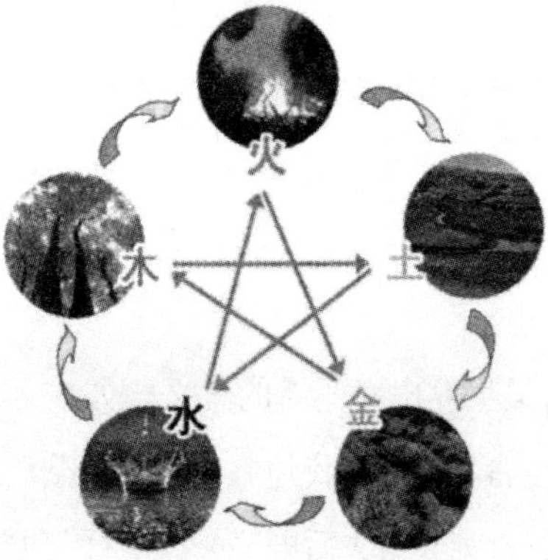

五行图

守行》等。“行”也是汉字的一种字体，有“行书”“行草”等。用作副词时，“行”表示“将；将要”义。《诗·魏风·十亩之间》：“行与子还兮。”朱熹《诗经集传》曰：“行，犹将也。”

“行”的结构，小篆拆分为两个部分，即“彳”与“亍”。有学者认为，彳、亍是“行”省变的结果。也有人认为，彳、亍两字连用，表示“踯躅”，即走走停停、徘徊不前。唐兰先生指出：“反彳为亍，以代表踯躅；反孑为孓，以代表蛣蟩。”①彳也是常见的汉字部首，表示“小步走，欲行又止貌”。

（二）走

走，本义是“疾趋；奔跑”，如“走马上任”“走马看花”。其字，金文作，小篆作。甲骨文中有（夭）字，像人奔跑时双臂摆动的样子。“夭”字至为关键，它铺设了“走”即跑的基础，金文加上了“止”即脚，使“走”的构意更为完整明确。于省吾先生指出：“金文‘走’及从‘走’之字作，或亦作，增“止”或“彳”为文字演化中所习见。”②《说文》：“走，趋也。从夭

① 唐兰：《中国文字学》，上海书店出版社1991年版，第125页。

② 于省吾：《甲骨文字诂林》，中华书局1996年版，第318页。

止。夭止者，屈也。”屈，指腿脚弯曲。饶炯云：“古文以止为足。‘夭’下说‘屈也’。凡人举步则足屈。走者行之疾，其足愈屈，故从夭止会意。”其释虽显得迂曲，但小篆构形与金文一脉相承，既有“夭”，又有“止”，其表示“疾趋；奔跑”义是没有疑问的。

“疾趋；奔跑”义在古书中用例甚多，如《左传·昭公七年》：“循墙而走。”指臣子沿着墙急趋，表示恭敬。《韩非子·五蠹》：“田中有株，兔走触株，折颈而死。”兔子只顾奔跑，没有观察四周环境，结果猛地撞到树桩上，折断了脖子。古代“行走”义有一组同义词，即“行、趋、走、奔”。行是步行，趋是快走，走是奔跑，奔是狂奔。“走”也特指“逃跑”。《左传·僖公五年》：“逾垣而走。披斩其袪，遂出奔翟。”此指公子重耳翻墙逃跑，被寺人披砍断了他的袖口。“走”有“趋向”义，如《孟子·离娄》中的“兽之走圹”；“走”有“经由；通过”义，如北方人外出逃荒谋生叫“走口”“走西口”；“走”还有“离开”义，如“你别走，咱再聊一会儿”。

“走”还被古人巧妙地借指某些事物，如“兽类”。汉张衡《西京赋》：“上无逸飞，下无遗走。”也指“车轮”。《墨子·备娥傅》：“以车两走，轴间广大以圉。”甚至在对方面前也可谦称自己为“走”，意即“我是你的仆人”，因为仆人必须在主人前奔走效力。汉司马迁《报任安书》：“太史公牛马走司马迁再拜言。”“走”后来表示“行走”义，很可能是后人用“跑”取代了“走”的古义，于是“走”的速度就大为减缓。这是语言内部自我调适的结果。《新编五代史平话·汉史上》：“（承义）归家泣告父亲道：‘孩儿每出外闲走，被军人笑骂。’”“走”也表示“走开；离开”义。《史记·郦生陆贾列传》：“郦生按剑叱使者曰：‘走！复入言沛公，吾高阳酒徒也，非儒生人也。’”《南史·张邵传附张畅》：“今城内乏食，百姓咸有走情。”以至于物体移动、挪动，都能灵活地用“走”来表达。唐岑参《走马川行奉送封大夫出师西征》：“轮台九月风夜吼，一川碎石大如斗，随风满地石乱走。”宋苏轼《新滩阻风》：“北风吹寒江，来自两山口。初闻似摇扇，渐觉平沙走。”

有的民间习俗与“走”紧密相连。如“走竿”，古代百戏之一，即演员行走在悬空的竹竿上，并表演各种动作。明袁宏道《识雪照澄卷末》：“坡公作文如舞女走竿，如市儿弄丸，横心所出，腕无不受者。”又如“走百病”，明代北方民俗，指妇女在元宵或正月十六日夜相率出游，以祛除百病。明谢肇淛《五杂俎·天部二》：“齐鲁人多以正月十六日夜游寺观，谓之走百病。”再如“走月亮”，吴地旧

走百病

俗，指中秋夜妇女盛装出游，踏月彻晓，以求吉祥。清沈复《浮生六记·闺房记乐》：“忆及七月十五夜之惊，相扶下亭而归。吴俗，妇女是晚不拘大家小户皆出，结队而游，名曰‘走月亮’。”

（三）拜

拜是我国的传统礼节，在弘扬国学精神的今天，我们有必要对其加以了解。拜，金文作，小篆作。《说文》：“拜从两手下。”就“拜”字结构做分析，它应是一个会意字，上面表示两只合拢的双手，下面有一横一竖，组成“下”字，合起来表示两只手同时朝下，做出下拜的动作情状。

古人以下拜表示恭敬，其形式多种多样。据《周礼·春官·大祝》，拜有“稽首、顿首、空手、振动、吉拜、凶拜、奇拜、褒拜、肃拜”九种，其中前四种为正拜，即常用之拜。古人通常席地而坐，臀部压在足跟上，姿势和跪差不多，称为“长跪”。然后两手相拱，俯首到手，称为“拜手”。首下至于地，称为“拜”。最隆重的拜是“稽首”，叩首至地后要停留一段时间。此拜用于臣对君、子对父，如晋大夫士季对晋灵公行稽首礼。“顿首”指头只在地面稍做停留，旋即抬起。此礼用于平辈之间，如李陵《答苏武书》、丘迟《与陈伯之书》末尾都用了“顿首”。“空拜”原是君答臣之礼，先两手拱起，再引拜至手。此外古人还有“膜拜”“拱”“揖”等礼仪，足见古代繁文缛节之多。

古代“拜”也与授予官职有关。如“拜官”即授官。唐李颀《送五叔入京兼寄綦毋三》：“吏部明年拜官后，西城必与故人期。”“拜除”也指授官，即拜授新官、除去旧官。《后汉书·第五伦传》：“其刺史、太守以下，拜除京师及道出洛阳者，宜皆召见。”“拜爵”即授予爵位，需要举行仪式。《旧唐书·韦巨源传》：“时序未几，邪逆执权，奸慝者拜爵于私门，忠正者降黜于藩郡。”“拜命”也指拜官，因为受命者要感谢有所使命，故名。唐岑参《送颜平原》：“吾兄镇河朔，拜命宣皇猷。”“拜将”指国君授权于将领。此外，拜相、拜擢、拜署也与授官相关。

古代的“拜”涉及不少风俗与典故。如婚礼中有“拜堂”，指新郎新娘参拜天地、拜舅姑、夫妻对拜。唐王建《失钗怨》：“双杯行酒六亲喜，我家新妇宜拜堂。”新婚夫妇首次去嫁家，叫“拜门”，也叫“回门”。宋吴自牧《梦粱录·嫁娶》：“其两新人于三日或七朝、九日，往女家行拜门礼。”“拜尘”是谄事权贵的典故，源出《晋书·潘岳传》和《石崇传》。晋代潘岳、石崇谄事贾谧，每次等待贾外出，则相与望车尘而拜，典故“拜尘”随之产生。

跪拜礼仪的繁多，强化了封建社会的等级色彩，形成了对人民

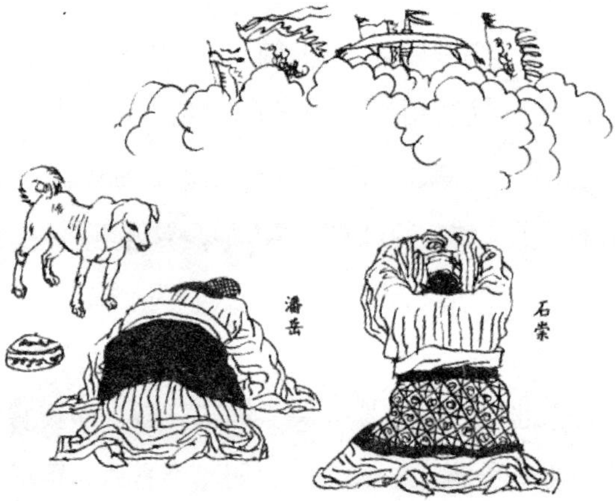

拜尘

群众的精神压迫。伴随着时代的进步、礼仪的演变，到了辛亥革命时期，跪拜礼被废除，为鞠躬、握手所取代。但几千年传统文化对人们造成的心理影响，不可能完全消除，也并非一概应受到排斥。由“拜”所构成的一系列合成词，今天仍然活跃在人民大众的语言交际中，如“拜会”“拜访”“拜见”“拜年”“拜托”等，几乎人人耳熟能详。“顿首”作为一种敬辞，表示对于对方的尊重，在某些书信中依旧可以见到。在寺庙道观中，在春节、婚丧大礼时，我们仍可见到跪拜的礼节。

（四）坐

坐，小篆作㘸，古文作坐。会意字，像两个人对坐在地面上。《说文》：“坐，止也。从土，从留省。土，所止也。”“从留省”之说存疑。林义光《文源》：“象二人对坐土上形。”徐灏《说文解字注笺》：“古文从二人对坐，取字体相配。”取“土”作形符并非随意为之，而是客观写实。上古时代桌椅等尚未问世，人们习惯席地而坐，因而以“土”表意是合乎情理的。

秦箕踞陶俑

坐是人们室居时的常见姿势。坐时两膝着地，这种姿势比较安稳舒适，便于较长时间跪坐。与坐相近的姿势有“跪”和“跽”。跪时臀部离开脚后跟，这种姿势比“坐”显得更恭谨有礼。跪而耸身直腰为“跽”，通常是心情急切或保持戒备时的一种身姿。《史记·范雎蔡泽列传》：“秦王跽而请曰：‘先生何以幸教寡人？’”还有一种与“坐”相近的姿势叫“箕坐”或“箕踞”，即坐时伸开两足，手据膝，如畚箕状。这是一种傲慢不敬的姿态。荆轲刺秦王失败，被砍伤后，就取“箕踞而骂”的姿势。古书中还常见“隐几而坐”语，隐几，指靠或伏在几案上。此外，佛教徒施行盘腿而坐的“跏趺坐”。相传，南北朝时期桌椅等家具传入中原，于是人们把臀部平放在桌椅上以支持身体，这也叫“坐”。

坐与卧是古人室居时的两种基本姿势，因而“坐卧”可指日常起居。“坐卧不离”指二人时时相随相伴，关系亲密。座位的次序、位置叫“坐次”（今写作“座次”），体现了人的贵贱尊卑。郑观应《盛世危言·议院》：“议院坐次，宰相、大臣等同心者居院长之右，不同心者居左，中立者则居前横坐。”陪同尊者坐为“坐侍”或“侍坐”。人们相坐时行礼为“坐拜”，如《吕氏春秋·报更》：“颠蹶之请，坐拜之谒，虽得则薄矣。”传统教育多采用师生对坐的授课方式。“坐炕”指教师对皇帝授课，即御前讲经。唐代进士称主考官为“坐主”。明清时举人、进士称主考官、总裁官为“坐师”。“坐春风”比喻得到良师的教诲，犹如沐于春风。

“坐”字与不少古老民俗相关联。例如婚礼中，夫妇同入洞房对坐于床，傧相口诵赞诗，在帐中撒五谷以求吉利，称为“坐床撒帐”。新妇进入洞房前，先到悬挂帐子的中门稍歇，称为“坐虚帐”。新娘进入洞房，与新郎对坐床头，称为“坐富贵”。广东一带还有“对歌”之俗，即成婚前夕男女行醮时，亲友一起唱歌致贺。寡妇承袭丈夫遗产，招后夫进门成婚，称为“坐产招夫”。生育方面，妇女怀孕叫“坐喜”，助产婆叫“坐婆”。因妇女分娩时身下铺草、蓐、草席，故称临产为“坐蓐”。也有的“坐”反映了古人健康正确的价值取向，如“坐不重席”表示生活简朴，不尚奢华；“坐不窥堂”表示坐不妄视，正襟危坐，是知礼节明修养的表现。与此同时，“坐收渔利”“坐吃山空”“坐享其成”“坐井观天”等不良行为、消极观念则受到人们的批判和鞭挞。

“坐”与“座”为古今字关系。表示“座位”义时，古人用“坐”字，如《论语·宪问》：“蘧伯玉使人于孔子。孔子与之坐而问焉。”“坐右铭”指置于座右的格言，是用来自勉自戒的格言。明陶宗仪《南村辍耕录·坐右铭》：“坐右铭大书一‘天’字。”今写作“座右铭”。

“坐”还有“犯罪；判罪”的义项，如《说苑·奉使》：“荆王与晏子立语。有缚一人过王而行……王曰：‘何坐？’曰：‘坐盗。’”

（五）来

来，甲骨文作，金文作，小篆作。《说文》：“来，周所受瑞麦来𪎊。一来二缝，象芒朿之形。天所来也，故为行来之来。”许慎认为，“来”是周地所接受的优良麦子——来和𪎊。“来”为象形字，像一根麦秆上有两颗麦穗，也像麦芒麦刺的形状。他认为“来”是上天赐给人们的，所以用作“往来”的“来”字。

关于“来”字的构形，学界不存在争议，因《说文》已奠定了基础。罗振玉《增订殷虚书契考释》也说：“卜辞中诸来字皆象形。其穗或垂或否者，麦之茎强，与禾不同。”但关于“来”的来源，人

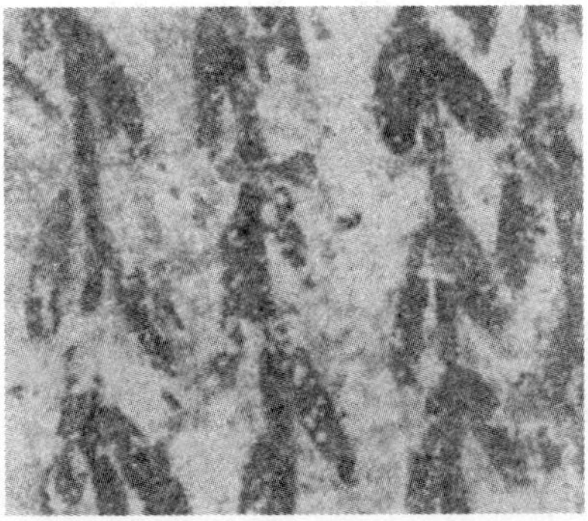

秦咸阳宫殿麦穗图壁画局部

们具有不同的观点。一种观点认为“来”是我国本土所有。《中国文化史词典》：“上古时，小麦叫‘来’，大麦叫‘牟’。《诗经·周颂·思文》：‘贻我来牟，帝命率育。’”[①]《说文》一面说“周所受瑞麦来麰”，一面又说“天所来也”，既承认本土有之，而“天所来”又给人以闪烁其词的印象。另一种观点认为“来”是从域外引进的。《方言与中国文化》主张麦类可能是由羌族传入华夏的，“中原似乎本来无麦，后来才从外域引进，所以有天赠后稷再授百姓的传说。今天山西临汾县的方言，仍然把小麦熟了叫作‘来了’”[②]。笔者较赞同第二种观点。

小麦古称“来”，大麦古称“牟”（或加“麦”旁）。《诗·周颂》的《思文》《臣工》两篇中均合称二者为“来牟”。麦和黍稷一样，是我国传统的重要农作物，是人民赖以生存的主粮。《礼记·月令》：“乃劝种麦。”郑玄注：“麦者接绝续之（乏）之谷。”意指在秋收后至来年麦收之前，正是青黄不接之际，这时麦子能起到“接绝续乏”的作用。

表示“到来，与‘往’相对”或“由彼及此；由远到近。与

---

① 杨金鼎：《中国文化史词典》，浙江古籍出版社1987年版，第176页。

② 周振鹤、游汝杰：《方言与中国文化》，上海人民出版社1986年版，第116页。

‘去’‘往’相对”，是“来”的常见义。如南朝梁刘勰《文心雕龙·丽辞》：“乾坤易简，则宛转相承；日月往来，则隔行悬合。”《论语·季氏》中也有“故远人不服，则修文德以来之。既来之，则安之”之说。但此处的“来”为使动用法，意谓“使（让）……来”。“既来之，则安之”指“既然让他们来了，就要让他们安下心来”。此类合成词有“来访”“来临”“来莅”“来臻”等。“来情去意”，指来去的情由与意向。《水浒传》第三十七回：“当下戴院长与宋公明说罢了来情去意，戴宗、宋江俱各大喜。”

“来”既可指空间距离上的“由彼及此”，也可指时间上的“由彼及此”，即“未来；将来”。《论语·微子》：“往者不可谏，来者犹可追。”汉蔡邕《陈太丘碑文》：“微言圮绝，来者曷闻。”此类合成词有“来年”“来生”“来物”“来裔”“来日方长”“来者居上”等。“来年”指明年，“来生”指来世、下一世，“来物”指未来的事，“来裔”指后世子孙。“来日方长”指未来的日子还很长，表示事有可为，或劝人暂时不必急于从事某一活动。“来者居上”即后来居上，原指资格浅的新进反居于资格老的旧臣之上，语出《史记·汲郑列传》：“陛下用群臣如积薪耳，后来者居上。”后来也用以称赞后起之秀超过前辈，如宋刘克庄《念奴娇·丙寅生日》：“陈人束阁，让他来者居上。”

（六）去

去，甲骨文作，金文作，小篆作。《说文》：“去，人相违也。从大，凵声。”人相违，指人离开某地。关于“去”的构意，学者们一开始多有歧见，或认为是盛饭器，或认为“大”是器盖，或

认为是箭，即畚箕之类。后来人们的认知渐趋一致，即该字形表现了一个人离开某处之状，字义则正是《说文》所说的“人相违”。李孝定《甲骨文字集释》：“卜辞去字亦多用为人相违之义。”王力《古代汉语》：“去，离开……注意：上古的‘去’是‘离开’，跟‘就’相反。所以说‘去就’。离开某地就是不停留在某地，跟‘留’相反，所以说‘去留’。离开某人就是不从某人，所以说‘去从’。”[①]这段解说相当透辟，说明“去”的本义并非其后起义“从所在地到别处；往，到”，而是“离开”“走开”。此义今天仍在使用。譬如你正忙于写作，一个孩子过来嬉闹，你就会说“去！去！”示意他走开，而不是让他到何处去。“去”的“离开”义书证很多，如《诗·大雅·生民》“鸟乃去矣，后稷呱矣”，写出了上古母系社会首领姜嫄生育后稷的神话故事。《墨子·亲士》“桓公去国而霸诸侯”，颂扬了齐桓公离开齐国而在诸侯中称霸的业绩。至于宋人范仲淹在其名作《岳阳楼记》中的“登斯楼也，则有去国怀乡，忧谗畏讥，满目萧然，感极而悲者也”之语，则道出了作者胸怀祖国、心忧天下的家国之思与高尚情怀。

“去”有行为人主动地离开，也有被人“赶走，打发走”，或被人“命令退去”之意。前者如《战国策·秦策三》：“夫江上之处女，有家贫而无烛者，处女相与语，欲去之。”鲍彪注：“遣之使去。”即把无烛女打发走。又如《史记·游侠列传》：“（郭）解曰：‘公杀之固当，吾儿不直。’遂去其贼。”即把贼赶走。后者如《史记·樗里子甘茂列传》：“甘罗曰：‘臣请行之。’文信侯叱

① 王力主编：《古代汉语》，中华书局1999年版，第137页。

曰：‘去！我身自请之而不肯，女焉能行之？’”“去”也表示“失去；损失”义。《后汉书·逸民传》：“鸿乃寻访烧者，问所去失，悉以家偿之。”“去”也可表示“去世；死亡”义。晋陶潜《杂诗十二首》之三：“日月还复周，我去不再阳。”

人生在世，必须勇敢面对“取舍”二字，当取者应取之，当舍者务舍之。舍，就是“去”。故“去”有“抛弃；舍弃”义。如“去泰去甚”，犹言做事要适中，要去其过甚。《老子》第二十九章：“天下神器不可为也。为者败之，执者失之……是以圣人去甚、去奢、去泰。”处世远离危险、达到平安，叫“去危就安”。办事排除虚假、保留真实，叫“去伪存真”。去旧迎新，又叫“去故纳新”。南朝梁宗懔《荆楚岁时记》：“岁暮，家家具肴蔌，诣宿岁之位，以迎新年，相聚酣饮，留宿岁饭。至新年十二日，则弃之街衢，以为去故纳新也。”

（七）至

至，会意字。甲骨文作，金文作，小篆作。《说文》：“至，鸟飞从高下至地也。从一，一犹地也。象形。不，上去；而至，下来也。”段玉裁注：“不象上升之鸟，首乡（向）上；至象下集之鸟，首乡（向）下。”《说文》系统的学者均持此说，但古文字学家都认为该字不是飞鸟从高处飞到地上，而是像一支箭从远处降至地面。罗振玉《雪堂金石文字跋尾》：“象矢远来降至地之形。”赵诚《卜辞分类读本》：“至，从矢从一，表示矢有所止，即至义。”

“至”的本义是“到”，动作的终点是眼下或预想的某种地方。《诗·秦风·渭阳》：“我送舅氏，曰至渭阳。”此指重耳离秦赴晋时，其外甥为其送行。渭阳，指渭水北岸。《荀子·修身》：“道虽迩，不行不至。”道路尽管不远，但必须行走才能到达。“四至”，指从四方来到，如《吕氏春秋·不屈》：“士民罢潞，国家空虚，天下之兵四至。”也指四方极远之地，如《尔雅》：“东至于泰远，西至于邠国，南至于濮铅，北至于祝栗。”又指田地、住宅等四周的界限，如“四至八道”是旧时标志土地界域的用语，表示四面八方所到之处及通往的道路。在传统节气中，有“夏至”“冬至”之说。如冬至这天，阳光几乎直射南回归线，北半球白昼最短，其后阳光直射位置逐渐北移，白昼逐渐变长。所以古人有“冬至一阳生”之说，把冬至看成是节气的起点。总之，冬至是一年中白昼最短的一天，相反，“夏至”是一年中白昼最长的一天。

在《说文》中，“至”还专门被列为汉字部首。其下共收六字，如“到”，从至，刀声；“臻”，至也，从至，秦声；“臸”，到也，从二至。又如繁体“臺”字，《说文》云：“观四方而高者。从至，从之，从高省。与室屋同意。”在许慎看来，臺是四方形且高出地面的建筑物，其字从“至”，与“室”“屋”从至而表示止息义的构形原则相同。还有个“姪”字值得一说。《通雅》：“男子谓姊妹之子为出，女子谓兄弟之子为姪……姪从其姑，对姑方云姪，今则对叔伯皆云姪矣，又改为侄字。”根据远古母系社会的婚姻制度，女子成人后不是出嫁到男方家，而是男子离家到女方家，所谓男从女居。女子所生男孩再婚配到男子的原部族中去，就有“归至”的意思。所以“姪”是父辈姊妹兄弟之子的称呼。[①]

“至”还具有以下常见义项。一是“到达了极点；极点”。《左

---

① 纪德裕：《汉字拾趣》，复旦大学出版社1997年版，第106页。

传·襄公二十九年》：“至矣哉！直而不倨，曲而不屈。”二是“程度最高的”，如《战国策·秦策一》：“商君治秦，法令至行。”传承至今的大量含“至”的合成词都是积极正面的，寄托了国人对于美好价值观念的期待和追求。如“至行”，指卓绝的品行；“至大至刚”，形容人的浩然之气极其正大、刚强；“至人”，指道德修养达到最高要求的人；“至德”，即最高尚的道德；“至公”指最公正，“至公无私”即大公无私。古代科举考试关系到广大儒生的前程和命运，它所需要的是公正无私的考官。因此科举时代人们敬称主考官为“至公”。唐刘虚白《献主文》：“不知岁月能多少，犹著麻衣待至公。”科举时代试院中的大堂称为“至公堂”，主考官观看诸生考试的地方称为“至公楼”。宋洪皓《松漠纪闻》：“试闱用四柱，揭彩其上，目曰至公楼，主文登之以观试。”

甘肃贡院至公堂

（八）睡

睡，其本义是一般所说的睡觉，还是打盹、瞌睡？通过对其字形的观察，我们就可以知其大略。“睡”字的左边形符为“目”，表示眼睛；右边为“垂”，被朱骏声《说文通训定声》认为是声符，但《说文》释为“从目垂”，段玉裁《说文解字注》：“此以会意包形声也。”他认为“垂”指人的眼皮低垂而下，所以“目”“垂”合而表示人打瞌睡。《说文》也说：“睡，坐寐也。”现行辞书，有的把“打瞌睡”或“坐着打瞌睡”列为该字的本义，即第一个义项，如《王力古汉语字典》《汉语大字典》《辞源》等。

“睡”的“打瞌睡”义在古代文献中多有例证，如《庄子·知北游》：“啮缺问道乎被衣，被衣曰：‘若正汝形，一汝视，天和将至……’言未卒，啮缺睡寐。被衣大说，行歌而去之。”啮缺向被衣请教“道”之理，被衣刚讲了几句，啮缺就睡着了。《史记·商君列传》：“孝公既见卫鞅，语事良久，孝公时时睡，弗听。”在二人交谈的过程中，出于礼貌，其中一人也不可能置对方于不顾，独自上床睡觉，所以在以上两例中，“睡”只能是指坐着打瞌睡。又如《世说新语·言语》：“顾司空未知名，诣王丞相。丞相小极，对之疲睡。”宋欧阳修《秋声赋》：“童子莫对，垂头而睡。”这一用法至今还可见于人们的口语交流中，如小学生因听课时间长，可能犯困，教师就会提醒：“别睡了！别睡了！坐好，好好听课！”

由“打瞌睡”义扩大范围，“睡”可引申为“睡觉”义。此义得到普遍使用的时间应当在中古以后。唐杜甫《茅屋为秋风所破歌》：“自经丧乱少睡眠，长夜沾湿何由彻。”唐韩愈《宿神龟招李二十八冯十七》诗：“夜宿驿亭愁不睡，幸来相就盖征衣。”宋苏轼《海棠》：“只恐夜深花睡去，故烧高烛照红妆。”关于“睡觉”义产生的时代，学者曾有过讨论。王力先生在《谈谈学习古代汉语》中曾分析过《三国演义》中的一首诗。当刘备第三次去茅庐拜访诸葛亮时，诸葛亮一觉醒来，口吟诗句：“大梦谁先觉，平生我自知。草堂春睡足，窗外日迟迟。”王先生认为这是一首假托的诗，因为三国时代还没有五绝，“知”“迟”也不同韵，而且那时的“睡”还不是“睡觉”而是“瞌睡”义。[①]《三国演义》是部明代小说，自然允许作者进行创作，但从汉语史的角度分析，王先生的判定是有道理的。

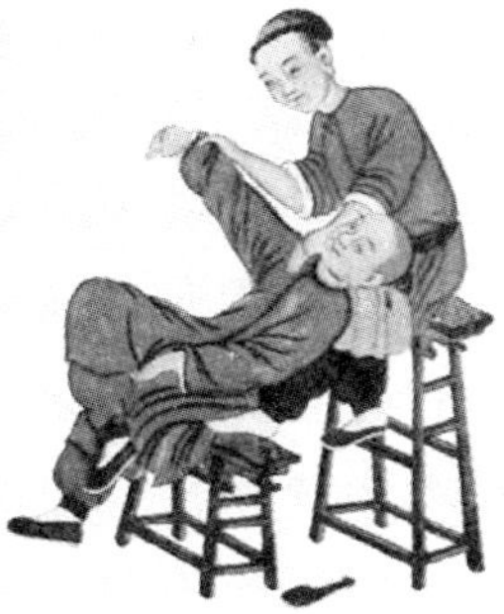

剃头放睡图

到了近代，“睡”又引申出“躺；躺下”义。如《水浒传》第四十二回：“李云急叫：‘中了计了！’恰待向前，不觉自家也头重脚轻，晕倒了，软做一堆，睡在地下。”《儒林外史》第十二回：“那些朋友们和我赌赛，叫我睡在街心里，把膀子伸着，等那车来。”此义今天还在用，如“他睡在躺椅上看书呢”。

（九）笑

“笑”，小篆作[笑]，在汉墓帛书《老子》中从竹，从犬；战国文字或从艹，从犬。徐铉《说文解字系传》：“此字本阙。臣铉等案：孙愐《唐韵》引《说文》云‘喜也，从竹，从夭’，而不述其义。今俗皆从犬。又按：李阳冰刊定《说文》‘从竹，从夭’，义云‘竹得风，其体夭屈如人之笑’，未知其审。”

“笑”是个会意字。对于同一个会意字，人们尚且从各自的角度

---

① 王力：《谈谈学习古代汉语》，《广西大学学报（哲学社会科学版）》1979年第1期。

出发，做出不同的解读，更何况“笑”字有多个不同形体，所以对其解读更是歧见纷出。对此，段玉裁《说文解字注》中曾经有过概述。大致说来，有如下五种看法。一，竹是一种乐器，人乐就会笑，所以从竹。二，王安石主张“以竹鞭犬为笑”，因其理由不明，受到了苏轼的讥刺。三，朱骏声《说文通训定声》云：“笑，犬狎人声也。从犬，箾省声。”意即犬与人亲热狎玩时发出的鸣叫，仿佛人的笑声。四，战国文字从艹从犬，有学者认为像犬在草丛中窜来窜去，模样可爱，引人欢笑。五，常见的“笑”从竹、从夭。夭，甲骨文作，李孝定《甲骨文字集释》：“契文象人行走时两臂摆动之形。”有学者认为大风吹来，竹子前后晃动，就像人大笑时肢体摆动的样子。我们觉得四、五两说较能令人接受。

关于“笑”的本义，辞书表述为“因喜悦而开颜或出声”（《汉语大字典》）或“喜悦通过‘解颜’和声音表现出来”（《王力古汉语字典》）。《周易·旅》：“旅人先笑而后号咷。”《论语·宪问》：“乐然后笑，人不厌其笑。”笑让人际关系变得温馨，使人间充满了爱。笑是一种心理和生理的本能表现，也反映了一个人的性格和情操，是一种社会性的行为。在人际交往中，我们提倡真诚的笑而不是假笑；提倡礼貌的笑而不是装笑；提倡自然的笑而不是似笑非笑。让笑声为我们社会的发展提供正能量。

说唱俑

笑的形态是各式各样的，有

微笑、善笑、宜笑等表达正面情感的笑，也有假笑、傻笑、冷笑、讪笑等含负面意义的笑。如《诗·邶风·终风》：“终风且暴，顾我则笑。”毛传：“笑，侮之。”郑玄笺：“其在庄姜之旁，视庄姜则反笑之，是无敬心之甚。”更进一层的有“讥笑；嘲笑”。《孟子·梁惠王上》：“以五十步笑百步，则何如？”《谷梁传·定公十年》：“笑君者罪当死。”正面的笑也可表达“喜爱；羡慕”之义，多见于诗词曲作品。如唐拾得《诗》之五四：“可笑是林泉，数里少人烟。”宋王安石《寄题郢州白雪楼》：“折杨黄华笑者多，阳春白雪和者少。”

在人际交往中，人们对那种当面笑呵呵背后却搞小动作的人往往心存戒备，称他们是“笑面虎”，骂他们“笑里藏刀”。“笑里藏刀”之典出自《新唐书·李义府传》：“义府貌柔恭，与人言，嬉怡微笑，而阴贼褊忌著于心，凡忤意者，皆中伤之。时号义府‘笑中刀’。”《旧唐书》作“笑中有刀”。人们遂用“笑里藏刀”比喻人表面和善而内心阴险毒辣。施耐庵《水浒传》第十八回：“这是笑里藏刀、言清行浊的人！我其实今日放他不过。”

（十）喜

“喜”，会意字，古今都表示“高兴”义。甲骨文作，金文作，小篆作。《说文》：“喜，乐也。从壴，从口。”壴，音zhù，字像“鼓”的形象。朱骏声《说文通训定声》：“闻乐（yuè）则乐（lè），故从壴；乐形于谈笑，故从口。”

“喜”的本义是“快乐；喜悦”。《诗·小雅·菁菁者莪》：“既见君子，我心则喜。”毛传：“喜，乐也。”喜是发自内心的欢乐。唐杜甫《闻官军收河南河北》：“却看妻子愁何在，漫卷诗书喜欲狂。”喜既发自内心，而又见诸表情，“欲狂”表明了喜悦的程度远远超乎一般。古汉语中表示“愉悦”情感的字有不少，如快、乐、喜、悦、愉、欣等，其中“喜”较具代表性。在常见的人类情感中，“喜怒哀乐”常被提及，而“喜”又位列其中第一。“喜”还与“怒”“厌”“惧”构成对比，表达思想情感。如“喜怒无常”表示情感变化无定，“喜新厌旧”多表示对爱情不专一，“喜惧”表示既高兴又惶恐。

“喜”可作动词，表示“喜爱；爱好”义。《诗·小雅·彤弓》：“我有嘉宾，中心喜之。”三国魏嵇康《与山巨源绝交书》：“卧喜晚起，而当关呼之不置。”唐杜甫《天末怀李白》：“文章憎命达，魑魅喜人过。”双音词“喜好”“喜尚”“喜欢”也多表达“喜爱；爱好”之意。

“喜”也可指“吉庆的事”。《周礼·秋官·大行人》：“贺庆以赞诸侯之喜，致襘以补诸侯之灾。”《庄子·让王》：“昔者神农之有天下也，时祀尽敬而不祈喜。”国人常见的喜事不少，如妇女怀孕，叫“有喜”。又如金榜题名、结婚生子、儿女双全、子孙满堂、子承父业、长命百岁等，都是喜事。民间还有“四大喜”之说，即“久旱逢甘雨，他乡遇故知，洞房花烛夜，金榜题名时”。

国人还常常把“喜”字与相关事物组合在一起，从而表明其为喜庆之物。如“喜果”，指喜庆时用来招待宾客或分送给亲友的干果，像花生、桂圆、红枣之类。按旧俗，婚娶或生孩子的人家用来分送亲友或邻居的鸡蛋也叫“喜果”“喜蛋”“红蛋”。庆贺结婚的请帖叫“喜帖”，结婚时招待宾客的酒或酒席叫“喜酒”。写成或印成的报喜之物叫“喜报”。《官场现形记》第一回：“喜报：贵府老爷赵印温，应本科陕西乡试，高中第四十一名举人。”鹊鸟历来被称作“喜鹊”，因民间传说鹊能报喜，故有此称。唐韩愈等《晚秋郾城夜会联句》：“室妇叹鸣鹳，家人祝喜鹊。”甚至于一种细长、色暗的蜘蛛，古人认为它的出现是吉兆，因而称其为“喜子”或“喜蛛”。

喜神剪纸画

“喜”还具有两种与“喜爱；爱好”义相关联的意义。一是“指习惯于或适合于某种环境条件”。宋苏轼《格物粗谈·树木》：“松喜干，桧喜湿。”言语交流中人们往往直接把此处的“喜”说成“喜欢”，这是把人的心理行为借用到生物的秉性上。二是“容易发生某种变化”。唐刘禹锡《祭虢州杨庶子文》：“利剑多缺，真玉喜折。”

（十一）思

“思”字的结构让不少人误认为它是个会意字：“思者想也，想什么呢？是想象广阔的田野呢，还是希冀获得土地呢？”这种思考当然无可厚非，但它并不符合其构字的初衷。

“思”，小篆作[小篆字形]。《说文》：“思，容也。从心，囟声。”在许慎看来，思是包蕴万物、无所不容的。古人认为心是思维器官，正如《孟子·告子上》所说“心之官则思”，所以“思”字从“心”。

萱草（忘忧草）

至今人们还会说“我心里想啊”。不过近代以来，生理学研究已告知人们大脑才是人的思维器官。所以清人徐灏《说文解字注笺》指出：“人之精髓在脑，脑主记识。故思从囟，兼用为声。囟、思一声之转。”囟是囟门，即婴儿头顶未合缝的地方，俗称“脑门”。但徐氏的看法只是他作为后人的一种推测，因为秦汉时代人们尚未了解脑的思维功能，所以许慎只说“囟声”而已。

“思”的本义是“思考；想问题”。《论语·为政》：“学而不思则罔，思而不学则殆。”在学习的基础上应当展开深入的思考，否则就不会有真正的收获。所以，深思熟虑、思前想后、集思广益都是人们常用的词语。宋苏轼《送安惇秀才失解西归》：“旧书不厌百回读，熟读深思子自知。”“思慕；想念”也是“思”的常用义。《诗·周南·关雎》：“求之不得，寤寐思服。”诗人对心仪女子的思念刻骨铭心，夜间翻来覆去睡不着。《史记·魏世家》：“家贫则思良妻，国乱则思良相。”唐李白《静夜思》：“举头望明月，低头思故乡。”

古人往往运用一些事物寄托自己对亲人、贤人或家乡的思念。古代习俗，当子女远离家乡时，母亲会在北堂旁种下萱草（又称忘忧草），以寄托思念。古代还把贤者或先人所栽的树称为“思人树”，用以睹物思人。“思人树”典出周初，召公巡行乡邑，在棠树下决狱理事，使社会安定，井然有序。他去世后，人们留着棠树不伐，并作《甘棠》诗怀念他。有座高台曰“思烟台”，是纪念春秋时名人介之推的。晋王嘉《拾遗记》：“晋文公焚林以求介之推。有白鸦绕烟而噪，或集之推之侧，火不能焚。晋人嘉之，起一高台，名曰‘思烟台’。”表达了人们对淡泊名利、高尚之士的崇敬。汉代有苑名曰“思贤苑”，相传为汉文帝所建。《西京杂记》卷三：“文帝为太子立思贤苑以招宾客，苑中有堂隍六所。客馆皆广庑高轩，屏风帷褥甚丽。”汉文帝思贤若渴的政治情怀于此可见。再有“思鲈苑”，表现了人的思乡归隐。据《世说新语·识鉴》，张翰任齐王东曹掾，在洛阳见秋风起，遂思念吴中菰菜羹、鲈鱼脍，便说：“人生贵得适意尔，何能羁宦数千里以要名爵？”于是命驾便归。

（十二）为

为，繁体字作“爲”，小篆作。《说文》：“为，母猴也，其为禽好爪，爪，母猴象也。下腹为母猴形。”母猴指的是猕猴。猕猴作为走兽，喜欢用爪子，爪子是猕猴的象征。段玉裁也说：“《左传》鲁昭公子公为，亦称公叔务人。《檀弓》作公叔禺人。由部曰：‘禺，母猴属也。’然则名为字禺，所谓名字相应也。”现代学者均已否定以上说解。因为根据古文字形体分析，“为”与猕猴无关。为，甲骨文作，金文作。从字形看，“为”从爪，从象，表示人牵着大象从事劳作。所以“为”的本义是“做；干”。罗振玉《增订

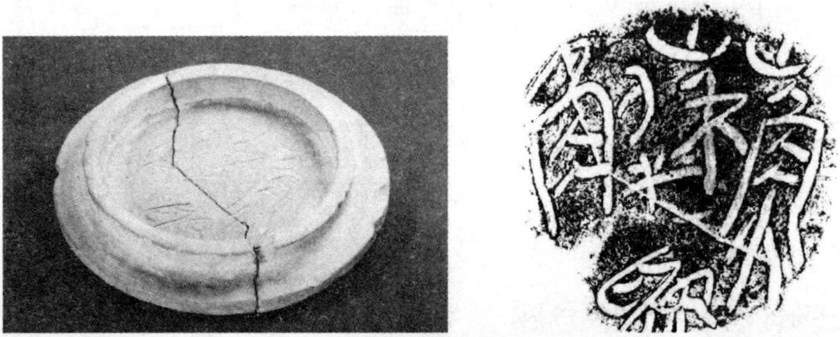

苏解为陶盖及其拓片

殷虚书契考释》指出：“意古者役象以助劳，其事或尚在服牛乘马之前。”①

“为”是一个使用面宽泛的词语，既是实词，又是虚词；既可用为动词，又能用作介词、连词、句末语气词。我们先讨论其动词用法。其首要的动词义是“做；干”。《论语·宪问》：“其言之不怍，则为之也难。”《战国策·齐策四》：“王使人为冠。”“做”的含义相当广泛，在具体上下文中可译作“治”“学”“安排”等，如在《论语·先进》“为国以礼”中表示“治”，在《左传·隐公元年》“不如早为之所”中表示“安排”，等等。“为”可引申为“变成；成为”义。《诗·小雅·十月之交》：“高岸为谷，深谷为陵。”又引申为“叫作；当作”义。《庄子·逍遥游》：“北冥有鱼，其名为鲲。”还略等于“是”，如《孟子·公孙丑上》：“尔为尔，我为我。”用作介词时，“为”字读去声。表示“给；替”义，如《尚书·金縢》：“我其为王穆卜。”表示“对；向”义，如《史

① 郭锡良：《古代汉语》（中册），北京出版社2001年版，第700页。

记·张丞相列传》：“邓通既至，为文帝泣曰：‘丞相几杀臣。’”表示“因为；由于”义，如《左传·成公九年》：“为归汶阳之田故，诸侯贰于晋。”用作连词，“为”可表示“如果”“与；和”“则；就”等义项。表示“如果”义，如《孟子·公孙丑下》：“得之为有财，古之人皆用之。”用作句末语气词，“为”可表示疑问，如《论语·颜渊》：“棘子成曰：‘君子质而已矣，何以文为？’”也可表示感叹，如《庄子·逍遥游》：“予无所用天下为！”

“为”也反映了人们的价值观念。一个人来到这个世界上，就应当积极作为、奋发有为，而不能庸庸碌碌、无所作为。做人要讲究处事原则，为人处世要正派善良。在这方面，传统词语也对我们有所启迪。如“为道”即修道，“为学”指做学问、治学。《老子》第四十八章：“为学日益，为道日损。损之又损，以至于无为。”“为善”，指多做善事。《国语·齐语》：“夫是，故民皆勉为善。”“为身”，指治身、修身。《孔子家语·贤君》：“颜渊将西游于宋，问于孔子曰：‘何以为身？’子曰：‘恭、敬、忠、信而已矣。’”以下含“为”的成语具有正面意义：为而不恃、为国砥柱、为民请命、为善最乐；以下含“为”的成语具有消极意义：为富不仁、为非作歹、为恶不悛、为虎作伥、为蛇画足。对此，我们应知其源、明其义，严格区分，加以掌握。

（十三）治

治，作为河名，读为chí。《说文》：“治，水。出东莱曲城阳丘山，南入海。从水，台声。”汤可敬《说文解字今释》：“即今山东

大禹治水

省大沽河与支流小沽河。”张舜徽《说文约注》：“源出山东省掖县马鞍山，即阳丘山也。水南流经莱阳县西南，与大沽河合，至平度县称沽河，合胶莱河入海。”

治，音zhì，是我们本节主要的讨论对象。其常用义是“治理；管理”。《周易·系辞下》：“上古结绳而治，后世圣人易之以书契。”《史记·循吏列传》：“奉职循礼，亦可以为治，何必威严哉？”“治”字从水，在“治理”义上人们首先想到的是“治水”，上古洪荒时代，洪水滔天是许多民族的历史记忆。《尚书·尧典》：“帝曰：‘咨！四岳，汤汤洪水方割，荡荡怀山襄陵，浩浩滔天。下民其咨，有能俾乂？’”面临着滔滔洪水，尧帝派遣鲧去治水。鲧失败后，又由其子禹率民治水。“治”由“治水”义也可转指政治上的“治理”。历史上有个典故叫“治阿”，讲的是晏子治理东阿的故事。据《晏子春秋·杂上四》，齐景公让晏子担任东阿的主政者（宰），晏子干了三年，政绩不佳，遭非议不断。“景公不说，召而免之。晏子谢曰：‘婴知婴之过矣，请复治阿，三年而誉必闻于国。’”景公知晏子之贤，不计其过失，重新任命其主政，结果三年而齐国大兴。此后，“治阿”就代指吏治有方、政绩卓著。

针对不同的对象，治理的方法是多样的，由此“治”就产生出不少引申义。引申为“修建；修缮”义，如《晏子春秋·杂下十六》：“吾君好治宫室，民之力弊矣。”引申为“惩处”义，如《尚书·胤征》：“歼厥渠魁，胁从罔治。”此指对作乱的祸首必须坚决消灭，而对胁从者则从宽对待，不予惩处。《史记·李斯列传》：“赵高治斯，榜掠千余。”奸臣赵高对李斯的惩处非常残忍，竟拷打了一千多下。引申为“医治；医疗”义，如《盐铁论·世务》：“如人有疾，不治则寖以深。”人若有病，就应及时治疗，否则病情就会越来越重。引申为“攻读；研究”义，如《汉书·董仲舒传》：“少治《春秋》，孝景时为博士。”

治理是一种手段，它需要经历一定的过程。如果治理有方，就会收获成功。因此，“治”又引申出“治理得好；太平”义。《荀子·天论》：“日月星辰瑞历，是禹桀之所同也；禹以治，桀以乱，治乱非天也。”凭借相同的自然条件，大禹把国家治理得很太平，夏桀却把天下搞乱了。所以，太平或动乱并不是自然条件决定的。天下太平是中华民族千百年来共同的理想和价值期待，这种强烈的心愿常通过词语加以表达和倾诉。如“治世”，指太平盛世。《荀子·大略》：“故义胜利者为治世，利克义者为乱世。”“治平”，指政治清明，社会安定。《晏子春秋·谏上七》：“故明所爱而贤良众，明所恶而邪僻灭，是以天下治平，百姓和集。”“治安”，指天下安定。《史记·孝文本纪》：“古者殷周有国，治安皆千余岁。”又如

“治定”指政治安定，“治国”可指太平安定的国家，“治康”可指“国家太平安宁”等。

（十四）理

理，形声字。《说文》：“理，治玉也。从玉，里声。”朱骏声《说文通训定声》：“顺玉之文而剖析之。”故“理”的本义是“治玉；雕琢”（《古汉语大词典》）或“对玉璞进行加工”（《王力古汉语字典》）。玉璞，指未经玉人加工雕琢的玉。《韩非子·和氏》：“王乃使玉人理其璞而得宝焉。”这就是著名的“和氏璧”的故事。楚人卞和在楚（荆）山所得的璞玉价值连城，是世间珍宝，但在两次献给楚王时，却被错认为石头而使卞和先后失去了双足。唐代诗人为此留下了“徒有献芹心，终流泣玉啼”（李白）、“滥窃商歌听，时忧卞泣诛”（杜甫）等感伤诗句。

由“治玉”义扩大范围，“理”又引申出“治理”义。《诗·大雅·江汉》：“于疆于理，至于南海。”《周易·系辞下》：“理财正辞，禁民为非曰义。”治理涉及社会的方方面面，各个行业。治理国家叫“理国”，治理百姓叫“理民”，掌理刑法叫“理刑”，治军叫“理戎”或“理兵”，修身养性叫“理身”，治理财物叫“理财”，剃除毛发叫“理发”等。

“理”还可指“文理”。《荀子·正名》：“形体色理以目异。”杨倞注：“理，文理也。”《韩非子·解老》：“理者，成物之文也。”文理本指物体的花纹、纹理。《周易·系辞上》：“仰以观于天文，俯以察于地理。”孔颖达疏：“地有山川原隰，各有条理，故称理也。”《管子·水地》：“鸟兽得之，形体肥大，羽毛丰

大理寺大殿红柱石基

茂，文理明著。”纹理是一条一条按秩序排列的，显得整齐而不凌乱，由此“理”又引申出“条理”义。《荀子·儒效》：“井井兮其有理也。”杨倞注：“有条理也。”人们常说“有条有理”“条理分明”，这是处理政务或事务的一种较高境界。此外，“理”又具有“道理”义。道理指事理、事物的规律，而这与“条理”义应当具有一定的意义关联。《周易·坤》：“君子黄中通理。”孔颖达疏：“黄中通理者，以黄居中兼四方之色，奉承臣职，是通晓物理也。”今人常说：“办事要有理、有利、有节。”此处“理”就指讲道理。

“理”还与法纪、刑狱有关。一是表示“法纪；法律”义。《韩非子·安危》：“先王寄理于竹帛。”陈奇猷集释：“理，法纪也。”《汉书·武帝纪》：“将军已下廷尉，使理正之。”颜师古注：“理，法也。言以法律处正其罪。”二是表示“掌刑狱的官署”义。我国秦汉时置廷尉，掌刑辟。北齐设大理寺，隋至清历代皆相沿。汉司马迁《报任安书》：“明主不晓，以为仆沮贰师，而为李陵游说，遂下于理。”三是表示“治狱官”义。《礼记·月令》：“命理瞻伤、察创……决讼狱，必端平。”郑玄注：“理，治狱官也。

有虞氏曰士，夏曰大理，周曰大司寇。”从上下文语境看，《报任安书》中之“遂下于理”应指处所而不是指人，故应属于第二项。《王力古汉语字典》将之归于第三项，窃以为不妥。

三、性状

“好坏对错”等表示性质状态的基本词，不仅历史久远，而且往往能够表现出国人传统的价值观念和情感寄托，因而富有文化内蕴。如“好”不仅具有女子貌美之义，而且隐含着女人有子才是好的传统思维。“壞”（坏）表示房屋等建筑物倒塌，使人们由基本生存条件丧失而产生联想，从而引申出衰亡、不好、恶等义项。“對”（对）本义是对答，由此引申出朝向、对手等义项。而且古人强调以礼义为准绳，要求应答如流，应对如响，敏捷得体，符合规矩，因此“对”后来衍生出投合、适合、相合、正确等义项。

（一）好

“好”，会意字。《说文》：“好，美也。从女子。”学界认为，“好”的本义是“貌美，特指女子长得好看”。确定字的本义要看两个方面，一是古代文献证据，二是字形结构分析。就“好”字而言，文献例证颇多。如《方言》卷二：“自关而西，秦晋之间，凡美色，或谓之好。”《战国策·赵策三》：“鬼侯有子而好，故入之于纣。”而字形结构则往往决定字的形象义。

好，甲骨文作，金文作，小篆作。对于“从女子”的构形，学者们做出了不同的解读。在甲骨文与早期金文“好”字的字形结构中，相对于“女”，“子”的字体明显较小，且偏居一隅，好似显示母与子的关系，故有学者认为，“好”字的字形结构像是母亲怀抱孩子，并由此推断出“女人有子”才是“好”。这与国人一贯崇拜女子生育等传统观念是吻合的。但这只是“好”的形象义，如果将它看作“好”的本义，则缺乏文献证明。在后期金文和小篆中，“好”字中的“女”“子”结构趋于平衡，促使人们从“女孩子”的角度做出解释：女子体态娇美，青春洋溢，就是“好”。这种观点后来逐渐占据了主导地位。世上美好的事物都有它们共同的特质，从而赢得人们积极正面的评价。美好的事物表现在多个方面，或外在形象，或内在品质，或社会风尚，或人际关系，等等。对于这些不同的事物或现象，人们都用“好”加以评价，由此，“好”就衍生出许多引申义。如“好”可表示“美；优良”义。《诗·大雅·崧高》：“吉甫作诵，其诗孔硕，其风肆好，以赠申伯。”周宣王为照顾其母舅申伯，增加其封地，并派人筑城、经营土地。大臣尹吉甫为此作诗颂扬。“其风肆好”指曲调优美。宋苏轼《卜算子·感旧》：“蜀客到江南，长忆吴山好。”此指吴地风光绮丽。这类侧重表现事物美好品质的双音词有“好色”（指美好的容颜）、“好音”（指悦耳的声音）、“好景”（指美好的景色）、“好辞”（指动听的言辞）等。“好”又可表示“善良；优秀”义。《诗·小雅·正月》：“好言自口，莠言自口。”此言好话坏话都从你一个人口中说出，表达了诗人对贵族统治者做人反复无常的不满。《礼记·仲尼燕居》：“敢问礼也者，领恶而全好者与？”郑玄注：“好，善也。”

“好”还用作动词，读去声，表示对美好事物或人物的喜爱。《诗·小雅·彤弓》：“我有嘉宾，中心好之。”此诗写诸侯有功于天子，天子赐给他彤弓等礼品，还设宴招待他，表明天子从内心喜爱他。此诗另有“中心贶之”“中心喜之”等句，“贶”“喜”也都从正面对情感加以肯定。此类合成词及词组也很多，如“好名”，指爱好名誉、追求虚名。《孟子·尽心下》：“好名之人能让千乘之国。”“好事”，指喜欢多事。唐柳宗元《三戒》：“黔无驴，有好事者船载以入。”“好客”，指喜欢接纳和款待客人。《史记·孟尝君列传》：“冯谖闻孟尝君好客，蹑蹻而见之。”此外，好大喜功、好为人师、好高骛远等成语，更是人所共知。

好客山东

随着生产力的发展和社会的进步，人们不再仅仅满足于对人和事物做出简单的评价，而是更加关注与自身利益密切相关的社会和民生问题，这成为人们共同的价值追求，如希望自己办事顺利，心想事成，身体健壮，等等。因此中古以后，“好”的词义范围自然随之扩展开来，如“好”可指“完成；完毕”。北魏贾思勰《齐民要术·笨麴并酒》：“《食经》作白醪酒法……盖满五日乃好，酒甘如乳。”唐韩偓《无题》：“妆好方长叹，欢余却浅颦。”又可指“容易”。《朱子语类》卷六十七：“《系辞》也如此，只是《上系》好看，

《下系》便没理会。”《二刻拍案惊奇》卷三：“且是直性子，好相与。”今人也常说“这话好懂”“这事好办”。还可指“方便；可以”。《齐民要术·种桑柘》：“十五年任为弓材……二十年，好作犊车材。”唐杜甫《闻官军收河南河北》：“白日放歌须纵酒，青春作伴好还乡。”最后，“好”还可指“康健；恢复健康”。元石德玉《秋胡戏妻》第二折：“亲家母，你这几时好么！”《红楼梦》第十回：“媳妇的病或者就能好了。”汉语修辞中有一种辞格叫“反语”，即正话反说，“好”也能用于贬义，如“瞧人家多好啦，谁见了都躲着走”“这下子好了，谁都别想得到了”。

（二）坏

坏，繁体字作“壞”，小篆作壞，形声字。《说文》：“坏，败也。从土，褱声。”其本义是“房屋等建筑物倒塌”。段玉裁《说文解字注》：“毁坏字皆谓自毁自坏。”《诗·大雅·板》：“无俾城坏，无独斯畏。”《韩非子·说难》：“宋有富人，天雨墙坏。”汉王充《论衡·偶会》：“坏屋所压，崩崖所坠，非屋精崖气杀此人也。”上述例句所指都是房屋和城墙倒塌。现行辞书有的释“坏”为“破败”，义尚接近；有的将“坏”第一个义项列为“败坏；衰亡”，笔者认为，这是对“房屋等建筑物倒塌”义的引申，已不能理解为“坏”字的本义了。

房屋倒塌是一种很惨烈的景象，俗语中“墙倒屋塌”常与“妻离子散，家破人亡”相承使用，以描写社会激烈动荡时民间常见的惨剧。如“断壁残垣”，指倒塌了的墙壁，形容残破的景象。又如“屋漏”，含义之一是“破屋漏水”。《世说新语·排调》：“天

圆明园遗址

甚晴朗，祖参军如从屋漏中来。”唐杜甫《茅屋为秋风所破歌》：“床头屋漏无干处，雨脚如麻未断绝。”这些词语都描写了房屋受损甚至倒塌所造成的破败。房屋是人的栖身之所和精神港湾，是人们必备的生存条件。房屋一旦倒塌，人们会“居无定所”，甚至“流离失所”，从而遭受极大的精神打击，所以古人选择用“坏”表示墙倒屋塌，并进而表示极其负面的事物或概念，应当说具有很强的代表性。倒塌是非人为的天然现象，正如段玉裁所说的“自毁自坏”；“拆毁；弄毁”则是人的自觉行为，但二者都造成了毁损的结果。《左传·襄公三十一年》：“子产相郑伯以如晋。晋侯以我丧故，未之见也。子产使尽坏其馆之垣，而纳车马焉。”《百喻经·诈称眼盲喻》：“便欲自坏其目。”上述二例中的“坏”字分别表示“拆毁”“弄毁”义。房屋倒塌指建筑物坏损，失去其安顿居民的正常功能；军队溃败指军队建制受到破坏，失去其战斗功能，二者具有相似性，因此“坏”便引申出“崩溃”义。汉贾谊

《过秦论》："秦乃延入战而为之开关，百万之徒逃北而遂坏。"晋袁宏《后汉纪·光武皇帝纪三》："汉兵乘胜薄之，贼皆殊战，汉军大坏。"上述二例中的"坏"字都指军队兵败如山倒，溃不成军。房屋建筑可以因内外因素导致毁损，失去其存在的价值；政治制度及政治机构若举措失误，也不免陷入败亡的境地。于是"坏"遂引申出"败坏；衰亡"义。《左传·襄公二十四年》："诸侯贰，则晋国坏；晋国贰，则子之家坏。"说明内部猜疑、离心离德就会酿成衰败的恶果。《尚书·大禹谟》："戒之用休，董之用威，劝之以九歌，俾勿坏。"孔颖达疏："用此事，使此善政勿有败坏之时。"在"坏"字义项的演进历程中，它所表达的都是消极的遭人厌恶的事物或概念。除上述义项外，"坏"在古代还有表示"革职，免官""加害，杀害""丧生，死"等意义的相关书证，兹不赘举。这种历史的积淀促使人们产生一种强烈印象："坏"与"好"截然相反，可以用来概括并代表一切消极的、丑恶的事物。于是，到了近代，"坏"引申出"不好；恶"等义项，如《红楼梦》第二十回："自己又不尊重，要往下流里走，安着坏心，还只怨人家偏心呢。""坏"的双音词有"坏蛋""坏种""坏心"等。"坏"同样能正话反说，如小夫妻在秀恩爱时，女方常手指对方，撒娇地说"你真坏！"其实心里想要表达的却是"你真好！"

（三）对

对，繁体字作"對"，甲骨文作，金文作。古文字学家认为，其字形像以手持草，作为标志，向人显示（参李孝定《甲骨文字集释》）。笔者认为这是"對"字初文的形象义，如称其为本义，尚

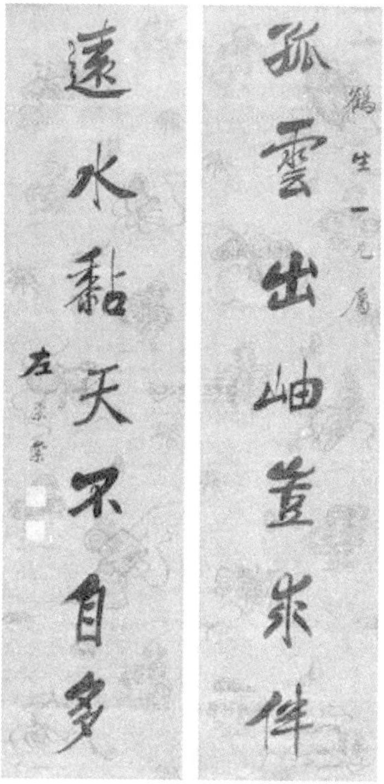

左宗棠书法对联

缺乏文献证明。小篆對，《说文》解释为：“应无方也。从丵，从口，从寸。對，或从士。汉文帝以为责對而为言，多非诚對，故去其口以从士也。”应无方，指回答不拘泥于方法，可以灵活应对。段玉裁认为，“寸”表示法度，“丵口”即众口，表示“一归于法度”。综合《说文》对“对”的形析与释义，可以确定“对”的本义是“应答”。其构形，像士人在应答问题。《论语·子路》：“冉子退朝。子曰：‘何晏也？’对曰：‘有政。’”《史记·张释之冯唐列传》：“上问上林尉诸禽兽簿，十余问，尉左右视，尽不能对。”以上二例中的“对”都是下对上做出回答义。对答者须面向提问者作答，二者通常构成一对一的组合关系。由此，“对”就会引申出相关联的几个意义。一是“面向；朝着”。《仪礼·士昏礼》：“设对酱于东。”郑玄注：“此为妇设也。夫西妇东，故云对。”《史记·万石张叔列传》：“子孙有过失，不谯让，为便坐，对案不食。”对案，面对食案。这类双音词有“对食”“对面”“对局”等。二是“匹敌；对手”。《诗·大雅·皇矣》：“帝作邦作对，自大伯王季。”毛传：“对，配也。”《三国志·吴书·陆逊传》：“刘备天下知名，曹操所惮，今在境界，此强对也。”这类双音词有“对家”“对垒”“对头”等。三是“配偶”。《诗·周颂·清庙》：“济济多士，秉文之德。对越在天，骏奔走在庙。”《后汉书·逸民传》：“（孟光）择对不嫁，至年三十。”俗语中称夫妻二人为“冤家对头”，又曰二人“成双成对”。中国人历来具有讲究平衡对称的文化传统和文化心理，因而促成了新的文体、新的文章技法的产生。如古代文体中有对策、奏对，指臣下应诏对答皇帝的文章。南朝梁刘勰《文心雕龙·议对》：“对策者，应诏而陈政也……公孙之对，简而未博，然总要以约文，事切而情举。”应举者按题陈述自己的意见，叫“对策”。汉代晁错、董仲舒等都以对策著名。

旧体诗赋中，意义互相对照的两句诗赋叫对句，如言对、事对、正对、反对等。传统诗赋楹贴讲究“对偶”，也叫“对仗”，简称“对”。对偶的词句和对联则叫“对子”。《红楼梦》第四十八回：“（律诗）不过是起、承、转、合，当中承、转，是两副对子。”对答必须符合礼的标准，即应答如流、应对如响、敏捷得体、合乎规矩，如《礼记·曲礼上》：“先生问焉，终则对。”郑玄注：“不敢错乱尊者之言。”由此，“对”衍生出“投合；适合”义，如明李贽《焚书·读史·孔明为后主写申韩管子六韬》：“药无高下，要在对病。万全良药，与病不对，亦何补哉？”《醒世恒言》卷三：“晓得小娘心肠不对他，偏要娶他回去。”到了现代，“对”又衍生出“正确；正常”义，如柳青《铜墙铁壁》第十二章：“大路以北又没敌人，我只直端朝北走就对了。”

（四）错

一提到“错”，人们就会想到“错误”“差错”“犯错”等概念。那么，这些概念与“错”的形符“金”之间究竟存在着什么样的逻辑联系呢？《说文》：“错，金涂也。从金，昔声。”段玉裁注：“涂，俗作塗……谓以金措其上也。”即“错”的本义是“用金涂饰镶嵌”。我国自古就有一种特种工艺，用金属丝在器物表面镶嵌成花纹或文字，称为“错金”“错银”。据朱凤瀚考察，早在春秋时代我国已能生产此类青铜器。[①]《诗·小雅·采芑》：“约軧错衡，八鸾玱玱。”错衡，指在战车扶手的横木上用金嵌错花纹。《盐铁论·散不足》：“今富者银口黄耳，金罍玉钟；中者舒玉纻器，金错蜀杯。”金错，指在器物上用黄金涂饰、镶嵌文字或花纹。《东观汉记·邓遵传》中有“金错刀”，指一种钱币，王莽摄政时铸造，用黄金错镂其文。实物与文献例证都说明了错金、错银工艺的历史久远。这种工艺包括镶嵌和错两道工序。先在青铜器表面预铸出浅的凹凸的纹饰或字形，再用硬度较大的工具錾刻浅槽，并把金银丝、片嵌入浅槽。然后用厝石进行打磨，使嵌入的金银丝、片与铜器表面相平。最后在器表用木炭加清水进行进一步打磨，使器表愈显崭平光亮。于是，各种色彩的图案与铭文就在金银和青铜光泽的映射下熠熠生辉。

“错”的镶嵌或涂饰功能在词语中也得到了记录和反映，体现了物质文化对语言的影响。如“错”具有“彩饰或绘绣花纹”义。《国语·晋语八》：“而能金玉其车，文错其服。”韦昭注：“文，

① 朱凤瀚：《古代中国青铜器》，南开大学出版社1995年版，第547页。

文织；错，错镂也。”即彩饰和绘绣服装。《史记·赵世家》：“翦发文身，错臂左衽。”司马贞索隐：“错臂亦文身，谓以丹青错画其臂。”可知文身术在我国历史久远，丹青是其重要的材料。又如“相互交错”义。《诗·小雅·楚茨》：“献酬交错，礼仪卒度。”毛传：“东西为交，邪（斜）行为错。”常言“纵横交错”，据毛传，交指横线，错指斜的纵线。《楚辞·九歌·国殇》：“操吴戈兮被犀甲，车错毂兮短兵接。”错毂，指双方车毂交错。事物往往具有两面性，对于同一个事物或现象，如果从不同的视角观察，就可能得出截然不同的结论。在器物上涂饰或镶嵌花纹，固然有美观的效果；但从形式上看，器物与涂饰（镶嵌）两者呈现交错状态，原器物已失去其“纯粹性”。或者可以说，出现了“间杂”现象。因此，“错”即具有“间杂”义。《尚书·禹贡》：“厥赋惟上上错。”孔颖达疏：“交错是间杂之义，故错为杂也。”《仪礼·聘礼》：“八簋继之，黍其南稷，错。”胡培翚正义：“错者，取二物相间之意。”

由“间杂”义向贬义方向引申，就会得出“乱；杂乱”义。《尚书·微子》：“殷既错天命。”孔传：“错，乱也。”《诗·周南·汉广》：“翘翘错薪，言刈其楚。”毛传：“错，杂也。”由

错金篆书阳陵虎符

“乱；杂乱”义再深化，就会引申出“错误；乖谬”义。汉郑玄《郑志》卷中：“（赵商问）《族师》之义，邻比相坐；《康诰》之说，门内尚宽。不知《书》《礼》是错？”唐杜甫《堂成》：“旁人错比扬雄宅，懒惰无心作解嘲。”今人有“差错”“过错”“错误”等词语。“错”从“用金涂饰镶嵌”义到“错误；乖谬”义似乎相隔甚远，毫无关涉，但从“彩饰或绘绣花纹”“相互交错”“间杂”，到“乱；杂乱”“错误；乖谬”，在“错”之含义的步步引申中，也能寻找出其演变的内在轨迹。

（五）苦

“痛苦”“困苦”“劳苦”，或表精神状态，或表心理感受，这些抽象的概念需要借助一个具体的事物加以记录，由此人们选择了“苦”字。《说文》：“苦，大苦，苓也。从艸，古声。”对其所指，学者们有不同的解说。有人认为“苓”是苍耳，“蘦”才是“苦”或曰“大苦”。“苦”是一种什么植物呢？晋

苦菜

郭璞《尔雅》注认为是“甘草”，宋沈括《梦溪笔谈·药议》认为是“黄药”。《诗·唐风·采苓》：“采苦采苦，首阳之下。”毛传：“苦，苦菜也。”《礼记·内则》：“濡豚包苦实蓼。”郑玄注：

"苦，苦荼也。"学界一般认为，"苦"即苦菜，又名苦荼、黄药。苦菜是越年生菊科植物，茎、叶嫩时都可食用，因其略带苦味而得名。苦荼一指苦菜，二指茶。唐陆羽《茶经·七之事》："华佗《食论》：'苦荼久食，益意思。'"由此可知，苦菜虽略带苦味，但味道清新，食用或饮用时别有风味，所以常被人们采食。开始时，苦菜被用作药物，后来才被用作清热解毒的饮料。

由于苦味是苦菜的显著特征，人们遂将与其相似的味道称为"苦"，例如胆汁和黄连的味道。《诗·邶风·谷风》："谁谓荼苦？其甘如荠。"《神农本草经》卷一："黄连，味苦，寒。主热气目痛，眦伤泣出，明目。""苦"属于古代"五味"之一，与"甘""甜"相反。《礼记·礼运》："五味，六和，十二食，还相为质也。"郑玄注："五味：酸、苦、辛、咸、甘也。"

"苦"一开始只指味觉，伴随着人们联想和想象的发展，人们又用它来表达与其具有相近或相似性的心理感受和精神状态，把感到难受的滋味、感觉都称为"苦"，从而使"苦"的语义内涵更为充实。例如"劳苦；辛苦"义，俗语有"书山有路勤为径，学海无涯苦作舟"。《商君书·外内》："故农之用力最苦，而赢利少，不如商贾技巧之人。"又如"刻苦"义，唐白居易《与元九书》："盖以苦学力文所致。"务农、治学都要流下汗水，付出心血，体味艰辛，经受磨难，若不吃尽苦中苦，就不会收获成功。又如"困苦；痛苦"义，《墨子·七患》："上不厌其乐，下不堪其苦。"《韩非子·五蠹》："泽居苦水者，买庸而决窦。"此指生活在水泽地区为积水所苦的人们，雇来短工开挖下水道。"病；病痛"使人饱受折磨，自然也是"苦"。《庄子·达生》："见一丈夫游之，以为有苦而欲死也。”陆德明释文：“‘有苦’如字。司马（彪）云：病也。”《隋书·许智藏传》：“帝每有所苦……智藏为方奏之，用无不效。”“悲伤”也是“苦”的表现，如《吕氏春秋·遇合》：“人有大臭者，其亲戚兄弟妻妾知识无能与居者，自苦而居海上。”高诱注：“苦，伤也。”唐杜甫《石壕吏》：“吏呼一何怒，妇啼一何苦。”此言环境的险恶或吏治的暴虐使人悲苦难诉。

与“劳苦”“刻苦”义相联系，人们把难受的滋味、感觉加以淡化，而将“投入；付出”义加以强化，于是“苦”又产生出新的义项。如表示程度之“深”，有“苦心孤诣”“苦思冥想”等词语。《战国策·韩策一》：“此安危之要，国家之大事也。臣请深惟而苦思之。”宋苏轼《辛丑十一月十九日既与子由别于郑州西门之外，马上赋诗寄之》：“君知此意不可忘，慎勿苦爱高官职。”苦思即深思，苦爱今多说“酷爱”。又如表示频率的“多；多次”义，现代已很少使用。《齐民要术·种桑柘》：“大率桑多者宜苦斫，桑少者宜省剶，秋斫欲苦，而避日中。”唐杜牧《吴宫词二首》之二：“鹤鸣山苦雨，鱼跃水多风。”甚至用为副词表示程度的“甚；很”义，也能传递出此类意向。《三国志·吴书·吴主传》：“人言苦不可信，朕为诸君破家保之。”唐韩愈《赠崔立之评事》：“崔侯文章苦捷敏，高浪驾天输不尽。”文中用了“苦”字，无论是表示程度还是频率，都增加了文学意味和修辞色彩，强化了文章的表达效果。

（六）香

“香”是会意字，但本来不是“从禾，从曰”，而是“从黍，从甘”。其甲骨文作，小篆作。《说文》：“香，芳也。从黍，从甘。”楷书演变成“从禾，从曰”。由“黍”省简为“禾”，二者本属同类，义相联系，尚不难理解。但“甘”指的是滋味，“香”指的是气味，二者并非同类事物，为什么能充当义符呢？原来，这是由听觉、视觉、嗅觉、味觉等的通感作用所造成的。如“闻”本指听觉，后又转指嗅觉。我们一般讲“你闻闻这花香不香”，今河北某地却说成“你听听这花香不香”。生活中，甘甜的东西往往也伴随着芳香的气息，如橙子、香瓜等，因此以“甘”作“香”的义符，是有其内在理据的。

“香”的本义是“气味芬芳”，意指黍子之类谷物所散发出来的芬芳香气。我国数千年的农耕文化陶冶了国人对大自然的欣悦和对农作物的关爱之情。如《说文》引《春秋传》：“黍稷馨香。”唐皮日休《橡媪叹》：“山前有熟稻，紫穗袭人香。”杜甫《秋兴八首》之八：“香稻啄馀鹦鹉粒，碧梧栖老凤凰枝。”“香稌”指香稻，如宋苏舜钦《淮上喜雨联句》：“焦心闵疲农，虚口待香稌。”同时，“香”也指草本植物或其他物品的芬芳馨香之气。唐崔颢《杂诗》：“妆罢含情坐，春风桃李香。”王绩《赠李徵君大寿》：“涧松寒转直，山菊秋自香。”二者都描写了草木的芳香。李峤《床》诗：“桂筵含柏馥，兰席拂沉香。”《席》诗：“桂香浮半月，兰气袭回风。”二者分别道出了床、席的幽香。卢照邻《行路难》：“春景春风花似雪，香车玉舆恒阗咽。”王维《同比部杨员外十五夜游有怀静者季》：“香车宝马共喧阗，个里多情侠少年。”二者赞美了香木制作的华美的车。“香”进而转用于人，代指美女及相关事物，也喻指高尚忠贞之士。前者如“香消玉减”（形容女子消瘦憔悴）、“香消玉碎”（比喻年轻美貌的女子死亡）等，都表现出对女子的“怜香惜玉”之情。后者如汉王逸《离骚》序：“离骚之文，依《诗》取兴，

“香火龙”闹元宵

引类譬喻，故善鸟香草以配忠贞。”我国文学史上多有以“香草美人”比喻忠贞贤良之士的范例。

从远古时代起，人类社会就出现了自然崇拜、神灵崇拜和祖先崇拜，这是人类一以贯之的精神追求和心理慰藉，目的是驱邪、避害、纳福。为此，人们需要与神灵、祖先作心灵沟通，于是各种佳肴、美酒和玉器都被作为祭品呈进上来。稍后人们又想到把芳香也引入祭场，固态的“香”应运而生，“香烟缭绕”遂成为祭场的一种常态。“香”作为“祭祀时焚烧的香料”，花样众多，如檀香、线香、盘香等。《三国志·吴书·士燮传》：“燮每遣使诣权，致杂香细葛，辄以千数。”“香”也引申出“供香；上香”义。宋陶穀《清异录》卷上：“炉边锁一木柜，窍其顶，游者香毕，以白水真人投柜窍。”“香”还与佛教密切相关。如“香城”指佛国，“香刹”指佛寺等。“香火”一词也具有多种含义，如“香烛”“后嗣”“供奉神佛”等，还专指“信奉佛法，共结香火之缘”。“香火社”指佛教徒结社，“香火供奉”指虔诚致敬等。

随着“香”的通感作用的延伸，它又产生出一些相关的义项，并且这些义项都是舒美畅意的情感表达。如“味道好吃；甘美”义。《吕氏春秋·审时》：“得时之黍……舂之易，而食之不噮而香。”噮而香，即味道甘美而好吃。宋欧阳修《醉翁亭记》：“酿泉为酒，泉香而酒洌。”此指酒味甘美而清凉。又如“吃得真香”形容胃口好，“睡得真香”形容睡得踏实、酣畅。再如表现受珍视或受赞美义。唐王维《少年行四首》之二：“孰知不向边庭苦，纵死犹闻侠骨香。”宋苏舜钦《舟中感怀寄馆中诸君》：“功勋入丹青，名迹万世香。”“香”还比喻人际关系亲切和美，如《儿女英雄传》第二十二回：“舅太太坐在上首……拉着姑娘说：‘亲不间友，咱们这么坐着亲香。’”

（七）长

云南晋宁石寨山出土长发青铜人像

长，繁体字作“長”，具有cháng\zhǎng\zhàng三个读音，究竟哪个读音所对应的意义是它的本义呢？当然是第一个读音，它表达的意义是形容事物性质状态的。且先分析其字形。长，甲骨文作，金文作。学者们对其构形做了分析，多认为其字形像一个长发人的形象。如余永梁《殷虚文字考续考》：“长，实象人发长貌，引申为长久之义。”刘志基进一步分析说：“在中国古代社会，男子头发的长度并不比女子逊色……古代的男子不倒大霉（如犯罪）是决不会把头发剃掉的。”一是因为巫术中常把别人剃下的头发当成作法的对象，剃发会危及人的性命；二是古人讲究“身体发肤，受之父母，不敢毁伤”的孝道，因此长发成了中原男子的显著特征。[①]笔者认为，在甲骨、金文中有的“长”字像长发老人扶杖之形，这启发我们对该字构形做出新的想象和补充：老人见多识广，年岁长，走的路长，阅历也长。这样分析有助于概括和理解“长”的本义。

《说文》：“长，久远也。”此语只着眼于对时间的判定，显得不够全面。今辞书界认为，长“表示时间空间有相当大的距离，与‘短’相反”（《王力古汉语字典》）。此释义具有较好的概括性。从这一本义出发，“长”引申而有“延长”“擅长”“长处”“超过”“正确”“经常”等义项。表示“延长；引长”义，如《荀子·劝学》：“（射干）生于高山之上，而临百仞之渊，木茎非能长也，所立者然也。”这类合成词有“长衮”，表示绵延。表示“擅长”义，如《孟子·公孙丑上》：“敢问夫子恶乎长？”恶乎长，指擅长什么。《孙膑兵法·奇正》：“故善战者，见敌之所长，则知其所短。”见其所长即能推知其所短，真可谓知敌善战。表示“长处；优点”义，如《战国策·齐策三》：“请掩足下之短者，诵足下之长。”这类合成词有“长处”“优长”。表示“经常”义，如《商君书·算地》：“故兵出，粮给而财有余；兵休，民作而畜长足。”这类合成词有“长频”（表示“经常”），如唐刘禹锡《寄湖州韩中丞》：“终日相思不相见，长频相见是何人。”其实“长”还具

① 傅永和、李玲璞、向光忠主编：《汉字演变文化源流》，广东教育出版社2012年版，第100～101页。

有“永久”义，但有些现行辞书失收。唐温庭筠《惜春词》：“愿君留得长妖韶，莫逐东风还荡摇。”这类合成词用例更多，如“长寐”“长违”“长辞”“长归”都是死亡的讳称，“长绝”指永远隔绝。

当用cháng音所记录的以性质状态类为主的词语达到一定饱和度时，古人又运用改变字音的办法以区别不同的词性和意义，由此“长”又产生出zhǎng的读音。该读音所记录的均为名词或动词类词语。它们的产生仍与“长”的本义相关联，并可从“长”的形象义中寻找踪迹。“长”的构形中那长长的头发从何而来？是自然“生长”的结果；扶杖行走的长发老人，由于生命周期长，因此被尊为“长者”；国人尊老敬老的文化传统，使得“首领”“长辈”“哥哥”“老师”等概念都可称为“长”，如“首长”“尊长”“兄长”“师长”等。“长”表示“生长；成长”义，如《孟子·公孙丑上》：“宋人有悯其苗之不长而揠之者。”引申为“抚育”义，如《诗·小雅·蓼莪》：“父兮生我，母兮鞠我，拊我畜我，长我育我。”《左传·昭公十四年》：“长孤幼，养老疾。”表示“家长；长辈”义，如《孟子·万章下》：“不挟长，不挟贵，不挟兄弟而友。”这类合成词有“尊长”“长上”。表示“主管；执掌”义，如《论衡·感虚》：“使一郡皆寒，贤者长一县，一县之界能独温乎？”表示“尊敬；尊重”义，如《尚书·牧誓》：“乃惟四方之多罪逋逃，是崇是长，是信是使。”孔传：“言纣弃其贤臣而尊长逃亡罪人，信用之。”《礼记·大学》中有“长长”一语，意指尊重长上。

“长”还可读作zhàng，主要表示“多余；剩余”义，如《吕氏春秋·观世》："此治世之所以短，而乱世之所以长也。"高诱注："短，少；长，多也。"这类成语有"身无长物"，语本南朝宋刘义庆《世说新语·德行》："（王恭）对曰：'丈人不悉恭，恭作人无长物。'"原指生活简朴，后来用以形容极其贫穷。

（八）短

"短"表示的"短小"义尽人皆知。那么，为什么古人用"矢""豆"配合表示短小呢？是不是用矢的"长"衬托豆之"短"呢？这些问题值得玩味。短，小篆作。《说文》："短，有所长短，以矢为正。从矢，豆声。"原来，古人习惯用箭作标准，测量物体的长度。清徐灏《说文解字注笺》："古者弓长六尺，箭干长三尺，故度长以弓，度短以矢。""短"的本义是"谓两端距离小。与'长'相对"。《庄子·骈拇》："凫胫虽短，续之则忧。"此指物体两端距离小。《尚书·尧典》："日短星昴，以正仲冬。"此指时间不长。传统认为"短"为形声字，此说可信。"短"从矢，有测量之意；豆声，因"短、豆"双声音近，可作声符。不过笔者认为，"豆"也有表意作用。"豆"是一种食器。豊（"礼"的初文）、豐（"丰"的繁体）中均含"豆"。李孝定《甲骨文字集释》："豆实丰美，所以事神。以言事神之事则为禮，以言事神之器则为豊，以言牺牲玉帛之腆美则为豐。"[1]可见"豆"在祭祀文化中具有代表性，故被选作声符当另有深意。依徐灏说，箭杆长三尺，今观出土青铜豆高约尺余，长短相比，显然表示"豆"是短的物体。与正常的、符合

① 李孝定：《甲骨文字集释》，台北史语所1970年版，第1682页。

要求的长度或时间相比，“短”显然是未能达到要求、不符合标准的，或者说是“缺少；不足”的。《楚辞·卜居》：“夫尺有所短，寸有所长。”此处，“短”即“缺少；不足”义。程度更重一点，就是“缺点；过失”。《论衡·自纪》：“常言人长，希言人短。”三国蜀诸葛亮《弹李平表》：“伐平之短，莫若褒之。”这类合成词有“揭短”“护短”等。转作动词，“短”又指“指出别人的过失”。《史记·屈原贾生列传》：“令尹子兰闻之大怒，卒使上官大夫短屈原于顷襄王。”此言令尹子兰打了败仗，屈原向顷襄王进言，说了不利于子兰的话。子兰大怒，指使上官大夫说屈原的坏话。“短”还指“拙劣；才识凡庸”，其程度则超过了“缺点；过失”。晋陆机《豪士赋序》：“又况乎饕大名以冒道家之忌，运短才而易圣哲所难者哉！”

从辞书释义看，“短”总体似是个贬义词，但其词性并没有那么简单。世上的事物总是具有相互对立的两个方面，“短”也并非只有贬义用法，这从某些双音词中就可以窥见端倪。第一，“短”可表达中性的意义。古代横吹短乐器有“短笛”，《晋书·律历志上》：

浅浮雕彩绘陶豆

“歌声浊者，用长笛长律；歌声清者，用短笛短律。”吹奏乐器有“短箫”，是用于郊、庙的军乐，见《晋书·乐志上》。可见短物也有其不可替代的作用。古代还有“短中取长”之说，意指从一般中选取较好的。明于谦《备边保民疏》：“臣愚不足以计边务，伏乞圣断，于短中取长而行之。”第二，古代许多文体名都含有“短”字，如短诗称“短句”，吟咏的短歌称“短咏”，五言诗的别称为“短调”，词的别称为“长短句”。这些文体之“短”，正是其特色所在，与“缺点；过失”义是不沾边的。

（九）快

“快”，小篆作。《说文》：“快，喜也。从心，夬声。”“快”的本义是“喜欢；高兴；愉快”。从其形符“心”即可推其旨要。《孟子·梁惠王上》：“抑王兴甲兵，危士臣，构怨于诸侯，然后快于心与？”《战国策·秦策五》：“文信侯去而不快。”高诱注：“快，乐。”这类合成词有“快感”“快活”“拍手称快”“大快人心”等。“高兴”是一种心理状态，它会使人在生理上产生微妙的变化，即让人感觉“舒适；畅快”，战国楚宋玉《风赋》：“有风飒然而至，王乃披襟而当之曰：‘快哉此风！’”江苏徐州市有一处园林，系宋人李邦直所建，其友人苏轼为之命名。苏轼因此亭结构弘畅，亭址高耸，暑日登临，清风畅怀，故名其为“快哉

1989年重建的徐州快哉亭

亭”，其语源即宋玉《风赋》之“快哉此风”。转用于描写人的性格特征时，“快”又引申出“直爽；爽快”义。《颜氏家训·勉学》：“人见邻里亲戚有佳快者，使子弟慕而学之。”卢文弨注：“佳快，言佳人快士，异乎庸流者也。”这类词合成词有“心直口快”“快人快语”等。在言语表达方面，据说春秋时代人们多欣赏口才好的人，以孔子为代表的儒家却强调一个“慎”字。孔子把“敏于事而慎于言”列为做君子的标准之一，要求学生“欲讷于言而敏于行”。佞，古指口才好，孔子对此却给予否定评价：“焉用佞？御人以口给，屡憎于人。”（《论语·公冶长》）意思是：何必要用口才？强嘴利舌地跟人辩驳，常常惹人讨厌。可见传统价值观念强调慎言，后来随着社会的发展、外来文化的引进，价值观念呈现多元化趋势，“快人快语”“心直口快”才逐渐被人们接受。

快乐是一种使人愉悦的心理感受和精神状态，它可以使人笑逐颜开，也可以使人手舞足蹈，还可以使人产生如唐代诗人孟郊中进士后那种“春风得意马蹄疾，一日看尽长安花”的兴奋激动。“畅快；爽快”是其引申义。这种直来直去、讲究效率的性格做派，转用于表示行走、办事，就使“快”引申出“迅速；快速”义。此义大约出现在魏晋之后，属于词的后起义。南朝宋刘义庆《世说新语·汰侈》：“彭城王有快牛，至爱惜之。”《晋书·王湛传》：“此马虽快，然力薄不堪苦行。”宋苏轼《王维吴道子画》：“当其下手风雨快，笔所未到气已吞。”三例都表示“迅速；快速”义。这类词语有“快速”“快捷”“快疾”“快马”等。“快刀斩乱麻”则比喻做事果断，爽快地解决复杂的问题。《齐民要术·杂说》：“调习器械，务令快利。”唐杜甫《戏题王宰画山水图歌》：“焉得并州快剪刀，剪取吴松半江水。”

“快”还引申出“能；善于”义，张相《诗词曲语辞汇释》卷五：“快，犹会也，能也。”唐白居易《有感三首》之二：“马肥快行走，妓长能歌舞。”此处“快”“能”对文，意义相近。金董解元《西厢记诸宫调》卷四：“解的文义差，争知快打诗谜。”这是张生跳了粉墙后，被红娘撞见，红娘调笑张生的话，说他把四句诗都理解错了，好像在乱猜诗谜。有趣的是，“迅速；快捷”义古代还用在官职中，旧时称州县衙门管缉捕犯人的差役为“捕快”“马快”。明归有光《备倭事略》：“但见官司纷纷抽点壮丁及原役民快，皆素不教练之民。”清林则徐《杨泳即杨成已投案折》：“敕拿江都县河快杨成解交恩特亨额究办。”“马快”一语，本指马行疾速，引申指“赶快；迅速”，今徐州一带方言中有此语。同时，“马快”又指明代水军中的一种快船，还指官衙中担任缉捕事务的役吏。

（十）慢

“慢”，小篆作。《说文》：“慢，惰也。从心，曼声。一曰：慢，不畏也。”从心，表明其本义与人的心理或性情有关，而无关乎速度的快慢。惰，指懒惰、懈怠，故今人归纳“慢”的本义为“轻忽；怠忽”（《汉语大词典》）、“怠惰；懈怠”（《汉语大字典》）。《荀子·不苟》：“君子宽而不僈。”唐杨倞注：“僈与慢同，怠惰也。”《史记·淮阴侯列传》：“王素慢无礼，今拜大将如呼小儿耳。”怠慢的品性容易使人产生反感，是一种不良的行为，有时还会引祸上身。正如《周易·系辞上》所说：“慢藏诲盗，冶容诲淫。”意思是怠慢于收藏东西就等于引领窃贼来偷，装扮得过于妖艳

郦食其见刘邦

就等于诱人奸淫。

“骄傲；傲慢”是“慢”的引申义。懒惰、懈怠者办事大大咧咧，再紧要的事也不放心上，自然给人一种傲慢的感觉。《周易·系辞上》：“上慢下暴。”孔颖达疏：“小人居上位必骄慢，而在下必暴虐。”《史记·高祖本纪》：“陛下慢而侮人，项羽仁而爱人。”这是高起、王陵应刘邦之问对刘邦与项羽的不同为人所做的比较，表现了他们的耿直和刘邦的大度。刘邦为人确实多有傲慢，如儒士郦食其求见时，刘邦架子十足，洋洋不睬，让两个宫女为他洗脚，而把郦食其晾在一边。“慢”由心理上的“骄傲；傲慢”义，引申出行为上的“放肆；不节制”义。《吕氏春秋·开春》：“闻善为国者，赏不过而刑不慢。赏过则惧及淫人，刑慢则惧及君子。”过分的赏赐会助长投机小人，无节制的用刑会误伤君子，因此执政者如何把握好奖惩的尺度至关紧要。

怠惰的人办事拖拖沓沓，行动慢慢腾腾，表现在时间、速度上就是迟缓延宕。因此，“怠惰；懈怠”与时间、速度的缓慢之间存在着必然的逻辑联系。“缓慢”义由此产生。《诗·郑风·大叔于田》：“叔马慢忌，叔发罕忌。”毛传：“慢，迟。”郑玄笺：“田事且毕，则其马行迟。”此指马行得慢。《大戴礼记·主言》：“征敛于百姓，非以充府库也。慢怛以补不足，礼节以损有余。”慢怛，指宽缓与关心。唐李洞《送包处士》：“性急却于棋上慢，身闲未免药中忙。”上述“慢”都是“缓慢”之义。这个意义的多音节词语也不少，如“慢舞”（节奏舒缓轻盈的舞蹈，见唐白居易《长恨歌》）、“慢掂掂”（慢吞吞，见明汤显祖《牡丹亭·寻梦》）、“慢仗”（慢吞吞，见《水浒传》第三十回）、“慢腾腾”（见宋周邦彦《红窗迥》）。“慢”还与词体有关，是唐宋词的一种体制，以调长声缓而得名。如木兰花慢、西江月慢、卜算子慢，等等。唐五代词有“木兰花”者，有五十二字、五十四字、五十五字三体，都用仄声。五代后混入“玉楼春”，但增减字数者仍称“木兰花”。木兰花慢增为101字，全用平声韵，以柳永《拆桐花烂漫》和陆游《夜登青城山玉华楼》最为出名。前者描写了“正艳杏烧林，缃桃绣野，芳景如屏”的迷人春光，后者发出了“叹绿鬓，早霜侵”的慨叹，叹人生岁月蹉跎，壮志难酬。

（十一）曲

曲，甲骨文作，金文作，小篆作，象形字。《说文》：“曲，象器曲受物之形。或说，曲，蚕薄也。”对其本义，学界有不同意见。《汉语大字典》《汉语大词典》说是“蚕箔”，《王力古汉语字典》《辞源》说是“弯曲”。笔者倾向于前一种意见。从古文字形体看，“曲”应是一种盛物之器。清徐灏《说文解字注笺》：“曲受物谓之曲，方受物谓之匚，皆无定名，蚕薄（箔）亦曲器之一也。”蚕薄（箔），指用于养蚕的器具。《礼记·月令》：“具曲、植、籧、筐，后妃斋戒，亲东乡躬桑。”郑玄注：“时所以养蚕器也。曲，簿也。”《史记·绛侯周勃世家》：“勃以织薄曲为生。”司马贞索隐：“谓勃本以织蚕薄为生业也。”古代“薄”“簿”常通

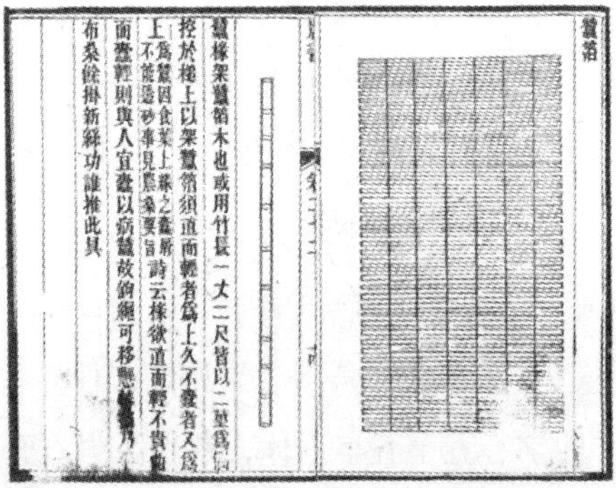
蠶椽架蠶箔木也或用竹長一丈二尺皆以二整爲[illegible]
控於槌上以架蠶箔須直而輕者爲上久不蠹者又爲
上爲蠶因食葉上蔟之蠢所不能遺矽事見農桑要旨詩云椽欲直而輕不貴曲
面蠶輕則與人宜蠢以病蠶故俯綳可移[illegible]
布桑餘掛新繰功謹推此其

蚕箔

用，后起字用“箔”，都指养蚕用的竹木类编织物。北魏贾思勰《齐民要术·种桑柘》：“桑至春，生，一亩食三箔蚕。”

“弯曲”是“曲”的常见义，但它是从“蚕箔”义生发出来的。“弯曲”这种抽象概念很难直接表现，而是要借助一个形象，通过提示和运用想象加以表现。如古文字中“大”是通过一个成年人站立的形象来表现的，“小”是通过三颗沙粒来表现的，“直”是通过目测直物来表现的，“弯”是通过一把弓并配上声符来表现的。蚕箔是由苇和竹等编织而成的，质料细软，物体盛放进去后，蚕箔的底部就会弯曲变形。“曲”字的古文字体所展示的也正是一种弯曲的器具形象。由此，“曲”的“弯曲”义也就自然而生。《诗·小雅·采绿》：“予发曲局，薄言归沐。”毛传：“今曲卷其发，忧思之甚也。”头发卷曲，是劳累和忧思的表现。《晏子春秋·杂上三》：“曲刃钩之，直兵推之，婴不革矣。”曲刃，一种弯曲似钩的兵器。

弯曲是事物的外部特征，而“曲折；宛转”则可以表现事物内部周周折折、错综复杂的关系。《周易·系辞下》：“其旨远，其辞文，其言曲而中，其事肆而隐。”孔颖达疏：“其言随物屈曲，而各中其理也。”唐韩愈《国子司业窦公墓志铭》：“公子三人，长曰周馀，好善学文，能谨谨致孝，述父之志，曲而不隸。”曲而不隸，应指虽宛转却不扭曲。“搞清是非曲直”是评判事理时必须把握的准则。“曲”“直”相对，“直”指正直、正确、正派，光明正大；“曲”指遮遮掩掩、绕来绕去，心思难以摆上桌面。因此“曲”又引申出贬义用法，指“邪僻、不正派”。《楚辞·离骚》：“背绳墨以追曲兮，竞周容以为度。”这里屈原对奸邪的政客痛加鞭挞，谴责他们违背准则而随意歪曲，竞相把苟合取容奉为法度。相类的义项还有“理亏；过错”。《史记·廉颇蔺相如列传》：“秦以城求璧，而赵不许，曲在赵。赵予璧而秦不予赵城，曲在秦。”又如，不义之师为“曲师”，不正直的朝臣称“曲朝”，不合常理的解说叫“曲说”等。

“曲”的“乐曲；歌谱”义历史悠久，先秦时代就已出现。在这一义项下，“曲”读qǔ。《国语·周语上》：“使公卿至于列士献诗，瞽献曲，史献书。”据《文体明辨》，“曲”的得名是由于音乐“高下长短，委曲尽情”。如此看来，这个意义也与“弯曲”义存在着关联。因乐曲经常配词演唱，故所配歌词就称为“曲子词”。到了宋代，“曲子词”发展为词。宋代文人多精通音律，集词人与乐师于一身，如柳永、周邦彦等。到了元代，“曲子词”嬗变为元曲，又称“散曲”“清曲”，涌现出以关汉卿为首的四大名家和一大批散曲名作。“广义的曲包括秦汉以来各种可以入乐的乐曲，如汉及唐宋的大曲、民间小调等。一般多指宋金以来的南曲和北曲。”（《汉语大词典》）“曲”还用作酒麯之“麯”的简化字，兹不详述。

（十二）和

“和”是中国人一以贯之的人文观念，人们向往“和”，追求“和”，讲究“和”，这一古老的理念随着中华文明的延续传承至

曲高和寡

今，生生不息。[①]和，金文作，小篆作。《说文》：“和，相应也。从口，禾声。”“声音相应；和谐地跟着唱或伴奏”为其本义，读hè。《广韵》：“和，声相应。”《周易·中孚》：“鸣鹤在阴，其子和之。”此指父子唱和。孔子也很喜欢与人唱和，如《论语·述而》：“子与人歌而善，必使反之，而后和之。”别人唱得好，就请人再唱一遍，然后合唱，这真实生动地表现了孔子的谦逊好学精神。战国宋玉《对楚王问》：“其始曰《下里》《巴人》，国中属而和者数千人。”《后汉书·黄琼传》：“阳春之曲，和者必寡。”《阳春》《白雪》是高雅歌曲，故懂得欣赏者寡少，而《下里》《巴人》是通俗歌曲，故应和者众多。用乐器为歌唱者伴奏也是应和，如苏轼《前赤壁赋》：“客有吹洞箫者，倚歌而和之。”

古代的诗友经常依照对方诗词的格律或内容作诗词，这种相互唱和被视为高雅的精神文化活动。如白居易《初冬早起寄梦得》：“诗成遣谁和？还是寄苏州。”梦得，诗人刘禹锡之字，他当时担任苏州刺史。《全唐诗》中这种诗作很多，如白居易的《酬和元九东川路诗十二首》《酬李二十侍郎》等。汉语合成词“和酬”“和诗”“和韵”“和歌”等也反映了此类精神文化活动。“声音相应”是跟着歌唱者歌唱，歌唱者与应和者通过协调配合，以达成音乐的和谐，所以

① 俞水生：《汉字中的人文之美》，文汇出版社2013年版，第48页。

“和”由本义引申出“音乐和谐”义，如《老子》第二章：“音声相和。”此义本作“龢”，形符“龠”指竹制吹奏乐。后用“和”字，读为hé。

几千年来，中华民族一贯具有海纳百川、协和万邦的开阔胸襟，以及以和为贵的民族性格和文化传承。逢年过节，含有“和”字的对联特别多。如“人勤百业旺，家和万事兴”“和熙东风舞紫燕，明丽春日翠柳垂”。相关的词义也延展开来，如“和谐；协调”“和睦”“讲和；和解”“调和”等。表示“和睦；融洽”义，如《尚书·皋陶谟》：“同寅协恭，和衷哉。”孔传：“以五礼正诸侯，使同敬合恭而和善。”《孟子·公孙丑下》：“天时不如地利，地利不如人和。”将“人和”看作社会发展的理想境界。“和睦；融洽”的局面需要经过多方面的努力才能实现，若遇到分歧和矛盾，必须加以化解。这样，“和”又引申出“讲和；和解”义。《周礼·地官·调人》：“凡和难，父之仇，辟诸海外；兄弟之仇，辟诸千里之外。”《孙子兵法·行军》：“无约而请和者，谋也。”史传唐中宗时，监察御史崔琬弹劾宗楚客、纪处讷受贿，致生边患。楚客不服，向中宗自陈忠鲠。中宗不问其中你长我短，直接命令崔琬与二人结为弟兄，以和解之。故世人称唐中宗为“和事天子”。在民间，这种调和民事纠纷的事情也不少见。如江苏无锡有“吃茶讲理”的民俗，主事者把争议双方请到茶坊，耐心讲理劝说，直至双方和解，随后由理亏的一方支付茶钱。这为协调人际关系、维持社会稳定提供了正能量。“和”还有“温和”义。《晋书·王羲之传》：“天朗气清，惠风和畅。”

“和”读huò，表示“掺和；混杂”。北周庾信《奉和夏日应令》

一："开冰带水井，和粉杂生香。"也作量词，表示"次；遍"，如"衣服洗了两和。"今人批评人不讲原则地调和为"和稀泥"。"和"还读huó，指在粉状物中加水搅拌或揉弄使之粘在一起。"和"读hú是打麻将或斗纸牌时的用语，指某一方的牌符合规定要求，取得胜利，如"和了个满贯"。

"和"字因具有五个读音，成为一个典型的多音字。五个读音反映了古人通过音变构词的巧思和良苦用心，也展示了不同读音之间的意义联系。笔者认为，它们意义之间的连接点应是"共同；协同"。"声音相应"是两个以上声音的协同，"和谐；协调"是多个个体间的关系融洽，"掺和"是把不同的人或事物组合在一起，"和面"义指把面和水揉合并粘在一起，打麻将的"和"是把排好的麻将推倒并掺和在一起。它们的声母都是h，也表明了其语源上的渊源关系。

（十三）危

危，甲骨文作，小篆作。《说文》："危，在高而惧也。"是一个会意字。依许慎的解释，"危"字中间的"厂"表示山崖，山崖上站着一个人，山崖下跪着一个人并想要阻止山崖上的人。合而表示"危险"。其甲骨文构意不明。"危"的本义，辞书或释为"高"（《王力古汉语字典》），或释为"恐惧；忧惧"（《汉语大字典》），或释为"危险；危急"（《汉语大词典》）。笔者倾向于第一种意见。从字形看，"危"应是以山崖上站着人表示人所处地点之高峻。《说文》释义似缺乏说服力。"高"义用例很多，如《庄子·田子方》："尝与汝登高山，履危石。""高""危"对文，都

表示"高"。《国语·晋语八》："拱木不生危，松柏不生埤。"高诱注："危，高险也。"表示山的高峻，古有"危岑""危岫""危峨""危峰"等语词，如唐罗隐《后土庙》："一带好云侵鬓绿，两层危岫拂眉青。"古人出于安全幽静等因素的考虑，常把建筑物建造在高处，表现这种状况的词语有"危榭""危楼""危亭""危阁""危构"等。北魏郦道元《水经注·沮水》："危楼倾崖，恒有落势。"危楼，指高楼。描写高的词语还有"危冠"，即古时的高冠。子路在跟从孔子学习之前喜欢戴的雄鸡状冠，就属于危冠。据宋孟元老《东京梦华录·饮食果子》记载，当时的街坊妇女中流行"腰系青花布手巾，绾危髻"的时尚。危髻，指高耸的发髻。

"高"与"直"在形象上往往相关联，因而"危"有"直；正直"义。如"危立"，指端正地站着，表示戒惧。宋苏轼《次韵曾子开从驾二首》之二："流落生还真一芥，周章危立近三槐。"物体高大，可能会产生重心不稳、容易倾倒的问题，故"危"具有"不稳"义，如《论语·季氏》："危而不持，颠而不扶，焉用

宋代砖画厨娘图

彼相？”盲人走路不稳却不去搀他，跌倒了又不扶起来，那么要你这盲人助手干什么？不稳定就会有危险，“险”“峻”总是相伴而生，如影随形。因此“危”自然引申出“危险”义。《左传·昭公十八年》：“小国忘守则危，况有灾乎？”《论语·宪问》：“见利思义，见危受命。”《韩非子·十过》：“故曹，小国也，而迫于晋、楚之间，其君之危，犹累卵也。”“危如累卵”，如垒起的蛋卵那样危险，比喻极其危险。“危乱”，指危险动乱。《晏子春秋·问上》：“德无以安之则危，政无以和之则乱，未免乎危乱之理，而欲伐安和之国，不可。”将词义表达范围扩大，“危险”义又引申出“危难”义，如《左传·成公十二年》：“凡晋、楚无相加戎，好恶同之，同恤灾危，备救凶患。”同恤灾危，指共同关心、救助陷入危难的百姓。《史记·秦始皇本纪》：“（陈涉）奋臂于大泽而天下响应者，其民危也。”此言百姓身处水深火热中，因此当陈涉在大泽乡振臂一呼发动起义时，人们立刻云起响应，共同反抗暴秦。“危”还用作动词，指“伤害；危害”。《论衡·答佞》：“谗以口害人，佞以事危人。”此指说坏话者靠嘴巴害人，奸邪者靠惹是生非害人，都让人陷入危险境地。至于“病危”“垂危”，则是“特指人之将死”。《素问·三部九候论》：“形盛脉细，少气不足以息者危。”王冰注：“危者，言其近死，犹有生者也。”即人临终弥留之际。

（十四）旷

旷，繁体字作“曠”。《说文》：“旷，明也。从日，广声。”笔者认为段玉裁的解说更有启发性，他说：“旷，明也。

广大之明也。会意兼形声字也。”“旷”的本义是“明亮；明朗”。《后汉书·窦融传》：“忠臣则酸鼻流涕，义士则旷若发矇（蒙）。”发矇（蒙），指让盲人的眼睛复明。复明的眼睛会使人有特别明亮的心理感受，也会使人产生视野开阔的喜悦。这里，“旷”字声符“广”具有“开阔”的心理暗示。春秋时代晋国著名乐师师旷，字子野，从小失明，善于辨音，听觉超凡。因是盲人，渴望光明，故名“旷”；“旷”隐含开阔义，故起字“子野”。《王力古汉语字典》：“旷、广、荒，三字皆有广大义。”故将三字列为同源字。事物往往具有相反的两个方面，如“旷”就拥有两个系列的意义，一为褒义，一为贬义。其正面褒美的意义，大致循着“广—大—长—畅—爽”的思路行进。如“辽阔；广大”义。在这里，“旷”字声符“广”的提示作用尤为明显。世界万物中，以天空、原野为“辽阔；广大”的代表，分别称为“旷宇”“旷野”，如《穆天子传》卷四：“自西王母之邦，北至于旷原之野，飞鸟之所解其羽，千有九百里。”辽阔与平坦常常相生相伴，如汉刘歆《甘泉赋》中的“临眺旷衍”、晋陶渊明《桃花源记》中的“土地平旷”，都表明了辽阔与平坦的并列关系。登临高峰，人们常会涌出一种“一览众山小”的视觉快感。《老子》中的“旷兮其若谷”，将山谷列为“开阔”的典型形象；柳宗元《永州龙兴寺东丘记》中的“游之适，大率有二：旷如也，奥如也”，则道出了其领略开阔后的视觉欢悦。“旷奥”，形容名山胜迹的开阔与幽深；“旷亮”“旷朗”“旷爽”，则表现出人们亲近大自然后明亮爽朗的心理感受。

“辽阔；广大”不仅可用于描写自然界，而且能转用于形容人

旷野上的玛尼石

的内心世界，表示人“心胸开阔；豁达”。晋向秀《思旧赋》：“嵇志远而疏，吕心旷而放。”在这里，向秀对挚友嵇康和吕安的不同性格特点做出了中肯的评价。这类合成词很多，如“旷抱”指宽阔的心胸，“旷达”指性格豁达开朗，又称“旷夷”“旷然”。嵇康《养生论》中的“旷然无忧患”，展现出其性格气质的豁落大度，而《周易·系辞上》中的“寂然不动，感而遂通天下之故”，则表达出人们寂然无思虑的境界。“旷”由范围上的“广阔”义又转为表示空间距离长的“遥远”义，如晋陆机《拟涉江采芙蓉》：“故乡一何旷，山川阻且难。”转用以表示时间距离长，“旷”则引申指“久远”，如汉贾谊《过秦论》：“去就有绪，变化因时，故旷日长久而社稷安矣。”长远的分别叫“旷别”，当世无人能比叫“旷世”，自古以来叫“旷古”，久历年代叫“旷代”，等等。又如旷日弥久、旷世逸才、旷代奇才等，表现了国人对民族悠久历史的自豪和敬畏。

“旷”表示反面消极意义时，大致循着“广—荒—空—缺”的思路行进。如“荒凉；荒芜”义，是由“辽阔；广大”义引申义而来。

如晋左思《魏都赋》：“伊洛榛旷，崤函荒芜。”榛旷，指荒凉而人烟稀少。《墨子·耕柱》：“楚四竟之田，旷芜而不可胜辟。”旷芜，指荒芜。“旷”也表示“荒废”，如《尚书·皋陶谟》：“无旷庶官，天工人其代之。”现代词语“旷工”“旷课”指职工、学生耽误工作或学业，其消极意义尤甚。“旷”进一步引申指“空缺”，如《孟子·离娄上》：“旷安宅而弗居，舍正路而不由，哀哉！”合成词“旷虚”指空虚，“旷绝”指空缺断绝、绝无仅有，“旷坠”指丧失、废坠，“旷职”指空缺职位，“旷礼”指不讲礼仪，等等。古代无妻的男子称“旷”“旷夫”“鳏夫”；“旷”也可指没有丈夫的妇女。这个义项大约是从“旷”的“空缺”义引申而来的。

（十五）青

青，金文作，小篆作。章太炎《小学答问》：“丹为巴越之赤石，青从丹，生声，宜本赤色之名。”从其在文献中的用例看，“青”多表示颜色。对其本义，学界表述不一：或曰“青色”（《王力古汉语字典》），或曰“颜色名”（《汉语大词典》），或曰“五色之一”（《辞源》）。笔者认为，丹为红色不误，但青并不是丹，故释“青”为“赤色之名”似缺乏证据。相比较而言，“颜色名”表义虽较宽泛，但不易引起误解，尚能为读者所接受。“青”所指颜色并非一种，再加上传统“五行说”的影响，所以其义并非三言两语所能说清。《说文》：“青，东方色也。木生火，从生、丹。丹青之信，言象然。”五行说认为，青为木色（与东方对应），木能生火，而火色丹，又以丹代火，因此“生、丹为青”之说含混不易理解。但东方主春，色青，因此“青”应与绿色相对应。

今人一提到“青”，心中也是一片绿色，如青草、青菜、青葱、青翠、青豆、青苔等。古人也有相似的体验。《尔雅·释器》：“青，谓之葱。”宋苏轼《雨》：“青秧发广亩，白水涵孤城。”明何景明《咏怀》：“青蕙缘广隰，绿蘅被洲中。”古代诗人所表达的概念与今人无异。“青”也表示与绿色有关的事物，如“踏青”指春天郊游，在绿坪上游玩。“丹青”指红色和青色，后借指绘画。“汗青”指竹简，古人用来书写刻画的竹简要经过事先加工，把青竹中的水分烘烤出去后才能使用。唐陈子昂《江上暂别萧四刘三旋欣接遇》：“山水丹青杂，烟云紫翠浮。”

“青”也指“蓝色”。《荀子·劝学》：“青取之于蓝而青于蓝。”唐李白《宣州谢朓楼饯别校书叔云》：“俱怀逸兴壮思飞，欲上青天揽明月。”青天，指蓝天，也比喻清官。

“青”也指“黑色”。《尚书·禹贡》：“厥土青黎，厥田惟下上。”孔颖达疏：“王肃曰：‘青，黑色。’”南朝梁刘勰《文心雕龙·知音》：“白日垂其照，青眸写其形。”青眸，即清亮的黑眼珠，也指美女。这类表示黑色的合成词也不少，如：“青娥（蛾）”指少女，也指其黑眉；“青丝”指柳丝，也比喻黑发；“青鬓”指乌黑的鬓发，比喻少年。“青”的常见义“绿色”往往使人联想到植物开始生长的季节，所以与人相对应，“青”又引申出“年轻”义。如“青春”原本指春天，唐杜甫《闻官军收河南河北》：“白日放歌须纵酒，青春作伴好还乡。”诗作抒发作者忽闻捷报后的狂喜心情，如万斛春泉涌动，喷薄而出。这首诗以老而放歌的癫狂、春日结伴还乡的畅想，成为杜甫“生平第一快诗”。后来“青春”引申指人的青年时期，这是人们由万物复苏、充满生机的春天，联想到活力充沛、蓬勃向上的青年所形成的义项。

“青”与传统五行说挂钩，使它披上了一层神秘色彩，由它构成的词语，更多地被赋予了文化内涵。因为青是“东方色”，所以它可以作东方的代称。《周礼·冬官·画缋》：“画缋之事杂五色，东方谓之青。”《宋书·符瑞志》：“有景云之瑞，有赤方气与青方气相连。”因青与绿色相连，所以“青”又表示“春天”义。南朝梁江淹《别赋》：“镜朱尘之照烂，袭青气之烟煴。”“青鸟”，传说中为西王母取食的神鸟。据《山海经·西山经》及相关文献，三危山栖息着三青鸟，专门为西王母取食。七月七日，汉武帝见一青鸟集于殿前，东方朔禀报西王母将至。有顷，果然有二鸟夹侍王母飘然而至，后人遂以“青鸟”为信使之称。在道教中，有青牛、青羊两种神奇动物。“青牛”本指黑色的牛，据汉刘向《列仙传》，道教始祖老子在完成《道德经》的写作后，莫知所终，后来关令尹喜望见紫气东来，发现是老子乘青牛而过。后人遂以“青牛”作为神仙坐骑的代称，也指称老子。“青羊”本指黑色羊，又指传说中的木精、煞神。此外，四川成都有道教庙观“青羊宫”，始建于唐代。

山西离石马茂堆出土青鸟画像

（十六）巨

巨，金文作，小篆作。《说文》：“规巨也。从工，象手持之。榘，巨或从木、矢。矢者，其中正也。”高鸿缙《中国字例》：“工象榘形，为最初文，自借为职工、百工之工，乃加画人形以持之。”“后所加之人形变为夫，变为矢，流而为矩，省而为巨。后巨又借为巨细之巨，矩复加木旁作榘。而工与巨复因形歧而变其音，于是人莫知其朔矣。”高先生对“巨”的形体随表意需要几经调整的过程解说得很清晰。“巨”“矩”本为一字，后分化为二体。“巨”主要表示“巨大”义，“矩”主要表示“规矩”义，二字声调也不同了。后来，“榘”字作为异体被淘汰。“巨”的本义是“矩”，即木匠用来画直角和方形的曲尺。《汉语大字典》：“规矩，木工的方尺。后作‘矩’。”笔者认为这符合造字的初义，而其他现行辞书均将其后起义“大”列为第一义项，窃以为不妥。《管子·宙合》：“成功之术，必有巨矱。”赵守正注：“巨矱，

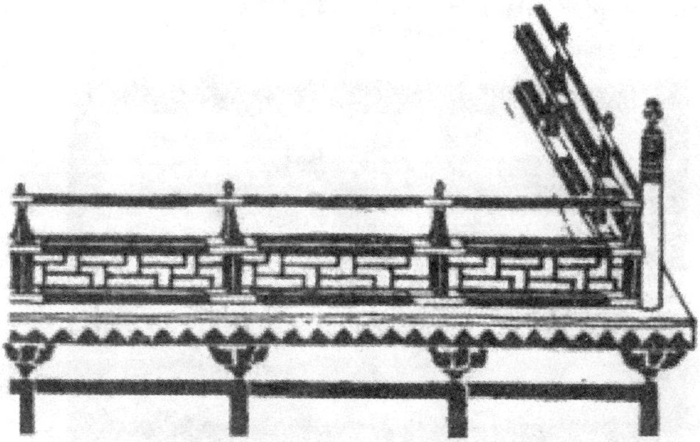

曲尺纹木栏杆

规矩。”《管子·七臣七主》：“夫巨不正，不可以求方。”桂馥《说文解字义证》：“经典作矩。”邵瑛《群经正字》：“巨，今经典多作矩，正字当作巨。”

由于文字的调整，后来“测量用的曲尺”义一般用“矩”表述，而“巨”主要表示“大”义。《列子·汤问》：“物有巨细乎？有修短乎？”《方言》卷一：“巨，大也。齐宋之间曰巨。”这类相关的合成词也不少，如：“巨略”，指大的谋略；“巨患”，指大的祸害；“巨会”，指大都会，商旅荟萃之处；“巨蠹”，指大蛀虫，比喻大奸大害。也有学者认为“巨”原本就含有“大”义，因为作为测量用的曲尺，其作用并不限于描绘和制作方形，还可以测量方形的长宽大小。由此就引申出“大”义。[①]“大”转用为动词，可表示“大于；超过”义，如晋左思《魏都赋》“瑰材巨世”言各色瑰宝当代称雄；南朝梁刘峻《广绝交论》“赀巨程罗”谓财富超过汉代富翁程郑和罗褒等。与“大”义密切关联的，“巨”还有“粗大；粗略”义，如《庄子·外物》：“任公子为大钩巨缁，五十犗以为饵。”《吕氏春秋·荡兵》：“贵贱，长少，贤者不肖相与同，有巨有微而已矣。”从长的角度考量，“大”又能引申出“高耸；高大”义，如《史记·范雎蔡泽列传》：“先生曷鼻，巨肩，魋颜，蹙齃，膝挛。”司马贞索隐：“巨肩，谓肩巨于项也，盖项低而肩竖。”用作副词时，“巨”表示“极；最”义，尽管已不能算作引申义，但仍与“大”的语义关联。《荀

① 傅永和、李玲璞、向光忠主编：《汉字演变文化源流》，广东教育出版社2012年版，第82页。

子·王霸》：“国者，巨用之则大，小用之则小。”《宋书·江夏文献王义恭传》：“深酷巨痛，终古未有。”此处“巨用”“巨痛”皆偏正结构，“巨”为副词，表示“极；最”义。

（十七）巧

巧，小篆作。《说文》：“巧，技也。从工，丂声。”“工”是形符，甲骨文作，金文作，小篆作。古文字学家认为“工”是一种测量工具。杨树达《积微居小学述林》：“工象曲尺之形，盖工即曲尺也。”许慎也认为，“巧”像人手中握着“规矩”即测量器具的形象，《六书通》所收篆字则以手代之。甲骨卜辞里有“工”“北工”“多工”“百工”等记载。“工”相当于工奴，他们具有较高的技艺，能制作各种精美的手工艺品，供给商王使用。卜辞中还有“司工”，应是主管百工的官员。人们想象中的天宫中也有“帝工”侍奉在上帝身边。由于他们操持着工具辛勤劳作，所以“工”就成了他们的身份和职业。

“巧”的本义是“技巧；技能”。工欲善其事，必先利其器。技巧、技能必须通过长期实践，运用一定的工具，才能展现出来。《孟子·离娄上》：“离娄之明，公输子之巧，不以规矩，不能成方圆。”此言就算具有离娄的目力，能于百步之外洞察秋毫之末；就算具备公输般的技巧，能制作攻城利器云梯，但如果不用圆规和曲尺，也不能正确地画出方形和圆形。《荀子·儒效》：“羿者，天下之善射者也，无弓矢则无所见其巧。”神话传说中用箭射落九日的后羿，也必须运用弓矢来施展他的高超技能。旧时民间有在农历七月七日“乞巧”的习俗。据南朝梁宗懔《荆楚岁时记》，此日妇女结彩缕，

五代乞巧图

穿七孔针，陈瓜果于庭院，以求获“巧”。此夜被称为“巧夕”，七月被称为“巧月”，陈列的瓜果被称为“巧果”。中国古代传说中有许多能工巧匠，他们出色的发明创造，推动了人类的进步和社会的发展。如黄帝时代共鼓、货狄发明了舟船，夏代奚仲发明了车、仪狄开始造酒等。

物质文明与精神文明相互促进，相伴相生。技艺的精进又进一步激发了人们的才智，人们就变得更加“灵巧；神妙”了。反映这个义项的书证如《孙子兵法·九地》：“故为兵之事，在于顺详敌之意，并敌一向，千里杀将，此谓巧能成事者也。”梅尧臣注：“能顺敌而取胜，机巧者也。”此谓兵不厌诈，制造假象，诱敌深入。“巧”也指“聪明能干”。唐白居易《见小侄龟儿咏灯诗并腊娘制衣因寄行简》：“巧妇才人常薄命，莫教男女苦多能。”“巧”又延伸出“美好；美妙”义，如《诗·卫风·硕人》：“巧笑倩兮，美目盼兮。”此诗赞美齐庄公女儿庄姜美丽的笑脸现出了酒窝，动人的眼睛黑白分明。用作副词，“巧”表示“恰好；凑巧”义。唐韩愈

《符读书城南》："两家各生子，孩提巧相如；少长聚嬉戏，不殊同队鱼。""巧"也能用作贬义词，表示"虚浮不实"义，如《诗·小雅·巧言》："巧言如簧，颜之厚矣。"又如《论语·学而》："巧言令色，鲜矣仁。"

（十八）吉

吉，甲骨文作，金文作，小篆作。学界对甲骨文和金文"吉"字的解释存在不同的意见。如于省吾认为："吉之初文，象置句兵于笑卢（筲箕）之上，本有保护坚实之义，故引申之为吉善、吉利也。"①李孝定《甲骨文字集释》则认为似可解为置兵于器以示措而弗用："夫兵，凶器，战危事也。既措而弗用，自有吉善之义……至从吉之字多有坚实之义者，乃由善之一义所引申。"笔者以为，"置兵于器"只是"吉"字的形象义，对其本义的考索还必须结合文献证据，"善；美"应是"吉"的本义。两位学者对"吉"字初文结构虽有不同见解，但在"善；美"义上仍趋于一致。现行辞书多将"善；美"列为"吉"的本义。《尚书·皋陶谟》："宽而栗，柔而立，愿而恭，乱而敬，扰而毅，直而温，简而廉，刚而塞，强而义，彰厥有常，吉哉！"这是皋陶所提出的选人、修身的"九德"标准，做到了这些，就是"吉"，亦即善。《诗·小雅·天保》："吉蠲为饎，是用孝享。"毛传："吉，善也。"意谓摆出既善美又洁净的酒食，是表达对祖先孝敬之心的祭祀活动。又如，"吉人"指善良的人，"吉士"，一指男子美称，二指贤人。《尚书·立政》："其惟吉士，用

① 于省吾：《甲骨文字诂林》，中华书局1996年版，第711页。

吉礼

励相我国家。”只有贤士，可以努力扶助我的国家。“吉言”，善言。《尚书·盘庚上》：“汝不和吉言于百姓，惟汝自生毒。”这是商王盘庚训诫官员们的话，意指“你们不把我的善言向百姓宣布，这是你们自取祸咎。”

“吉”也表示“吉利”义，与“凶”相对。《周易·系辞上》：“圣人设卦观象，系辞焉而明吉凶。”此言圣人设立了卦爻，通过观察卦象，附上了解释的言辞来说明吉凶。卦是《周易》中一套有象征意义的符号，以阴阳八卦为基础，组合成六十四卦，象征事物间的矛盾联系。人们以占筮所得之卦判断吉凶。《左传·庄公二十二年》：“初，懿氏卜妻敬仲。其妻占之，曰吉。”懿氏想把女儿嫁给陈完，他的妻子占卜后说：“吉祥。”因为卦兆出现了“凤皇于飞，和鸣锵锵”之象，故夫妻必能恩爱和谐。趋吉避凶是国人一以贯之的民族传统心理，人人都盼着吉祥如意、过上好日子。古代社会生产力低下，自然灾害频仍，人们难以改变险恶的生存环境，就只能求助于天地神灵，祈盼它们赐给自己好兆头，于是卜筮就成了常见的现象。从古至今，从帝王到百姓，不论封官祭祀、婚丧嫁娶，还是盖屋搭桥、宴请出行，都要挑选吉日。古代“五礼”中有“吉礼”，主要指祭祀天地神灵和列祖列宗，祈求他们保佑江山社稷、家族人丁。晋左思《蜀都赋》：“终冬始春，吉日良辰，置酒高堂，以御嘉宾。”此写吉日宴请宾客。《红楼梦》第八十回：“正说着，吉时已到，请宝玉出去奠酒，焚化钱粮，散福。”此写宝玉等人到天齐庙烧香还愿。我国近代民俗，过春节要贴对联和“福”字，以求吉祥幸福。“福”字本应正贴，有人因不识字贴倒了，为躲避惩罚，就说成“福到（倒）了”，以讨个口彩。后来，倒贴“福”字的做法被沿袭了下来。这个传说，一说出自明太祖朱元璋与马皇后，一说出自清代恭王福晋府宅，究竟孰是孰非，不得而知。

四、农耕

（一）辰

一提到“辰”，人们就免不了想起“时辰”“星辰”等概念。“辰”的本义是否如此呢？

辰，甲骨文作，小篆作。《说文》：“辰，震也。三月阳气动，雷电振，民农时也。”意思是：辰代表三月，这时阳气发动，雷电震动，是人们耕种的时令。许慎根据三月的时令特点，运用“震”“辰”音近的声训之法，从而把“时辰”视为“辰”的本义。古文字学者的观点与这种传统的观点不同，他们多把辰看作农具。如郭沫若《甲骨文字研究》指出：“辰与蜃在古当系一字，蜃字从虫，例当后起。”“辰实古之耕器，其作贝壳形者，盖蜃器也……附以提手，字盖象形，其更加以手形若足形者，则示操作之意。”“辰本耕器，故農、辱、蓐、耨诸字均从辰。星之名辰者，盖星象于农事大有攸关，古人多以耕器表彰之。”他说明了“辰”本是蜃壳制成的耕具，并指出一系列从辰字与农耕、星与农耕的关系，颇有启示意义。

徐中舒《甲骨文字典》也认为“辰”的本义是蚌镰。蜃是一种大蛤，即有着硬壳的蚌。蛤肉可以做祭品，如“蜃醢”，指用蚌蛤类肉制成的酱。《周礼·地官·川衡》：“祭祀宾客共川奠。”唐贾公彦疏：“《醢人》云：‘馈食之豆，有蜃醢、蠯醢，蜃蠯是蛤。’”当蜃肉用完，其硬壳就可加工成简单的农具，即用于除草、收割的蚌镰。在蚌镰的背部穿上两个孔，再把绳索穿进去，绑在拇指上，就可以使用了。据说“甲骨文‘辰’字正像把蚌镰绑在手指上的形象”①。

曾侯乙墓出土二十八星宿图衣箱

“辰”也用以表示星名，多指二十八宿之一心宿中的大火星。《左传·昭公元年》：“后帝不臧，迁阏伯于商丘，主辰。”杜预注：“辰，大火也。”在古代社会，星象与农业生产关系极为密切。上古时人们就已经注意观测天象、制定历法，以指导农业生产和日常生活。据徐中舒《甲骨文字典》，古人已观察到大辰星与前后相邻的两颗星所连成的弧线与农具“辰”的圆弧形刃部相似，所以用“辰”来命名。此外，“辰”也指北极星，即北辰。《太玄经》：“日月相斛，星辰不相触。”范望注：“辰，北极也。”

古人习惯以天干与地支来记录年、月、日、时。“辰”是地支的第五位。“辰”可以纪年，如公元1904年为农历甲辰年。可以纪月，指

① 傅永和、李玲璞、向光忠主编：《汉字演变文化源流》，广东教育出版社2012年版，475页。

农历三月，如《晋书·乐志上》：“三月之辰名曰辰。”可以纪日，如宋黄庭坚《和师厚栽竹》：“根须辰日劚，笋要上番成。”也可用于纪时，为十二时辰之一，指午前七时至九时。宋洪迈《容斋续笔》卷一：“辰时为弟，巳时为兄，则弟乃先兄一时矣。”“辰”也是十二地支的通称。《周礼·秋官·硩蔟氏》：“十有二辰之号。”郑玄注：“辰谓从子至亥。”“辰”也是十二生肖之一，属龙。汉王充《论衡·言毒》：“辰为龙，巳为蛇。”

古代文献中确有“辰”表示“振，震动”义的用例。《史记·律书》：“辰者，言万物之蜄也。”三国魏曹丕《柳赋》：“彼庶卉之未动兮，固肇萌而先辰。”《晋书·乐志上》：“辰者，震也，谓时物尽震动而长也。”

“日子；时光”是“辰”的常见义之一。《仪礼·士冠礼》：“吉月令辰，乃申尔服。”汉扬雄《法言·问明》：“辰乎辰，曷来之迟去之速也？”这类合成词有“辰刻”“辰夜”“辰暮”等，分别指“时刻”“晨夜”“早晚”，都含“时光”之义。

（二）辱

辱，小篆作。《说文》：“辱，耻也。从寸在辰下。失耕时，于封畺上戮之也。辰者，农之时也。故房星为辰，田候也。”其意为：辱表示耻辱，从寸、从辰，表示人能否掌握农时以事农耕，会相应受到法度的赏罚。如果错失耕种的时机，人们就会在封土上羞辱他。辰月是农耕的时令，所以房星又叫辰星，它的出现是耕田的征兆。①许慎的说

① 汤可敬：《说文解字今释》，岳麓书社1997年版，第2140页。

解对古代农耕重视时令、重视赏罚给出了合乎情理的说明，问题是，以手（以“寸”作代表）持辰（表示农时），明明是掌握了农时，为什么还要受到羞辱呢？看来，“辱”的字形结构分析与字义之间缺乏情理上的必然联系，故许慎以“耻”解释“辱”的本义，似乎说服力不强。

“辱”的本义，应与农耕有关。杨树达《积微居小学述林》：“字形中绝不见失时之义也……辱字从寸从辰，寸谓手，盖上古之世，尚无金铁，故手持摩锐之蜃以芸除秽草，所谓耨也。”郭沫若《甲骨文字研究》：“辰本耕器，故農、辱、蓐、耨诸字均从辰。”此表明“辱”乃手持蜃器（蚌镰）耕作之意。有学者认为“辱”就是后来的“耨”字。《说文》有“槈”字无“耨”字。《王力古汉语字典》：“‘槈’同‘耨’‘鎒’。”《说文》：“槈，薅器也。”段玉裁注：“槈者，所以披去之器也。槈，刃广六寸，柄长六尺。”

据《说文》记载，中国古代有一种习俗，对于懒于农耕、错失农时的人，人们就会在田头批评教育甚或羞辱他，从总体看，这不失为惩治惰怠、去除落后的一种措施。由此“辱”引申出“侮辱”义。“侮辱”是个贬义词，指使对方人格或名誉受到损害，蒙受耻辱。如《左传·昭公五年》：“若吾以韩起为阍，以羊舌肸为司宫，足以辱晋。”韩起是晋国上卿，叔向是晋国上大夫，楚国却想安排他们做阍（守门人，通常由受过刑的人担任）、司宫（即宦官），这自然是一种侮辱。又如《史记·陈涉世家》：“将尉醉，广故数言欲亡，忿恚尉，令辱之，以激怒其众。”吴广有意诱使军尉侮辱自己，目的是激怒众人，从而造成官逼民反的社会效果。“辱”也可表示“受侮辱”义，如《孟子·梁惠王上》：“南辱于楚，寡人耻之。”也表示“耻

胯下之辱

辱”义，如《荀子·仲尼》：“任重则必废，擅宠则必辱。”一个人不努力建功立业，而是依附权贵获取私利，其结果一定是自取其辱。

“辱”还是一个谦敬副词。古人在交际活动中，常常在谓语动词之前用一些词语表示对对方的尊敬或自谦。这些词原来多为动词或形容词，后虚化为副词。如《墨子·公输》：“楚王曰：‘善哉！吾请无攻宋矣。’”这是楚王在墨子破了公输般的攻城设想后，表示自己不攻打宋国了。“请”是表示敬意的谦敬副词。“辱”则是表示自谦的歉敬副词，与“敢、窃、忝、伏”同类。意思是让对方受委屈，或受埋没。如：《左传·襄公三十年》：“使吾子辱在泥涂久矣，武之罪也。”赵武又名赵孟，任县大夫，当他发现一个下属具有特殊才能后，随即向对方道歉，表示未能及早发现和提升他，以致埋没了人才，让他受了委屈。

（三）农

在我国古代文化的发展过程中，农业文化始终是其最重要的基础，所谓“以农为本”。农业满足了人们衣食住行等最基本的生存需要，决定着中华民族的生存方式，塑造着中华民族文化的性格特征。

农，繁体字作“農”，异体字有“辳”“莀”等。甲骨文作，金文作，小篆作。《说文》：“农，耕也。从晨，囟声。”其本义为“耕种，耕作”。赵诚《甲骨文分类读本》：“辳字从林从辰，象手持工具耕作于山林草地，为会意字。”汤可敬《说文解字今释》：“（甲文）象手持工具（蜃器）耕作于山林草地。金文从田辰会意。字或从茻，或从林。”这说明，“农”的构形是人手握蚌镰类农具在山林草地进行耕作。茻、林，都表示野地里有草木，开辟耕种后才成了农田。《左传·襄公九年》：“其庶人力于农穑。”晋杜预注：“种曰农，收曰穑。”此指农民努力从事耕种与收获。汉晁错《论贵粟疏》：“贫生于不足，不足生于不农，不农则不地著。”强调了发展农耕对于安定民生、推动社会发展的重要意义，指出如果不从事耕种，人民就会贫困，不从事农耕，人们就难以在一个地方定居下来，就会轻易离乡，作鸟兽散。

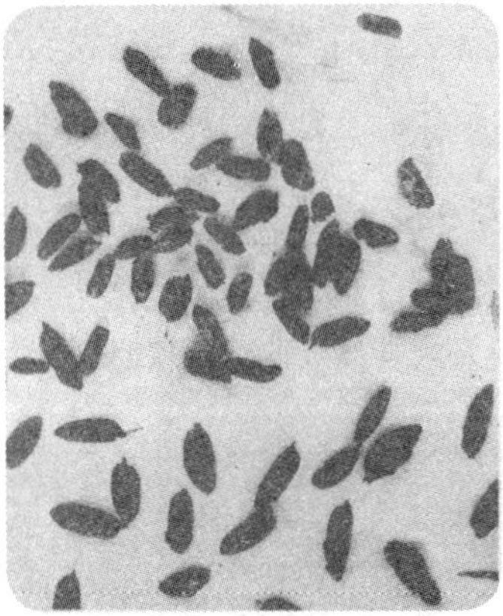

河姆渡出土炭化稻谷

我国农耕历史久远，据《史记·五帝本纪》，黄帝“时播百谷草木，淳化鸟兽虫蛾”，即遵循时令节气，种植百谷草木，驯化鸟兽昆虫，开创了农耕社会。尧帝委派羲仲住在东方，管理、监督春耕事务；委派羲叔住在南方，管理夏季农耕；委派和仲住在西方，管理、监督秋收事务；委派和叔住在北方，管理收藏事务。周朝始祖后稷（名“弃”）教民稼穑，指导春种秋收，也为农耕生产的发展起到了推动作用。炎帝神农氏也对农业的创始多有贡献，不过他不在《史记·五帝本纪》之列。而孔安国《尚书序》、皇甫谧《帝王世纪》则将其列为“三皇”。以上是文献中的传说。根据考古发现，河北邯郸磁山文化遗址出土有窖藏黄粟，甘肃大地湾文化遗址出土有窖藏炭化粟，新疆孔雀河文化遗址发现炭化小麦，都可见农耕历史的久远。

“耕作”与“农业”之间，存在着扩大式的词义引申关系。“农业”是“农”的常用义。《商君书·垦令》：“民不贱农，则国安不殆。国安不殆，勉农而不偷。”当百姓认识到农业的重要性之后，会全力投入其中，即使让他们偷懒，他们也不干。晁错《论贵粟疏》：“方今之务，莫若使民务农而已矣。”古代有不少思想家极为重视农业，如李悝、商鞅、韩非、贾谊、王符等，他们在论著中不断大声疾呼，提倡以农为本。从事耕作的群体是农民，因此，“农民”自然也是“农”的重要义项。《尚书·盘庚上》：“若农服田力穑，乃亦有秋。”孔传：“农勤穑则有秋。”《庄子·让王》：“舜以天下让其友石户之农。”成玄英疏：“农人也。”传说舜要把天下让给石户地区的一位农民。这位农民在赞颂舜的功绩之后，又认为舜的德行还不够高，于是夫妻俩背着行李，带着孩子，逃到了海上，再也没有回来。

“农”还是“神农氏”的简称。传说中神农氏是农业、医药的发明者。一说他就是炎帝，与黄帝都是少典氏之子。他用木制作耒耜，教民农耕；又亲尝百草，教人治病。《魏书·崔浩传》：“变风易俗，化洽四海，自与羲、农齐列。”羲，指伏羲，农，指神农氏。

(四) 耕

我国向以农耕文明闻名于世界。农耕文化使我国传统文化浸染了浓郁的乡土气息。人们的许多习俗也与农业耕作息息相关。从节气的命名，节日的庆典，到日常的饮食、服饰等，都与农耕密不可分。

耕，小篆作𦓤。《说文》："耕，犁也。从耒，井声。一曰：古者井田。"许慎认为，"耕"即犁田，为形声字。另一种说法是，上古实行井田制，"耕"为会意字。段玉裁作了折中，认为"耕"为"会意包形声"字。

耦耕示意图

"耕"的本义是"犁田"。耕是农业劳动最基础的环节。《论语·微子》："长沮、桀溺耦而耕。"耦耕是古代耕田的一种方法，通常指二人拉耒并耕，也泛指农事或务农。实际上，我国早在春秋时代已经用牛耕田，这从孔子学生冉耕字伯牛、司马耕字子牛的现象中可以看出。《国语·晋语九》："今其子孙将耕于齐，宗庙之牺为畎亩之勤。"《山海经·海内经》："后稷是播百谷。稷之孙曰叔均，是始作牛耕。"郭璞注："始用牛犁也。"而依据考古学资料，农耕的历史更为久远，它经历了火耕、耜耕、犁耕、牛耕等演变过程。

"耕"可泛指"从事农业劳动"，这是一种扩大式引申。《孟子·公孙丑上》："（舜）自耕稼陶渔以至为帝，无非取于人者。"

子路闻过则喜，禹拜善言，是人们熟知的正面典型，但在孟子看来，舜更为了不起。对于行善，他没有别人和自己的区分，能够舍己从人，吸收别人的优点来行善。他从种庄稼、做陶匠、做渔夫一直到做天子，没有哪个时候不向别人学习。所以孟子最后得出的结论是："故君子莫大乎与人为善。"即君子最高的德行就是偕同别人一道行善。《管子·轻重甲》："一农不耕，民或为之饥；一女不织，民或为之寒。"上述引文强调了开展农业生产的重要性。

"耕"由"农耕"义可转而表示"致力于某种事业"义，这是通过形象思维所形成的比喻式的词义引申。《法言·学行》："耕道而得道，猎德而得德。"耕道，指致力于研究道的真谛。文章中常见"笔耕""舌耕"之说，分别意指"依靠写作、抄写等方式谋生""依靠教书谋生"。任昉《为萧扬州荐士表》："既笔耕为养，亦佣书成学。"李善注引《东观汉记》："丈夫独不效傅介子，立功绝域之地以封侯，安久笔耕乎？"还有"身耕""目耕"之说。元王逢《目耕轩》："身耕劳百骸，目耕劳两瞳。"用体力从事劳作，就会浑身劳累；用眼睛从事劳作（指阅读与写作）就会使眼睛受到损害。

（五）力

说到"力"，"力量；力气"自然是它的常见义，但这是否就是其本义呢？答案是否定的。

力，金文作，甲骨文形体与金文接近，小篆作。《说文》："力，筋也。象人筋之形。治功曰力，能圉大灾。"意思是：力，指筋肉张缩的功用，像人的筋肉纵横鼓起的形状。一说，能使天下大治的功劳叫力，力能抵御大的灾难。段玉裁注："筋者其体，力者其用

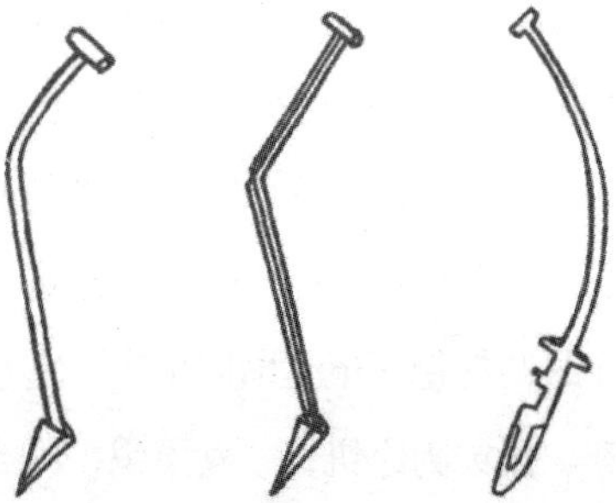

耒

也。”许慎认为“力”字乃人筋的形象，其说较为牵强。从小篆看，“力”字好似锄头之形。徐中舒《甲骨文字典》：“象原始农具之耒形。殆以耒耕作须有力，故引申为气力之力。”参照地下出土文物及远古生产状况，可知这种解释是可信的。西安半坡、临潼姜寨、山西襄汾陶寺等新石器文化遗址中，出土了曲柄的斜尖耒，上有踏脚的横木，便于踩踏翻土。这与甲骨文、金文所展示的“力”字形象相当接近。

在牛耕、铁犁发明之前，人们就用耒从事艰苦的农耕生产，劳动强度很大，人的体能也往往通过耒耕展现出来。因此，“力”就获得了“力量；能力”义。《左传·隐公十一年》：“度德而处之，量力而行之。”后来据此形成了成语“量力度德”，意指衡量自己的德行是否能够服人，估计自己的能力是否能够胜任。人的力量是有限的，不能恣意而为，而应当估计自己力量的大小去做事，这叫“量力而行”，出处见《左传·昭公十五年》：“能则进，否则退，量力而行。”“力”也表示“功劳”义。《论语·宪问》：“桓公九合诸侯，不以兵车，管仲之力也。”这是孔子对管仲的评价。管仲辅佐齐桓公平定北方，抵御戎狄，称霸诸侯，功绩可谓卓著。因此孔子还在另一场合肯定其历史功绩：“微管仲，吾其被发左衽矣。”（《论语·宪问》）《左传·僖公二十四年》：“窃人之财，犹谓之盗，况贪天之功以为己力乎？”此处“力”“功”对举，“力”即功劳。

“力”也表示“力役；劳役”义。《国语·鲁语下》：“任力以夫，而议其老幼。”韦昭注：“力，谓徭役。”此指按照各家男丁的数目分派劳役，而且要照顾那些年老、年幼的男子。“任力以夫，而议其老幼”是孔子在批评季氏使用田赋制时所说的话，总体来看，孔子所提倡的是一种较为合理的主张。“力”也指“仆役”。《正字通·力部》：“凡为人役者曰力。”南朝梁萧统《陶渊明传》：“送一力给其子，书曰：‘汝旦夕之费，自给为难，今遣此力助汝薪水之劳。’”

（六）井

井，甲骨文作井，金文作丼。《说文》：“八家一井，象构韩形，•，罋之象也。古者伯益初作井。”据古代井田制，八家共汲一井。韩，指井上的木栏，其形为四角或八角。中间的小点指罋（瓮），或释为汲瓶。

“水井”是“井”的本义。《尔雅·释水》：“井一有水。”宋邢昺疏：“《说文》云：井，凿地取水也。”《周易·井》：“改邑不改井。”关于井的起源，文献中持不同的说法。《世本·作篇》：“黄帝见百物，始穿井。”《吕氏春秋·勿耕》：“伯益作井。”伯益是舜时东

孔宅故井

夷部落的首领，曾协助大禹治水。推算起来，井的出现大约在舜帝时代。凿井技术的发明对于民族的发展具有极为重要的意义。在远离江河湖泊的地区，凿井取水，可以满足人们的生产生活需要，使人们免受干旱的威胁。《吕氏春秋·察传》中就有挖一井如“得一丁”的故事，可见井对于人们生存的重要性。随着井的出现，在人们的居住区内，商店、街市陆续问世，这便是“市井”或“井邑”。

“井”也成为家乡的代名词，“背井离乡”意味着被迫远离故土。井的形制也屡经演进，有学者指出：“几千年来，从最初手提陶瓶打水的井，到架上辘轳的井，又到近现代自动抽水的机井，井的形制在不断进步，但井对人类生活、生产的重要性却丝毫未减。”[①]

“井”的一个重要义项是“井田”。井田制是商周时代的一种土地制度，土地一里为井，划为九区，形如“井”字。每区百亩，八家各分一区从事耕作，中央一区为公田。《孟子·滕文公上》：“方里而井，井九百亩，其中为公田，八家皆私百亩，同养公田。”焦循正义：“其形如井字，故为一井也。”根据井田制，每方里土地按“井”字形划分为九区，每区一百亩。中间一区是公田，其余八区是私田，私田分别由八家耕种。八家还要助耕公田，并将收获的粮食上缴统治者。忙完公田，百姓才能耕种私田。

“井”还有“法度”义，如《广雅·释诂》：“井，法也。”王念孙疏证：“《越绝书·记地传》云：‘井者，法也。’井训为法，故作事有法谓之井井。”此类词语有“井井然”“井井有

---

① 傅永和、李玲璞、向光忠主编：《汉字演变文化源流》，广东教育出版社2012年版，第64页。

方”“井井有序”“井井有法”“井井有条”“井井有序”等。这个意义与“刑”字有关。刑的异体字作“荆”。《说文》：“荆，罚罪也。从井，从刀。”一说“荆”字像人持刀在井边维持秩序，防止人们因争相汲水而发生纠纷，从而体现法制精神；一说该字左旁像棺材，表示死刑。总之，“井”的“法度”义应是对“荆”字意义的借用。

（七）田

田，小篆作。《说文》：“田，陈也，树谷曰田。象四囗。十，阡陌之制也。”田，表示陈列得很整齐。树谷，种植粮食作物。阡陌，田地中间纵横交错的小路。郭沫若据甲骨文认为，“卜辞中常见的田字就是一个方块田的图画”（见郭沫若《奴隶制时代》）。

据《说文》及传世文献，田的本义即“农田”。《尚书·禹贡》：“厥田惟中中。”孔颖达疏引郑玄注：“能吐生万物者曰土，据人功作力竟得而田之则谓之田。”《诗·大雅·瞻卬》：“人有土田，女反有之。”意谓别人若有好土田，你却侵占归自己。此诗讽刺周幽王宠幸褒姒，信用奸邪，倒行逆施，终致乱政亡国。我国的农耕生产一贯重视精耕细作，《吕氏春秋·辨土》专讲怎样使用田地、改良土壤。《齐民要术》中还有田间井群布置方案。古代先民还学会用地与养地相结合的方法，采用休田制以恢复地力。《周礼·大司徒》中，一易之地（休闲一年）称“中田”，每岁更新称“新田”，再易之地（休闲二年）称“下田”“菑田”。人们采取各种措施，不断提高农田使用效率，增加作物产量。由“农田”义引申，“田”又产生动词义“耕种田地”（此义后写作“佃”）。《诗·小雅·信南山》：“畇畇原隰，曾孙田之。”形容已开垦的田地平坦整齐，由先祖的后辈们来耕种。周人习惯面对祖先之神时，自称“曾孙”。又如《诗·周颂·维天之命》：“骏惠我文王，曾孙笃之。”《汉书·高帝纪》：“故秦苑囿园池，令民得田之。”唐颜师古注：“田，谓耕作也。”

古代的“田”还具有“打猎”义，《汉语大字典》将该义列为“田”字的第一个义项。“打猎”义后来又写作“畋”。《周易·恒》：“田无禽。”唐孔颖达疏：“田者，田猎也。”《诗·郑风·叔于田》：“叔于田，巷无居人。”郑庄公寤生的弟弟公叔段，被封为京城大叔，他喜欢打猎，场面搞得很大，以至于居民纷纷围观，倾城出动。他的拥护者就写了《叔于田》《大叔于田》来颂扬他。田，打猎。于，往，一说是动词词头。《淮南子·本经训》：“焚林而田，竭泽而渔。”指为了打猎而放火烧山、为了捕鱼而戽干池水。此语比喻只图眼前利益，不做长远打算，以致对生态环境造成了严重的破坏。由“田”构成的双音词，也有不少与打猎有关。如“田弋”（打猎）、“田车”（打猎使用的车）、“田事”（狩猎之事）、“田备”（田猎的用具）。“田”之所以表示打猎，一种看法认为是比喻用法。《公羊传·桓公四年》：“田狩也。”何休

宿迁出土汉画像石田猎图

注：“田者，搜狩之总名也。古者肉食，衣皮服，捕禽兽，故谓之田。”古人以肉为主食，穿动物的皮毛，因此狩猎就像种田一样。还有一种看法，认为田地开垦前必须驱赶和消灭鸟兽。相较而言，第二种说法似更合情理。还有人认为耕田之田，与狩猎之田本非一字。蒋礼鸿《读字臆记》：“有树谷之田字，有猎禽之田字，形同而非一字也。”又云：“田即网也，田所以取鸟兽，因之凡取鸟兽皆曰田矣。”

（八）禾

禾，甲骨文作，金文作。从古文字形体看，应是取象于禾稼穗叶和根基，有的还突出了禾稼成熟时穗头下垂的特征。《说文》：“禾，嘉谷也……从木，从垂省。垂，象其穗。”《说文》根据“禾”字小篆形体认为其从“垂”，已非字的初义。罗振玉《增订殷虚书契考释》：“上象穗与叶，下象茎与根。”他的解释符合古文字的构形。

禾的本义指粟，即今之小米。段玉裁对这个词的解释相当详备，他指出：“嘉谷亦谓禾，民食莫重于禾，故谓之嘉谷。嘉谷之连稿者曰禾，实曰粟，粟之人（仁）曰米，米曰粱，今俗云小米是也。”粟是古代北方人的主粮，民以食为天，所以人们用“嘉谷”这一美称称呼它。连根带叶的总名叫“禾”，果实叫“粟”，脱粒后叫“米”或“粱”（非高粱）、“小米”。《吕氏春秋·审时》：“得时之禾，长稠长穗，大本而茎杀，疏穖而穗大，其粟圆而薄糠，其米多沃而食之强。”对禾的性状特点也做了肯定与正面的评价。

“禾”指庄稼的茎秆，如《仪礼·聘礼》：“积唯刍禾，介皆

民国廿五年嘉禾拾枚币

有饩。”郑玄注：“禾以秣马。”“禾”也可作为黍、稷、稻等粮食作物的总称。《诗·豳风·七月》：“十月纳禾稼，黍稷重穋，禾麻菽麦。”其中“禾稼”之“禾”为总称，“禾麻菽麦”之“禾”则专指粟。“禾”也特指水稻的苗。宋张舜民《打麦》：“麦秋正急又秧禾，丰岁自少凶岁多。”我国种植禾粟历史悠久，据考古发掘资料显示，在黄河中游的半坡文化遗址，一些瓮、罐和室内的小窖里都发现有粟的遗存，多者一处可达数斗。属于马家窑文化的青海乐都柳湾遗址，其墓地内一般都随葬有装满粟的陶罐，少则一个，多则四个。距今八千多年前的河姆渡文化遗址内则发现了稻谷、稻壳等堆积，最厚的地方超过一米。[①]

前人对“禾”得名的由来曾做过探讨。东汉许慎认为：“二月始生，八月而孰（熟），得时之中，故谓之禾。禾，木也，木王而生，金王而死。”他以五行学说中生死相克之理来解释禾的荣与枯。五行中木代表春，金代表秋。禾发芽生长于春，因而五行中称“木”。也

① 晁福林：《先秦民俗史》，上海人民出版社2001年版，第7页。

有学者提出，“禾”是“和”的语源。以禾为声符构形的字多有“调和相应”的意思。如《说文》：“和，相应也。从口，禾声。”《说文》：“龢，从龠，禾声。读与和同。”《说文》：“盉，调味也。从皿，禾声。”古代的“和”有时就写作“禾”，如《战国纵横家书》“赵之禾也”、《吕氏春秋·必己》“一上一下，以禾为量”等。因此，“‘禾’也就是从禾得声一系列字的语源；换言之，在有汉字分化标志之前，汉语中无论是饮食还是音乐，其标志‘调和相应’，皆以一‘禾’名之；诉诸口腹味觉为禾，即和，也就是盉；诉诸音乐听觉从龠为龢”[①]。

（九）年

在人们心目中，“年”首先是一个时间单位，指三百六十五天一个周期，春、夏、秋、冬一个轮回。与此相关，可以指“年纪；岁数”，如“年富力强”“年高德劭”，也指“每年的”，如“年会”“年鉴”“年薪”，还指“时期；时代”，如“近年”“康熙年间”。这些是不是“年”的本义呢？答案是否定的。

年，甲骨文作，金文作，或作，小篆作。其甲骨文形体，上面是“禾”，下面是“人”，表现的是一个人背起一捆庄稼的形象，寓含着庄稼成熟之意。金文构意与之相同。不过金文有时会在“人”字中间添加一个装饰性的赘点，其后又将其拉长为一横，成为“千”字，并充当声符。小篆正是以“从禾，千声”分析“年”的

① 傅永和、李玲璞、向光忠主编：《汉字演变文化源流》，广东教育出版社2012年版，第169页。

构件的。从古文字形体看，“年”表现为庄稼成熟。故其本义，《说文》释为“谷孰（熟）”，今辞书则释为“五谷成熟”。《尚书·多士》：“尔厥有干，有年于兹洛。”孔传：“有丰年于此洛邑。”

在“禾”的本义“五谷成熟”与引申义“时间单位”之间存在着必然的逻辑联系。上古时代，农业技术尚不够发达，农业收成更多地要受气候的影响。黄河流域作为我国文明的发祥地，属于温带气候，对于农作物而言，春季、秋季是“种”与“收”的两个关键季节，因而殷商时代只有春、秋二季。后来渐渐衍变为四季，人们总结形成了春种、夏长、秋收、冬藏这一农作物生长规律，要经历一年三百六十五天这样一个周期。于是，在表示“五谷成熟”的“年”里就自然隐含了春夏秋冬、三百六十五天这样一个时间周期。故《尔雅·释天》：“载，岁也。夏曰岁，商曰祀，周曰年，唐虞曰载。”邢昺疏：“年者，禾熟之名，每岁一熟，故以为岁名。”一年谷物的收获叫“年谷”。《管子·小问》：“年谷熟，籴货贱。”今人也常

祈年殿匾额

说“年景”“年成”“丰年”。上述语料都能体现出“年”字“五谷成熟”义与“时间单位”义间的逻辑联系。

“年”还具有“年节”义。宋陈师道《早春》：“度腊不成雪，迎年遽得春。”清曹寅《苍翠庵看梅》：“蓓蕾迎年破，双株隔院开。”年也叫“新年”，旧称“元旦”，也叫“元日”“元辰”“端日”。新年期间，各处都洋溢着欢乐喜庆的节日气氛。据《梦粱录》记载，宋代朝廷于此日举办元旦大朝会，皇帝接受百官、使节的朝贺，并赐宴群臣。民间“士大夫皆交相贺，细民男女皆鲜衣，往来拜节”。过年的习俗来源于古代一种与农业生产密切相关的祭祀活动。据《礼记·月令》等文献记载，上古时代，在一个农业生产周期终结的年末，人们总要举行一种名为“蜡祭”的大型祭典，以庆祝丰收，报谢众神。汉代之后，这一祭典改称为“腊祭”。腊祭都安排在年末举行，因而后来人们就称该月为腊月。《礼记·月令》：“既蜡而收，民息已，故既蜡君子不兴功。”即在蜡（腊）祭之后，农夫可以获准停工休息，统治者不再召集他们从事劳役。于是，人们的精神得以释放，与祭典相伴随，与庆祝丰收相结合，举国上下就展开了欢庆娱乐活动，后来就固化为过年的习俗。由此也可以看出，这种一年一度的全民欢庆活动，对于时间单位的“年”的形成，有一定的促进作用。

（十）啬

一个“啬”字，会使人们想到“吝啬”和“小气”，“啬”字为什么具有这种意义呢？

其实，“吝啬”和“小气”并非“啬”的本义，其本义是与粮食收藏密切相关的。啬，甲骨文作，金文作，小篆作。《说文》：“啬，爱濇（涩）也。从来，从㐭。来者，㐭而藏之。故田夫谓之啬夫。”来是小麦类的谷物，人们用仓廪把它收藏起来。所以人们也称农夫为啬夫。许慎认为“爱濇（涩）”即“爱惜”，是“啬”的最初义，但他的观点并不为学界所接受。朱骏声《说文通训定声》：“此字本训当为收谷，即穑之古文也。”罗振玉《增订殷虚书契考释》：“其本义为敛谷，引申而为爱濇（涩）。”都是据古文字形体分析所得出的结论。

现行辞书多以“收藏谷物”作为“啬”的初始义。《王力古汉语字典》释为“收获”，《辞源》释为“收谷。通‘穑’”。也有辞书将“吝啬”列为本义，这显然不够妥当。而“啬”与“穑”在“收藏谷物”义上应为古今字的关系。“收藏谷物”义在古代文献中用例不少，如《仪礼·特牲馈食礼》：“主人出，写啬于房。”郑玄注：“啬者，农力之成功。”《礼记·郊特牲》：“祭百种，以报啬也。”孔颖达疏：“种曰稼，敛曰啬。”“啬”由此又引申指各种农

汉代砖刻平房式粮仓

事活动，如《汉书·成帝纪》：“服田力啬，乃亦有秋。”这类双音词有“啬夫”（指农夫或基层官吏）、“啬事”（指农事）、“啬黍”（指收获的黍稷）等。“啬”的这些意义后来也写作“穑”，如《史记·周本纪》：“相地之宜，宜谷者稼穑焉。”可见古人早已注意观察地形与土质情况，因地制宜进行农业生产活动。

谷物中浸透了农民的汗水，因而每个有良知的人都明白珍惜粮食的重要性，“谁知盘中餐，粒粒皆辛苦”的名句古今传扬。由此，“啬”字也获得一个引申义：“爱惜。”《吕氏春秋·先已》：“凡事之本，必先治身，啬其大宝。”意思是：大凡做事的根本，一定要首先修养自身，爱惜自己的身体。“大宝”原意指帝王之位，这里借指人之本即身体。爱护身体乃是世之常理。《大戴礼记·公冠》：“使王近于民，远于年，啬于时，惠于财。”啬于时，指农忙时节不用劳役与百姓争夺农时，亦即爱惜农时。“爱惜”是一种内在心理，反映在行动上，就表现为“节省；节俭”。《韩非子·解老》：“圣人之用神也静，静则少费，少费之谓啬。”“节省；节俭”是正面的、积极的行为，如果朝相反的方向去思考，就会引申出一种消极义：“吝啬；小气。”《战国策·韩策一》：“仲啬于财，率曰散施。”清袁枚《新齐谐·芜湖朱生》：“芜湖监生朱某，家富而啬。”这类双音词有“啬刻”“啬吝”等。

（十一）率

率，甲骨文作，金文作，小篆作。《说文》：“率，捕鸟毕也。象丝罔（网），上下其竿柄也。”对于“毕”字，段玉裁注：“毕者，田网也。所以捕鸟，亦名率。”周伯琦《六书正讹》：

汉画像石狩猎图

“率，大索也。象形。上下两端象绞索之具，中象索，旁象麻枲之余。”这个意义与“率”的常用义相去甚远，但从古文字形体及学者的分析看，“率”表示“网”是没有疑问的。

现行辞书都把“捕鸟的网”列为“率”的本义。后由“捕鸟的网”义扩大引申出“用网捕鸟兽或罗致人才”义。汉张衡《东京赋》：“悉率百兽，鸠诸灵囿。”薛综注“悉，尽也；率，敛也”，“谓集禽兽于灵囿之中”。《孔丛子·居卫》：“子思居卫，言苟变于卫君曰：‘其材可将五百乘，君任军旅，率得此人，则无敌于天下矣。’”

“带领”是“率”的基本义。《诗·周颂·噫嘻》：“率时农夫，播厥百谷。”这是周成王举行亲耕籍田之礼时，在宴会上所唱的乐歌。这两句意指率领这些农夫，到田间播种各种粮食作物。《尚书·顾命》：“成王将崩，命召公、毕公率诸侯相康王。”孔颖达疏：“使率领天下诸侯辅相康王。”

五、饮食

中华饮食文化源远流长，内涵丰富。史传远古先人茹毛饮血，燧人氏钻木取火，发明石烹；伏羲氏创制网罟，神农氏发明炊具鼎俎，黄帝时有了锅灶，饮食条件逐渐齐备，人们逐步获得了烹饪技能。就饮食类词语而言，《礼记·内则》中提到的食物有黍、稷、稻、粱、白黍、黄粱等，膳食有肉羹、烤肉、切肉等，饮料有重醴、稻醴、清糟、黍醴等，真可谓五花八门，品类丰盛。《周礼·天官·膳夫》中首次把饮食分为"食饮膳羞"四类。食，由麦米做成，即黍稷稻粱等。饮，包括酒与浆，酒有郁鬯、玄酒，浆有"水浆醴凉酏医"六清。膳，又叫"膳牲"，有"牛羊豕犬雁鱼"六牲。羞（馐），指精美的食品。在历史的演进过程中，饮食品类的具体内容发生了变化。食，由粮食义又转指饭菜、肴馔，借指俸禄；又由进餐义转指享用、接受等。饮，由酒、浆义扩大指各种饮料。膳，由牲肉义扩大指饭食、精美的食品，又指食用、烹调、进献食物等。羞（馐）则逐渐淡出语言交际。这些词义的演变不仅反映了饮食文化的发展演变，也折射出民族文化心理对词义演变的影响。

（一）食

食，甲骨文作，金文作，小篆作。《说文》：“食，一米也。”据《说文》及段玉裁注，“食”指聚集起来的米。关于“食”的本义，辞书或释为“吃”，或释为“食物”。笔者认为，从事理逻辑分析，必须先有可食物质存在，然后才有食用的行为。从这个角度看，《辞源》与《汉语大字典》将“食”的本义释为“食物”较为合理。对于其甲骨文、金文形体，一般分析为像圆形器具中盛有食物。李孝定《甲骨文字集释》引戴家祥之说曰：“上象器盖，下即簋之初文，日用饔飧之具也”。饔飧，早晚的饭食。李氏赞同戴说。这也可说明“食”指食物。此外，古人称粮食为“民天”。《史记·郦生陆贾列传》：“王者以民人为天，而民人以食为天。”《抱朴子·诘鲍》：“至于八政首食，谓之民天。”可见食物才是民之“天”，是人类生存的必备条件。“食色，性也。”（《孟子·告子上》）享用食物是人的生理需求，是人的主观意愿，但如无食物来满足，一切免谈。

我国是一个善于发明美食的国度，中华饮食文化享誉全球，食物种类丰盛，如素食、荤食、肉食、面食、熟食、甜食、主食、副食等。我国古代饮食礼仪也很考究。如“燕食”，指天子平时的用膳，不杀牲，与正膳相对。天子诸侯举行杀牲盛宴时都要演奏音乐，称为“侑食”。国君与族人聚餐，称“族食”，目的是联络亲族情感。古代还有“食礼”，即烹大牢宴请宾客，以饭为主，不喝酒。又如《尚书·益稷》：“暨稷播，奏庶艰食鲜食。”鲜食，指以鱼鳖鲜肉为食。《论语·雍也》：“一箪食，一瓢饮，在陋巷。”此写孔子的得意门生颜渊，虽饮食及居住条件简陋但仍刻苦治学的精神。“食”进而扩大指“粮食”，即尚未加工为饭食的谷物。《诗·卫风·氓》：“自我徂尔，三岁食贫。”郑玄注：“女家乏谷食已三岁，贫矣。”“贫”即缺少粮食。《汉书·食货志上》：“食谓农殖嘉谷可食之物。”古代的粮食通称“六谷”，一般指稻、黍、稷、粱、麦、苽，也叫“六食”。

宴饮·庖厨

人需要进食，人们认为神灵祖先同样需要进食，故“食”可特指鬼神享受祭奠。《左传·襄公二十年》：“若不能，犹有鬼神，吾有馁而已，不来食矣。”祭祀时，首先要供奉煮熟的黍稷，叫“馈食”，《仪礼》中就有“少牢馈食礼”“特牲馈食礼”。古代官员享受俸禄制待遇，其俸禄常以谷物来计算，称为“俸廩”“俸饷”。换言之，俸禄就是官员们的衣食来源，故“食”可表示“俸禄”义。《周礼·天官·医师》：“岁终则稽其医事，以制其食。”郑玄注：“食，禄也。”即官府根据医师的年终考绩情况，确定其俸禄等级。

食物自然是供人享用的，于是“吃；进餐”就成为一个重要的义项。《诗·魏风·硕鼠》“硕鼠硕鼠，无食我黍”，南朝梁刘勰《文心雕龙·神思》“阮瑀据案而制书，祢衡当食而草奏”，都是这一类例子。人的进食状况能反映方方面面，相关的词语生动传神。如穷人生活贫困，吃不饱肚子，叫“食不果腹”；生活奢侈，吃饭时面前一丈见方的地方都摆满了食物，叫“食前方丈”；心中有事，吃东西感觉不到它的美好滋味，叫“食不甘味”；心绪宁静，吃得香甜、睡得安稳，叫“食甘寝宁”；对所学知识不能融会贯通，叫“食而不化”。进餐不仅可以满足人们的生理需求，也可以使人得到精神享受。所以人们称可口的食品为“美食”“美味”“佳肴”“甘旨”“珍馐”“山珍海味”等。

语义稍转，“食”又有“享受；受用”义。《汉书·叙传下》：“食厥旧德。”颜师古注：“食犹飨也。”《宋史·范成大传》：“叠石筑防，置堤闸四十九所，立水则，上中下溉灌有序，民食其利。”据《明史·徐达常遇春传》，徐、常都是朱元璋手下名将，攻城略地，功绩卓著。但徐达后代都很荣耀，而常遇春却英年早逝，子孙衰败。故曰：“贵匹勋齐，而食报或爽，其故何也？”食报，指享受的报答或报应。“食”还有“作为；有为”义，如《左传·哀公元年》：“克而弗取，将又存之，违天而长寇雠，后虽悔之，不可食已。”清王引之注：“不可食，不可为也。”“食”还可表示负面的意义。人言已出而反吞之，不予实行，叫“食言”，又叫“食言而肥”。《尚书·汤誓》：“尔无不信，朕不食言。”《左传·哀公元年》：“后虽悔之，不可食已。”此言虽然内心非常悔恨，但不能自食其言。

（二）饮

饮，繁体作“飲”，小篆作，《六书通》篆字作。《说文》：“饮，歠也。从欠，酓声。”意即“喝”。前人对其构形存在不同见解，如朱骏声《说文通训定声》：“从酉，从欠，今声。酉，酒也。”而段玉裁析为“从食，今声”。以上是对小篆和楷书的结构

分析。“饮”的甲骨文字形作。董作宾《殷历谱》：“（甲文）象人俯首吐舌，捧尊就饮之形。”李孝定《甲骨文字集释》认为，以饮音近于今，“而到舌形又与今字形似，故篆文遂讹从今耳”。笔者认为董氏的解释较为可信，后起字是甲骨金文讹变的结果。作为一种以表意为特征的文字，汉字对字符的选择更多的是理据性而不是任意性。甲骨文之所以用人俯首吐舌捧尊喝酒表达“喝”的概念，一是捧尊表示饮用具有形象性和典型性，而喝水喝汤较难用图文展示。二是殷商时代上层酗酒成风，见《诗·大雅·荡》“湎尔以酒”、《尚书·微子》“沈酗于酒”等记载，后代还将此归结为商代衰亡的原因之一。因此甲骨文“饮”字的结构是另有深义的。

“饮”的本义是“喝”。《诗·郑风·女曰鸡鸣》：“宜言饮酒，与子偕老。”《庄子·逍遥游》：“偃鼠饮河，不过满腹。”《论语·述而》：“饭疏食饮水，曲肱而枕之，乐亦在其中矣。”以上饮的对象分别是酒和凉水，成语“茹毛饮血”则指原始人不会用火，连毛带血地生吃禽兽。比较而言，喝水只是一种日常个人行为，而喝酒通常出现在酒席上，属于集体行为，因而更富有社会性，并成为诗文的描写对象，如李白“烹羊宰牛且为乐，会须一饮三百杯”（《将进酒》）的狂放，聂夷中“一饮解百结，再饮破百忧”（《饮酒乐》）的欢悦，张籍“但愿园里花长好，一生饮酒花前老”（《春日行》）的逐梦，都是生动的例证。而由“饮”构成的双音词，往往也与喝酒有关。如“饮伴”，指喝酒的伙伴；“饮局”，指酒会、宴会；“饮酌”，指斟酒而饮；“饮至”，一指欢乐的宴饮，二指诸侯朝会盟伐完毕，祭告宗庙并饮酒庆祝。古代待宾客饮酒之礼叫“燕”（本作“宴”），又叫“燕饮酒”，见《周礼·天官·膳夫》。宴饮

东汉壁画宴饮百戏图

时，人们会开展集体的或双向的互动，如敬酒、劝酒、祝酒、行觞、猜拳、罚酒等，以活跃席间气氛，融洽人际关系。

语言交际中，人们有时会对一个词的使用范围稍作调整，使之适用于相关联的对象。如“吃”也包含了“吸”（吃奶）和“喝”（吃药）义。同样，“饮”也具有“吸”义，如《楚辞·远游》“餐六气而饮沆瀣兮”，王逸注：“远弃五谷，吸道滋也。”也具有“漱”义，如《仪礼·公食大夫礼》“宾坐祭，遂饮，奠于丰上”，郑玄注：“饮，漱。”

用作动词，“饮”可指“没入；隐没”。它与“喝”“吸”具有形象上的相似性。《汉书·游侠传》：“所臧活豪士以百数，其余庸人不可胜言。然终不伐其能，饮其德。”唐颜师古注：“饮，没也。谓不称显。”言此人虽然救助了许多人，但他从不张扬，而是隐藏了自己的功绩。对于屈辱、悲伤等精神伤痛，如能够通过心理调整加以控制，暂且放下，这叫“含忍”，是“饮”的一个引申义。南朝梁江淹《恨赋》：“自古皆有死，莫不饮恨而吞声。”饮恨，指抱恨含冤。饮恨吞声，指忍恨含悲，不敢表露。

与“食”相类似，“饮”尤其是饮酒，不仅能够带给人物质的享受，而且能够带给人精神的释放和愉悦。因此，引申开来，“饮”具有“受；享受”义。唐独孤及《唐故朝散大夫颍川郡长史赠秘书监河南独孤公灵表》：“温江人饮公之化，逋者复，疲者悦，善者劝。”宋苏轼《叶嘉传》：“然遗香后世，吾子孙必盛于中土，当饮其惠矣。”

用作名词，“饮”可指酒和其他饮料。《左传·成公十六年》：“王闻之，召子反谋。谷阳竖献饮于子反，子反醉而不能见。”此指酒。《左传·成公二年》：“丑父使公下，如华泉取饮。”此指水。“饮”也泛指饮料、酒浆，如《周礼·天官·酒正》：“辨四饮之物：一曰清，二曰医，三曰浆，四曰酏。”“饮”也指“酒席”，如《战国策·秦策一》：“父母闻之，清宫除道，张乐设饮，郊迎三十里。”酒席也称“饮局”“饮席”。据宋孙光宪《北梦琐言》卷七，一日天降大雪，官员们一起赏雪吟诗。高崇文突然走到饮席边，笑着说：“你们只顾自乐，也不管我。我一介武夫，也来吟首诗吧。”他不着调的诗，引得满场哄笑，为宴饮平添了不少欢乐气氛。

（三）饭

饭，繁体字作“飯”，金文作，小篆作。《正字通》篆字作。从食，卞声。《说文》：“饭，食也。从食，反声。”卞、反古代声母相同。《说文》段玉裁注：“云‘食也’者，谓食之也。此饭之本义也。引申之所食为饭。今人于本义读上声，于引申之义读去声，古无是分别也。”现行辞书或把“吃饭”列为第一义项（《王力古汉语字典》），或把“熟的谷类食品”列为第一义项（《辞

源》)。笔者赞同前一种意见。

古代文献中，“饭”主要用作动词。“吃饭”为其本义，如《论语·述而》：“饭疏食饮水，曲肱而枕之，乐亦在其中矣。”吃粗饭，喝凉水，把臂膀当枕头，不讲究生活条件，却潜心读书治学，这种安贫乐道的精神，既受到孔子的肯定，也被作为传统价值观念流传至今。宋辛弃疾《永遇乐·京口北固亭怀古》：“凭谁问，廉颇老矣，尚能饭否？”老将廉颇虽然饭量尚好，但“顷之三遗矢（屎）”，使他无法复出。辛弃疾以廉颇自比，抒发了有心报国却不被重用的感慨之情。成语“饭糗茹草”，出自《孟子·尽心下》，赞扬了舜吃干粮粗食却不改初衷的高贵品质。“饭”也指“以食饲人或喂牲口”。《庄子·田子方》：“百里奚爵禄不入于心，故饭牛而牛肥。”饭牛即喂牛。史载，楚国的百里奚品格高尚，不慕名利，历经坎坷，竟沦落为一个放牛的奴隶。后来，他被秦穆公用五张黑色公羊皮赎回，为秦国建功立业，被世人称为“五羖大夫”。

古人吃饭时多有讲究。如宴飨时按宾客等级服用不同数量的饭，

汉画像石庖厨图

称为“饭数”。《周礼·秋官·大行人》：“上公之礼……食礼九举”，清人孙诒让注引前人之说对“饭”加以解释：贾逵说一口即“一饭”，黄以周说“古者饭以手。凡礼食，有饭数，一手谓之一饭，手三取饭，谓之三饭。”一般认为黄说更为可信。古人每服用一饭，吃肴酱；三饭之后，用浆漱口。饭数也是“食礼”之一。至于“九举”，则指宴飨时上公须九次举起食用的牲体，以表祭祀。侯爵为七举，伯爵为五举，等而次之。共同进餐时动作要文雅，不能“抟饭”“放饭”“扬饭”。[①]抟饭指把饭搓成团，使饭又多又结实，这有“抢饭”之嫌；放饭指大口吃饭，或曰把手中的余饭返回器中，都是不雅之举；扬饭指簸扬饭的热气，求其速凉，也是不雅动作。这都提醒人们：文明无处不在，一个人饮食时的举止是其文明程度的反映。

在我国的文化传统中，人们对逝世者充满了人性关怀，在逝世者临终之际，人们就要把米贝珠玉之类放入死者口中，称为“饭”或“含”。这也成为“饭”的一个义项。用作饭含之物也有严格的等级区分。一说专指以碎玉杂米填实死者之口。《周礼·春官·典瑞》：“共饭玉。”孙诒让云：“凡饭以碎玉，含以小璧，此经及《礼纬》、戴说皆分饭含为二事，区别甚明。”对于饭含，古人有清晰的认知。《礼记·檀弓上》：“孔子曰：‘之死而致死之，不仁而不可为也，之死而致生之，不知而不可为也。’”意思是：给死者送礼物，认为死者毫无知觉，没有爱亲之心，是为不仁，不能这样做；给死者送礼物，认为死者仍有知觉，是缺乏理智，也不能这样做。《礼记·檀弓下》说得更明白：“饭用米贝，弗忍虚也。不以食道，用美

① 晁福林：《先秦民俗史》，上海人民出版社2001年版，第21页。

焉尔。”饭含，用生米和贝壳，是不忍心让死者空着口。这不是饮食之道，只是用自然生成的美洁之物充实死者之口而已。这是一种追念，一种情感的寄托。

“饭”还指“煮熟的谷类食品”。《广韵》：“饭，《周书》云：‘黄帝始炊谷为饭。’”这是对饭的历史起源的推测。《庄子·大宗师》：“裹饭而往食之。”北魏杨衒之《洛阳伽蓝记·景宁寺》：“菰稗为饭，茗饮作浆。”说明“饭”多指稻米饭，但也不限一种品类。今天南方人均以稻米饭为“饭”，北方人对“饭”之所指则较宽泛，如吃馒头喝汤，也叫“吃饭”。

古人也有拿“饭”做文章贬斥人的，如“饭囊”比喻只会吃饭、不会做事的人，“饭囊衣架”指盛饭的口袋和挂衣的架子，比喻庸俗无能之辈。又如“饭囊酒瓮”“酒囊饭袋”“饭坑酒囊”，都表示类似的意思，对只知吃喝、不务正业者充满了讥讽和鄙视。

在此一并讨论下双音词“饭粱”。《辞源》《辞海》均未收该词。《汉语大词典》中对该词的解释为“用高粱做的饭”，并引《仪礼·公食大夫礼》为书证。说“饭粱”是米饭，应无问题。关键在于“粱”是什么米？是稻米、小米，还是高粱？王宁主编《评析本白话三礼》将“宰夫授公饭粱”译为“宰夫把小米交给国君”，其说认为“粱”指小米。《王力古汉语字典》释“粱”：一指粟，二指成品粮，偏指精细的小米。杨伯峻《春秋左传注》：“粱，精细小米。古以稻粱、膏粱并称。”《汉语大词典》释“粱”：一即粟，通称谷子，去壳后称小米，古称其优良品种为粱，今无别；二特指精细的小米，引申指精美的饭食。其所收“粱米”指“精米”，“粱饭”指“精细的米饭”。“粱饭”条尤具启发性，其与“饭粱”为倒序词，又都是名物词，所指内容应一致。以上材料足以证明，释“饭粱”为“用高粱做的饭”是不正确的。

（四）饵（饼、餈）

饵，形声字，从食，耳声。繁体作“餌”。《正字通》篆字作。《说文》释为“粉饼”。其本义，《汉语大词典》等释为“糕饼”，笔者认为此释虽然简明，但精准度尚嫌不足。《王力古汉语字典》释“饵”为“米粉做的糕饼”，点明了其质料来源，并引用段玉裁《说文解字注》“餈者，不粉之稻米为饼；饵者，稻米粉之为饼”加以说明。不过段氏之释义仍存在不足，因为“饵”并不限于稻米粉。《周礼·天官·笾人》：“羞笾之实，糗饵、粉餈。”郑玄注：“皆粉稻米、黍米所为也。合蒸曰饵，饼之曰餈。”明确指出“黍米”粉即小米粉所做者也称为“饵”。《王力古汉语字典》以“米粉”为释，就将稻米、黍米都加以收入，因此其释义更为全面。

“饵”是一种常见的熟食，国人很喜欢食用。《后汉书·酷吏传》：“晔为市吏，馈饵一笥。”此言东汉光武帝刘秀与樊晔从小结识。刘秀曾因事被新野官府拘留，樊晔送过他饵饼一筐，后来樊晔得到报答，被封为河东都尉。《徐霞客游记·滇游日记八》：“僧瀹茗炙面为饵以啖客。”说明明代南方也有食饵的习惯。某些外形像饵的食物或药物也称“饵”。“饵”表食物义，如《老子》第三十五章：“乐与饵，过客止。”指轻曼的音乐和美味的食物能使过路的人都为之停步。三国魏曹植《矫志》：“芝桂虽芳，难以饵烹。”指芝兰桂树虽然芬芳，但不能用它钓鱼钓虾。“饵”表药物义，如唐孟郊《求仙曲》：“铲惑有灵药，饵真成本源。”唐柳宗元《捕蛇者说》：

“然得而腊之以为饵，可以已大风、挛腕、瘘、疠。”“饵”进而引申指“钓鱼或诱捕其他禽兽的食物”。《庄子·胠箧》：“钩饵罔罟罾笱之知多，则鱼乱于水矣。”此指人们对钓饵、渔网、鱼篓了解得多了，河里的鱼就会乱套。《荀子·法行》：“鹰鸢犹以山为卑而增巢其上，及其得也必以饵。”此指鹰鸢在山上筑巢，只有用食物为诱饵才能将其捕获。

“饵”的食物义可以使人产生一连串的动作联想，如：可以吃，可以吞，可以诱惑动物和人，等等。“饵”引申指“服食；吃”，如《战国策·中山策》：“臣有父，尝饿且死，君下壶餐饵之。”此指拿食物给父亲吃。《后汉书·马援传》：“初，援在交趾，常饵薏苡实。”薏苡实，即薏苡草所结的果实。合成词“饵人”指给人吃，“饵烹”指烹食，“饵膳”指饮食。“服食”义与道教文化也有密切关系，如“饵丹”指服食金丹，传说人服之可以长生不老。《新唐书·李抱真传》：“有孙季长者为治丹，且曰：‘服此当仙去。’”“饵石”指服食玉石类的药物如丹砂、石膏、石钟乳等，传说久服可以延年成仙。此外，“饵术”（苍术）、“饵松”（松柏叶实）、“饵霞”（日霞）也有类似作用。可见道家在服食上十分讲究，其目的在于延年益寿，长生不老。至于这类词语为什么多用“饵”（或用“餐”）而很少用“食”字，应当是语言约定俗成的结果，或者说是古人的语言习惯所致。

“饵”表示“吞食；侵吞”义，如《汉书·贾谊传》：“而淮阳之比大诸侯，廑如黑子之著面，适足以饵大国耳，不足以有所禁御。”唐颜师古注：“饵，谓为其所吞食。”此指淮阳王刘武同大诸侯相比，仅仅如同小小的黑痣长在脸上，只适合被大国所吞没，

三国煎饼图

而不足以抵御大国。“引诱；诱惑”也是“饵”的常见义，如“饵兵”指诱敌就范的小部队，“饵诱”指利诱，“饵敌”指诱敌。《逸周书·武称》：“饵敌以分而照其储，以伐辅德，追时之权，武之尚也。”此言用珠宝去诱惑敌人，探明其储备，诛杀其谋臣，权衡追击的时机，这是军事斗争必备的谋略。今人常用的“诱饵”一词，本指捕捉动物时用以引诱的食物，后泛指引人上钩的事物。《宋史·王存孙固赵瞻傅尧俞传》：“及其秉政，未尝受所诱饵。”

饼，古代指烤熟或蒸熟的面食。从食，并声，取面、水合“并”之意。因而作为形声字，其声符“并”是蕴含意义的。其异体字“麬”从“麦”，点出了它的材料来源；正体字从“食”，是从功用角度设计的构形。宋高承《事物纪原》推测说：“《说苑》叙战国事，则饼盖起于七国之时也。”[①]明代王三聘《古今事物考》：“《杂记》曰：凡以面为食具者皆谓之饼，故火烧而食者呼

① 高承：《事物纪原》，中华书局1989年版，第139页。

为烧饼，水瀹而食者呼为汤饼，笼蒸而食者呼为蒸饼，而馒头谓之笼饼是也。疑此出于汉魏之间。”[①]也有人认为馒头叫“蒸饼”，汤饼即面条。饼的范围后来有所扩大，材料也不限于面粉，用米粉制作的食品也称为“饼”。古代饼类食品总称为“饼饵”，由面粉制成的干粮叫“饼麨”，今称“炒面”。古代一种水煮的面食叫“馎饦”，又作“不托”，类似今天的宽面条。用玉米面、小米面等贴在锅上烙成的饼叫“饼子”。因饼通常是圆形的，于是被借作他称，如“饼金”指饼状的金块，“饼银”指饼状的银块，“饼茶”指饼状的茶叶制品。

餈，从食，次声。《说文》：“餈，稻饼也。”《辞源》《汉语大词典》《王力古汉语字典》也沿用《说文》为释。《周礼·天官·笾人》：“羞笾之实，糗饵、粉餈。”郑玄注：“此二物皆粉稻米、黍米所为也。合蒸曰饵，饼之曰餈。糗者，捣粉熬大豆，为饵餈之黏著以粉之耳。饵言糗，餈言粉，互相足。”钱玄《三礼词典》释“糗饵”：“按：饵，合蒸，即今之糕；餈，饼之，即今之饼。”[②]其实餈的做法也不是单一的，如段玉裁《说文解字注》：“餈者，不粉之稻米为饼。”他认为“餈”用稻米而做，而不是米粉。如今，“餈”一般指江米蒸熟后捣碎做成的饼，字作“糍”，又叫“糍粑”。也有一种“糍饭”，即江米蒸熟后并不捣碎，而是加进香肠、肉松或果酱之类，用手捏成条状。

---

① 王三聘：《古今事物考》，上海书店1987年版，第147页。

② 钱玄：《三礼词典》，江苏古籍出版社1987年版，第1123页。

（五）饷

饷，繁体作“餉”。《说文》：“饷，饟也。从食，向声。”《玉篇》：“饷，馈也。”其本义是“送食物给人”。《孟子·滕文公下》：“有童子以黍肉饷，杀而夺之。”此言葛国国君残暴，不守礼法。有一个孩子去送饭和肉，他竟把孩子杀掉了。

唐王维《积雨辋川庄作》：“积雨空林烟火迟，蒸藜炊黍饷东菑。”此言久雨后的空林里炊烟袅袅，人们将蒸菜米饭送往田间。诗人以清新淡雅的笔调描绘农家生活，极富田园生活气息。宋苏轼《新城道中二首》之一：“西崦人家应最乐，煮葵烧笋饷春耕。”居住在西山一带的人家应最快乐，煮葵烧笋送给春耕的人。诗人以出巡途中所见的美丽景色，赞美了农家繁忙的劳动生活。

词义往往朝自足的方向发展，以形成一个适用于交际的小系统。如与“送食物给人”义相关，“饷”就会相应扩展出“送食物者”“食物”“赠送”等义项。以“葛伯仇饷”为例，“饷”就指“馈食之人”。《尚书·仲虺之诰》：“乃葛伯仇饷。”唐孔颖达疏：“葛伯以饷田之人为己之仇。”“饷人”，指送饭食的人。唐徐延寿《人日剪彩》：“帖燕留妆户，粘鸡待饷人。”“饷”指“所馈的食物”，如汉赵晔《吴越春秋·王僚使公子光传》：“子胥既渡，渔父乃视之有其饥色，乃谓曰：子俟我此树下，为子取饷。”《南史·文学传》：“俄而爽代蒨为县，蒨遣迎赠甚厚。爽受饷，答书。”“饷”也指“饮宴”，如宋苏轼《送碧香酒与赵明叔教授》：“不学刘伶独自饮，一壶往助齐眉饷。”范围再扩大一些，“饷”又指“军粮”，如《汉书·严助传》：“丁壮从军，老弱转饷。”清孔

韩滉送军粮

尚任《桃花扇·抚兵》："那是饥兵讨饷，并非喧哗。"近代"饷"还指薪金，多表示军警等的薪金。

与"馈食"义相联系，"饷"又引申出一系列动词义，如"赠送"。南朝宋刘义庆《世说新语·德行》："祖光禄少孤贫……王北平闻其佳名，以两婢饷之。"唐白居易《绣妇歌》："连枝花样绣罗襦，本拟新年饷小姑。"由此义构成的合成词不少，如"饷酬"（指馈赠、酬报）、"饷遗"（指馈赠）、"饷亿"（馈送生活所需）、"饷献"（指馈赠奉献）。"饷"表示"喂；饲养"义，如宋曾慥《类说·杖记》："不能买肉供父母，反以饷禽兽乎？"清徐永宣《缫丝行》："妇姑饷蚕不得闲，双眉不暇描春山。"近代又引申出"使……享受"义。陈少白《史坚如之略史》："坚如与兄暇辄就读，每携新书归以饷憬然，对灯共览。"鲁迅《热风·所谓"国学"》："试去翻一翻历史里的儒林和文苑传罢，可有一个将旧书当古董的鸿儒，可有一个以拆白饷阅者的文士？"拆白，指（流氓）骗取钱财，或指骗取钱财的流氓集团和坏人。

（六）粮

粮，繁体字作"糧"。《说文》："粮，谷也。从米，量

元代釉里红楼阁式粮仓

声。”关于“粮”的本义，现行辞书表述不一，如“干粮”（《王力古汉语字典》《辞源》）、“干粮；军粮”（《汉语大字典》）、“谷类食物的总称。亦指出行所携食粮”（《汉语大词典》）。笔者较赞同第一种意见。徐锴《说文解字系传》、段玉裁注及王筠《说文句读》释义皆作“谷食也”，这表明“粮”的本义并不是“谷物”，而是“谷类食品”。清桂馥《说文解字义证》解说得更为明确：“谷也者，非古训，后人乱之。粮乃行者之干食。”古书用例很多。《庄子·胠箧》：“某所有贤者，赢粮而趣之。”《荀子·议兵》：“赢三日之粮，日中而趋百里。”《战国策·楚策一》：“于是赢粮潜行。”上古时代，由于亭驿制尚未正式形成，人们离家远行，难以确保饮食，所以只好自带干粮。《周礼·地官·廪人》：“凡邦有会同、师役之事，则治其粮与其食。”郑玄注：“行道曰粮，谓糒也；止居曰食，谓米也。”“糒”即干粮、干饭，《史记·李将军列传》中有“持糒醪遗（李）广”之语。

“粮”的“干粮”义还可以从另外的角度加以探讨。上古时期由于粮食加工条件的限制，磨成面粉制作食物的情况较为少见，一般是煮粥、蒸干饭或炒成干粮。《诗·小雅·伐木》：“民之失德，干糇以愆。”此句指人们因一点饮食小事而失和，犯下过失。干糇，即干粮。《孟子·尽心下》："舜之饭糗茹草，若将终身焉。"汉赵岐注："糗，饭干糒也。"糗、糒均指干粮。古人常"饮""食"并举，食是干粮，所以食用时需与饮品相配。《论语·雍也》："贤哉，回也！一箪食，一瓢饮，在陋巷。"颜回治学刻苦但生活艰辛，住在小巷里，每天吃干粮、喝凉水。古人常说"箪食壶浆"，说明盛在壶里的是饮品，盛在竹器里的是干粮熟食。如《孟子·梁惠王下》："箪食壶浆以迎王师。"再从语源上推测，笔者认为"粮""糧"的声符都有提示意义。俗话说"在家千日好，出门一时难"，又说"穷家富路"。居家的饮食，有时较随意，剩饭剩汤加热后吃下，也算是一顿饭。但外出时就无法这样做。一是必须携带质量好的即"良"的干粮，二是要根据外出时间的长短，携带相应数量的干粮，因此必须事先用秤去"量"。很明显，两个声符都有助于我们理解"粮"的本义。

除本义之外，"粮"还有多项引申义。如"谷物；粮食"义，是对本义的扩大式引申。《左传·哀公十三年》："吴申叔仪乞粮于公孙有山氏。"对方回答说："粱则无矣，粗则有之。"从语境看，此处"粮"所指应是粮食。《诗·大雅·公刘》："度其隰原，彻田为粮。"此指开垦土地，收获粮食。又如"薪俸"义。古时官员的薪俸除俸金外，也有实物，如米，称"俸米""俸糈""俸粮"。《新唐书·食货志五》："又诏得上下考，给禄一年，出使者廪其家，新至官者计日给粮。"末句言新任官员按实际工作天数发放俸粮。此外，"粮"还可表示"田赋"义。《宋史·高宗纪八》："（绍兴二十五年）戒州县加收耗粮。"耗粮，又称"耗羡"，指旧时官府征收田赋时以弥补损耗为名，在正额之外加征的部分。

（七）稷

在传统文献中，“黍稷”“社稷”是两个常见的词语。黍、稷都是小米，但两者有什么区别呢？社、稷本指两种神灵，为什么又能表示“国家”呢？这些问题值得探讨。

稷，形声字。金文作，小篆作。《说文》：“稷……五谷之长。”意即五谷的首领。清邵晋涵《尔雅正义》认为，所谓“五谷之长”，以先种为长。杨金鼎等认为，稷在上古是最重要的粮食，故称“五谷之长”。关于“稷”的本义，学界意见不一。一是认为“稷”就是“黍”，即小米。《尔雅·释草》：“粢，稷。”孙炎注：“稷，黍也。”邵晋涵正义：“以今验之，即北方之稷米也。北方呼稷为谷子，其米为小米。”二是认为“稷”指黍类中的不粘者。李时珍《本草纲目·谷部·稷》：“稷与黍一类二种也，粘者为黍，不粘者为稷。稷可作饭，稷可酿酒。”杨金鼎《中国文化史词典》也持相同意见[1]。三是认为“稷”指高粱，赞成者盖寡。笔者较赞同第二种看法，即“稷”是不粘的小米，与黏性的“黍”相对。《礼记·玉藻》：“子卯，稷食素羹。”孔颖达疏：“稷食者，食饭也，以稷谷为饭，以菜为羹而食之。”此指以稷谷为饭。

我国古代为农耕社会，为推动农业生产的发展，自古政府机构就专设主管农事的官员，称为“农官”。《史记·平准书》：“乃分缗钱诸官，而水衡、少府、大农、太仆，各置农官。”如农师、田畯都是农官。汉王粲《务本论》：“设农师以监之，置田畯以董

① 杨金鼎：《中国文化史词典》，浙江古籍出版社1987年版，第164页。

后稷像

之。黍稷茂，则喜而受赏；田不垦，则怒而加罚。”因为稷是五谷之长，在粮食作物中具有代表性，所以农官又称为“稷”。《尚书·舜典》：“弃，黎民阻饥，汝后稷，播时百谷。”唐孔颖达疏：“稷是五谷之长，立官主此稷事。”周民族的创始人弃在舜主政时担任农官之长，称为“后稷”。《左传·昭公二十九年》：“稷，田正也。”孔颖达疏：“百谷，稷为其长，遂以稷名为农官之长。”“稷官”，指负责农事的官。《史记·匈奴列传》：“夏道衰，而公刘失其稷官，变于西戎。”

农耕社会以农业为经济的主动脉，为确保农业生产的稳定，实现风调雨顺，旱涝保收，古人只能祈盼天地神灵的庇佑。于是想象中的农神就降生了，称之为“稷”。传说中的稷神一是农，二是弃。《礼记·祭法》：“是故厉山氏之有天下也，其子曰农，能殖百谷；夏之衰也，周弃继之，故祀以为稷。”孔颖达疏：“‘故祀以为稷’者，谓农及弃，皆祀之以配稷之神。”还有“稷神”之说，指的是柱和弃。汉蔡邕《独断》：“稷神，盖厉山氏之子柱也，柱能殖百谷，帝颛顼之世，举以为田正，天下赖其功；周弃亦播殖百谷，以稷五谷之长也，因以稷名其神也。”人们每年要多次用牺牲祭祀稷神。《汉书·郊祀志上》：“高祖十年春，有司请令县常以春二月及腊祠稷以羊彘。”祀稷用的牺牲叫“稷牲”，祀稷神的场所叫“稷”或“稷祠”。《汉书·郊祀志下》：“遂于官社后立官稷。”《史记·封禅书》："后稷稼穑，故有稷祠。"古书中常见"社稷"一词，最初指社神和谷神。《尚书·太甲上》："先王顾諟天之明命，以承上下神祇，社稷宗庙，罔不祗肃。"正是因为社稷是帝王、诸侯所祭神灵，而帝王、诸侯是国家的主宰，所以"社稷"后来被用作国家的代称。《礼记·檀弓下》："能执干戈以卫社稷。"

（八）餐

餐，小篆作。《说文》："餐，吞也。从食，𣦼声。""餐"的本义是"吞；吃"。《诗·郑风·狡童》："彼狡童兮，不与我言兮。维子之故，使我不能餐兮。"此言一对恋人，因男子不与女子交谈，女方产生思想压力，连饭也不想吃了。屈原《离骚》："朝饮木兰之坠露兮，夕餐秋菊之落英。"此写早晨饮用木兰花上滴落的露水，傍晚咀嚼秋菊初开的花瓣，表现了诗人修身洁行的生活状态。由"餐"构成的合成词也可表示"吞；吃"义，如"餐服""餐啖""餐饵"等。人们追求目标的不同，会导致志趣的差异，这也可

良渚文化遗址中先民用餐复原

以用“餐”字来比喻。如善良者喜欢生活在和平融洽的环境中，此为“餐和”。《晋书·阮籍传》：“餐和履顺，以保天真。”而奸猾小人则“餐腥啄腐”，比喻追求功名利禄。

为生活所困的人常要奔走他乡，外出谋生，颠沛流离是他们生活的常态，风餐露宿更是家常便饭。古人常用“餐风沐雨”形容旅途或野外生活的艰苦。明许三阶《节侠记·忠忤》：“却不念餐风沐雨先皇创业多辛苦，到做了个弃正趋邪没主张。”又如“餐风宿水”，明冯梦龙《挂枝儿·送别》：“纵经营千倍利，不如家里安闲。餐风宿水，容颜易变。”诸如此类的词语还有餐风茹雪、餐风啮雪、餐风饮露、餐风咽露、餐风宿雨、餐风宿露、餐风宿草等，一系列相似词语的使用，刻画出了人们对颠沛生涯刻骨铭心的记忆。而与此相对，也有人视野外生活为精神享受与人生追求，主动亲近和拥抱自然，这就是道教仙家。传说，仙家认为服食玉屑可以延年益寿，称之为“餐玉”。《魏书·李先传》：“每羡古人餐玉之法，乃采访蓝田，躬往攻掘……（李）预乃椎七十枚为屑，日服食之。”道教仙家还认为吸吮朝霞也能强身健体，延年益寿，称之为“餐霞”。《汉书·司马相如传下》：“呼吸沆瀣兮餐朝霞。”应劭注：“春食朝霞，朝霞者，日始欲出赤黄气也。夏食沆瀣，沆瀣，北方夜半气也。”而学道之人则被称为“餐霞人”“餐霞子”“餐霞客”。

“饭食”是“餐”的常见义。《汉书·高后纪》：“列侯幸得赐餐钱奉邑。”唐李绅《悯农》：“谁知盘中餐，粒粒皆辛苦。”今人则有早餐、午餐、晚餐、西餐、中餐等分类。“餐”往往是美味食品，是人们喜爱和渴望之物，因此，“餐”引申出“赞美；欣赏”义。南朝齐王俭《褚渊碑文》：“仰南风之高韵，餐东野之秘宝。”

动词义的“餐”，今人多换用“吃”。习惯上人们称“承受；挨”也叫“吃”，如“吃板子”“吃官司”“吃耳光”。古人则用“餐”，如宋沈括《梦溪笔谈·谬误谲诈附》：“盖鄙语谓遭杖为‘餐’。”其所举为李献臣例：李曾问一人，在孙待制手下时，“官人餐来未”。那人沮丧地说，“不敢仰昧，为三司军将日，曾吃却十三”。意即被他杖责了十三下，或说被他揍了十三下。

（九）菜

菜，小篆作。《说文》：“菜，艸之可食者。从艸，采声。”“菜”的本义是“蔬菜”。形符从艸，说明其为草本植物，由此可知，鸡鱼肉蛋等动物性食品在古代是不被列入“菜”的范围之内的。《孔丛子·小尔雅》：“菜谓之蔬。”“蔬”“菜”同义，都指可做菜吃的草本植物。《尔雅·释天》：“蔬不熟为馑。”郭璞注：“凡草菜可食者通名为蔬。”古代贵贱等级森严，在食物享用方面亦有严格要求。《国语·楚语下》载，天子食太牢，牛羊豕三牲俱全，诸侯食牛，卿食羊，大夫食豕，士食鱼炙，庶人食菜。平民由于生活条件的限制，通常只能食菜，加上缺油少盐，因而造成自身营养不良，导致“面有菜色”，并被称为“食菜者”，与表示贵族阶层的“食肉者”相对。“菜”的

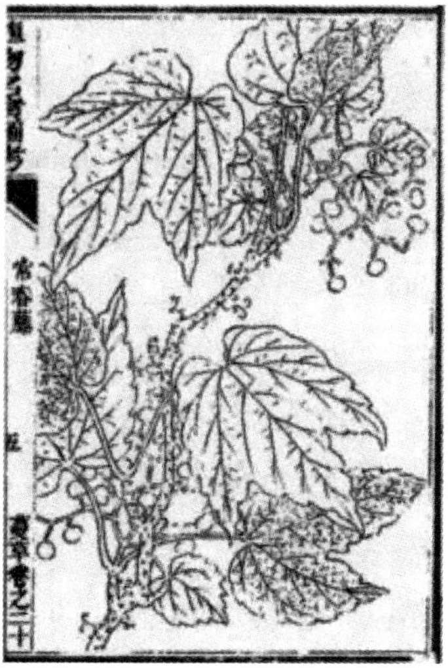

《植物名实图考》书影

“蔬菜”义，今人仍然沿用，如“菜地”“菜园”“菜团子”“糠菜半年粮”等。“菜”还特指油菜，如菜花黄。

我国的草本植物品类丰盛，《诗经》中记录的植物有一百多种，据说可做蔬菜的就有二十多种。文献中把最富代表性的五类蔬菜叫作“五菜”，亦叫“五蔬”，即葵、韭、藿、薤、葱。《灵枢经·五味》：“葵甘，韭酸，藿咸，薤苦，葱辛。”葵即冬葵，也叫冬寒菜，古人曾称其为“百菜之王”。韭菜种植历史久远，还被用于祭祀，如《诗·豳风·七月》：“四之日其蚤，献羔祭韭。”藿是豆的嫩叶，古人常采摘食用。薤即藠头，其鳞茎如指头大，可即食，也可加工为酱菜。葱也称“五辛”之一，古人用它掺酒，可以消寒解表。因“菜”是重要的民生资源，故贤良的官员比较关注百姓种植和收藏蔬菜。《礼记·月令》：“乃命有司，趣民收敛，务畜菜，多积聚。”菜还能用于祭祀。古有“释菜”之礼，又叫“释采”，一指古代入学时祭祀先圣先师所举行的典礼，表示敬奉老师，立志向学。《礼记·月令》：“上丁，命乐正习舞，释菜。”二指君临臣丧时入门前向门神致礼的仪式。

“菜”由“蔬菜”义引申为“菜肴的总称”。今人分素菜、荤菜两类，古人并无此类区分。古人的“荤”原指含有辛辣滋味的蔬菜，如葱姜蒜等。《庄子·人间世》：“唯不饮酒不茹荤者数月矣。”成玄英疏：“荤，辛菜也。”“荤”与“辛”并列构词，指有辛辣气味的蔬菜。《仪礼·士相见礼》：“膳荤。”郑玄注：“谓食之荤辛物，葱薤之属。”大约从南北朝起，动物性食品逐渐称“荤”，叫“荤腥”，如唐白居易《斋月静居》：“荤腥每断斋居月，香火常亲宴坐时。”也叫“荤膻”，如唐韦应物《紫阁东林居士叔缄赐松英丸，捧对忻喜，盖非尘侣之所当服，辄献诗代启》：“道场斋戒今初服，人事荤膻已觉非。”也叫“荤血”，如唐刘恂《岭表录异》卷上：“陵州刺史周遇，不茹荤血。”到了明清时代，“荤菜”就专指鸡鱼肉蛋等动物性食品，辛辣滋味的蔬菜不再称为“荤菜”。《儒林外史》第二十二回：“饭是二厘一碗，荤菜一分，素的一半。”今天荤菜、素菜合称为“菜”，如：“晚宴共办了六桌，每桌八菜一汤。”

（十）饴（饧）

糖是人们喜爱的食品，它柔美甘甜的滋味，让人产生心旷神怡的快感。古代的糖通常指“饴”，它使人产生的快感可移用于其他方面，称为“甘之如饴”。意谓感到像蜜一样甜，表示甘愿承受艰难困苦。老年人安度晚年，享受人生乐趣，则被称为“含饴弄孙”。

饴，繁体作“飴”。金文作，小篆作。《说文》：“饴，米蘖煎也。从食，台声。”其本义是“糖稀，用米、麦芽熬成的糖浆”。《战国策·楚策四》：“不知夫五尺童子，方将调饴胶丝，加己乎四仞之上。”饴浆黏稠，可制作胶丝，粘住蜻蜓、蝉、螳螂等昆虫。用米、麦芽加工而成的是饴，饴再加上糯米粉熬制，就成了饧。饴是软的，饧是硬的。我国制作饴糖历史悠久，先秦时期已经发明了

高粱饴糖

饴。《诗·大雅·绵》："周原膴膴，堇荼如饴。"诗句赞美周原土地肥美，堇菜苦菜都像糖。郑玄笺："其所生菜，虽有性苦者，甘如饴也。"宋真德秀《送周天骥序》："非义之富贵，远之如垢污；不幸而贱贫，甘之如饴蜜。"《吕氏春秋·异用》："仁人之得饴，以养疾侍老也。"此指把饴看作治病养老的重要食品。北魏贾思勰《齐民要术》中则详细记述了"白饧""黑饧""琥珀饧""煮餔""作饴"五种制作方法。

作为一种甜美的食品，"饴"的味觉特征自然是"甜"，这也是它的引申义。唐段成式《酉阳杂俎·木篇》："（葡萄）甘而不饴，酸而不酢。""饴津"指甜汁。宋宋祁《益部方物略记·柑》："碧叶素葩，厥包之珍，丹里既披，香液饴津。""饴饵"，指甘美的食品。《南史·朱异传》："好饮食，极滋味声色之娱，子鹅炰鳅不辍于口，虽朝谒，从车中必赍饴饵。"哪怕是盐，味道不太咸的，也能加上个"饴"字。《周礼·天官·盐人》："王之膳羞共（供）饴盐。"郑玄注："饴盐，盐之恬者，今戎盐有焉。""饴"作为米、麦芽熬制的糖浆是一种美食，如果扩大引申，就能指代其他"美食"。如《太玄经》："蚩蚩，干于丘饴。"范望注："饴，美食也。"唐刘禹锡《伤往赋》："何所丐沐兮，何从仰饴？"诗人在感伤到哪里享受沐浴，到何处品尝美食。"饴"还能转为动词，表示"有滋有味地吃"。唐杜牧《杜秋娘诗》："归来煮豹胎，餍饫不能饴。"意指由于豹胎滋味过于肥美，反而不能有滋有味地享用。

古代又有"糖霜"，制作之法起于唐大历年间，据说是从西域传入中国的。宋人著有《糖霜谱》，记载糖霜起源及制作食用之法颇详。宋黄庭坚在戎州作《颂答梓州雍熙光长老寄糖霜》有云："远寄蔗霜知有味，胜于崔浩水晶盐。”用甘蔗汁熬制蔗糖之法，是唐代从印度传入的。蔗糖又名“沙糖”。据《新唐书·西域传》，唐太宗遣使至摩揭它（一作摩竭陀）国学习熬糖之法，昭扬州取蔗作瀋（汁）。糖霜既以“霜”命名，可知其为白色，上引黄庭坚诗可证。但事物往往不是绝对的。宋苏轼《送金山乡僧归蜀开堂》：“冰盘荐琥珀，何似糖霜美。”此处之“糖霜”，《辞源》释为“指红糖霜”，是否正确？琥珀以紫、红、黄诸色最为多见，质地也优，作为其对比物，白色的糖霜自然不在其列。《糖霜谱》第五篇：“凡霜，一瓮中器色亦自不同……紫为上，深琥珀次之，浅黄色又次之，浅白为下。”由上述记载可见，“红糖霜”应确实存在。

（十一）酒

酒，甲骨文作，金文作，小篆作。《说文》：“酒，就也，所以就人性之善恶。从水，从酉，酉亦声。一曰造也，吉凶所造也。古者仪狄作酒醪，禹尝之而美，遂疏仪狄。杜康作秫酒。”许慎在对“酒”字的解释中提供了不少信息。他以“就”为声训，认为酒是用来迁就（助长）人性善良或丑恶的饮料。段玉裁也说：“宾主百拜者，酒也。淫酗者，亦酒也。”前者是善，后者是恶。另一种看法说，酒是“成就”吉、凶的原因。“酉”指酒器，遹簋铭文中就有“酉”字，用为“酒”字。甲骨文加“彡”，表示酒祭。[①]朱骏声《说文通训定声》曾做过合理分析：酒即酉字之小篆，因酉为十二地支借义所专，又加水旁以别之。据文献记载，新石器时代后期已出现

① 赵诚：《甲骨文简明词典》，中华书局1988年版，第242页。

清代太白醉酒图

酒。夏代时已能制造比较高级的酒，还出现了“杜康造酒”“仪狄造酒”“太康造秫酒”等传说。周王朝重视饮食与礼仪的结合，据遹簋铭文记载，周穆王在射渔之后要举行以醴酒为主的飨礼，《诗·豳风·七月》中就有民众“跻彼公堂”参加贵族举办的飨礼的场面。酒的本义指“用粮食或水果发酵制成的饮料”。《诗·大雅·既醉》：“既醉以酒，既饱以德。”意即你的美酒使我喝醉，你的恩惠我已领受。《尚书·酒诰》：“罔敢湎于酒。”这是周公对康叔的诰词，告诫康叔及其臣下不要酗酒。因酗酒现象在周初已成为严重的社会问题，威胁到政权的生存。由“酒”构成的合成词十分丰富，展现了酒文化的方方面面。如酒名，有“酒醑”“酒醪”“酒醅”；酒具，有“酒卮”“酒瓮”“酒壶”“酒瓶”“酒董”；生产管理程序，有“酒式”（酿酒的法式）、“酒政”（有关酒的酿造、买卖及税收等方面的政令）、“酒务”（有关榷酒酤酒的事务）等。酒能给人带来欢悦和兴奋，使人忘却苦闷和烦恼，所以人们给它起了许多诙谐的别名，如“忘忧汤”“快活汤”“扫愁帚”。但也有酗酒成瘾、沉溺其中者，所饮酒又被称为“抛青春”。

“饮酒”是“酒”的常见义项。《尚书·酒诰》：“文王诰教小子，有正有事，无彝酒。”彝，常也。此指文王告诫他的子孙和官员，不要经常饮酒。《韩非子·说林上》：“常酒者，天子失天下，匹夫失其身。”古人很早就明白酗酒的负面效应，官方也不断发出禁酒令。如《后汉书·孔融传》记载了曹操曾“表制酒禁”，禁止人们酿酒饮酒。但酒的强大吸引力令人难以抗拒，历史上的“酒仙”“酒圣”“酒豪”层出不穷，文人诗作中有关饮酒的描写也屡见不鲜。如李白《将进酒》“钟鼓馔玉不足贵，但愿长醉不复醒”，表现了诗人蔑视富贵、纵酒放歌的情怀；孟浩然《过故人庄》“开筵面场圃，把酒话桑麻”，写出了淳朴美好的田园生活；岑参《凉州馆中与诸判官夜集》“一生大笑能几回，斗酒相逢须醉倒”，笑中的爽朗健康，醉中的豪迈乐观令人神往。饮酒时的兴致情趣称为“酒心”。宋柳永《倾杯乐》：“雨意云情，酒心花态，孤负高阳客。”饮酒后脸上泛起的红晕叫“酒晕”。宋苏轼《红梅三首》之一：“寒心未肯随春态，酒晕无端上玉肌。”

千百年来，酒是中国饮食文化中一道亮丽的风景。酒常与食物并列，以凸显其地位之高。汉荀悦《申鉴·俗嫌》：“礼云礼云，玉帛云乎哉？请云祈云，酒膳云乎哉？”将酒膳与玉帛对举，其地位之高不言而喻。“膳酒”为国君所用，“散酒”则为臣子所用。为公事而制作的酒叫“公酒”，为飨宴宾客所制作的酒为“礼酒”，可见古代酒类的丰盛和礼仪规定之繁缛。此外，善于饮酒者被赞许为酒神、酒仙、酒圣、酒豪，饮酒后的神态叫酒艳、酒容、酒红、酒晕，酒的色泽泡沫则称为酒光、酒色、酒花、酒鳞、绿蚁等。真是五光十色，异彩纷呈。

（十二）茶

说到“茶”，有一个“荼”字与它关系密切，应一并加以考察。茶是一个后起字，本指茶树，属山茶科，为常绿灌木，秋季开白花。茶树喜欢湿润的气候和微酸性土壤，在我国中部及东南、西南部有广泛种植。茶具有使大脑和心脏兴奋的功能，因此饮茶成了人们普遍的爱好。唐卢仝《走笔谢孟谏议寄新茶》：“一碗喉吻润，两碗破孤闷。三碗搜枯肠，唯有文字五千卷。四碗发轻汗，平生不平事，尽向毛孔散。五碗肌骨清，六碗通仙灵。七碗吃不得也，唯觉两腋习习清风生。”卢仝以略带夸张的口吻，道出了国人对饮茶的喜爱。我国还形成了源远流长的茶文化。宋代城市经济繁荣，市井中茶坊、茶馆、茶楼尤为兴盛，为市井小民、过往商客、文人雅士提供了欢聚之所。古代嗜茶成癖的名人不少，如晋司徒长史王蒙、宋蔡襄等。唐人陆羽更被尊为“茶仙”“茶神”，其《茶经》云：“茶者，南方之嘉木也。一尺、二尺，乃至数十尺。”。《新唐书·隐逸传》：“羽嗜茶，著经三篇，言茶之原、之法、之具尤备，天下益知饮茶矣。时鬻茶者，至陶羽形置炀突间，祀为茶神。”元辛文房《唐才子传·陆羽》也有相关记载。

其实，“茶”的前身应是“荼”，音tú。荼，古人又名“苦菜”，“按今天的植物分类学来看，是指菊科苦苣菜属和莴苣属的一些植物，因其有苦味，所以统称之为‘苦菜’，又称‘荼’”[①]。《尔雅·释木》：“槚，苦荼。”郭璞注：“树小如栀子，冬生叶，可煮

① 傅永和、李玲璞、向光忠主编：《汉字演变文化源流》，广东教育出版社2012年版，第1091页。

清代幽篁茗事图

作羹饮。今呼早采者为荼，晚取者为茗，一名荈，蜀人名之苦荼。”此处所说的“荼”或“槚”正是茶树。《广韵》中“荼”又有“宅加切”即chá的音读。故宋代魏了翁《邛州先茶记》就明确表示：“茶之始，其字为荼。”南唐徐铉亦云：“（荼）即今之茶也。”宋丁度《集韵》：“荼、樣、茶，茗也。”

“茶”的本义是“植物名，即茶树”。其常用义为“用茶叶泡制、烹制或煎制而成的饮料”，如茶水、茶汤。《三国志·吴书·韦曜传》：“或密赐茶荈以当酒。”此指吴国国君孙皓赐韦曜茶叶。《世说新语·纰漏》：“坐席竟，下饮，便问人云：‘此为茶？为茗？’”六朝时代，人们称早采者为茶，晚采者为茗。今又引申为某些饮料的通称，如奶茶、杏仁茶。

“饮茶；喝水”是“茶”的动词义。明冯梦龙《挂枝儿·相思》：“念着他，恹恹成病，不茶还不饭。”《西游记》第二十三回：“茶毕，又吩咐办斋。”饮茶，今北方多称“喝茶”，南方多称

“吃茶”，古人则作“喫茶”。明汤显祖《牡丹亭·圆驾》：“俺、俺、俺，逗寒食喫了他茶。”“茶”还与婚俗有关。古代聘礼多用茶，称为“下茶”，受聘者称“受茶”，缔婚的聘礼又叫“茶礼”。因此“旧指订婚的聘礼”也成了“茶”的固有义项。古代礼教强调女子婚后应从一而终，不得改嫁再婚，因此民俗中有“好女不吃两家茶”之语，这表现了封建礼教对妇女的精神控制和道德束缚。此外，“茶”还是对小女孩的昵称。金元好问《德华小女五岁能诵予诗数首以此诗为赠》：“牙牙娇语总堪夸，学念新诗似小茶。”注曰：“唐人以茶为小女美称。”

（十三）饔（飧、餔、飱）

吃饭既是人的生理需要，也是一种社会习惯。今人通常一日三餐，古人则多实行两餐制。《孟子·滕文公上》：“贤者与民并耕而食，饔飧（或作‘飱’）而治。”汉赵岐注：“饔飧，熟食也。朝曰饔，夕曰飧。”饔飧，辞书均释为“早餐和晚餐”。古人也有一日三餐者，如《燕丹子》：“于是舍（田）光上馆，太子三时进食，存问不绝。”三时，指早、中、晚三时。

饔，本指熟食。《诗·小雅·祈父》：“胡转予于恤？有母之尸饔。”诗人说：“为什么让我去征戍？家中老母亲没饭吃。”饔，指熟食。尸，一说通“失”，一说表示“主持”。“饔”的另一个意义即“早餐”。

飧，一指晚饭，一指熟食。《诗·小雅·大东》：“有饛簋飧（或作‘飱’），有捄棘匕。”毛传：“飧（飱），熟食，谓黍稷也。”飧也指“便宴”及“用汤水泡饭”。

饔飧，也泛指饭食。从《孟子·滕文公上》中首次出现该词之后，该词被一直沿用到近代。如清孙枝蔚《追挽徐镜如》：“秋风吹黄叶，萧萧下柴门。中有机杼声，恃此备饔飧。”还有“饔飧不给”“饔飧不继”等词语，也都见诸近代作品。这可能给人造成我国自古到今都是一日两餐的错觉。而实际上，一日三餐的习惯古时已经存在。上引《燕丹子》是魏晋时期的作品。又如唐白居易《府西池北新葺水斋，即事招宾，偶题十六韵》：“午茶能散睡，卯酒善销愁。”午茶，午饭后喝的茶水。白居易《咏闲》：“朝眠因客起，午饭伴僧斋。”又其《夏日闲放》：“午餐何所有？鱼肉一两味。”宋陆游《光福塘上》：“指点炊烟隔莽苍，午餐应可寄前庄。”由此可知，“午茶”“午饭”“午餐”至迟在唐宋时代即已出现。

餔，一指“吃”，如《楚辞·渔父》：“众人皆醉，何不餔其糟而啜其醨？”一指“晚饭”，如《说文》：“餔，日加申时食也。”申时，即午后三时至五时。这是古人吃第二顿饭的时间。

顺带说一下“飱”字。古人往往混用此字，缺乏规范。首先，它是“餐”的异体字。《尔雅·释言》：“粲，餐也。”唐陆德明释文：餐，《字林》作飱，云“吞食”。但它又用作“飧”。《古今韵会举要·魂韵》：“飧，《说文》：‘餔也。’谓餔时食也。本从夕食。言人旦则食饭，夕则食飧，飧为饭别名。当作飧，今文作飱。”指明了“飱”是“飧”不够规范的替用。又因“飱”是“餐”的异体，“飱”“飧”常混用，故“餐”也被借作“飧”字使用。《韩非子·外储说左下》：“晋文公出亡，箕郑挈壶餐而从。”王先慎集解：“餐”，《御览》八百五十引作“飱”，四百二十六、二百六十六引作“飧”。对于此类混用，我们阅读文献时应当加以梳理。

六、服饰

服饰是人类物质和精神生活的重要表现。它除了具有遮羞、御寒保暖等实用价值之外，还具有观赏和美化生活的作用，并且反映了不同时期社会观念与人们心态的差异。服饰经历了上古“未有丝麻，衣其羽皮”到后世“治其丝麻，以为布帛”的发展过程，品类越加丰富，人们对其审美要求也越来越高。早在先秦时期，服饰就有等级、地域等差异。如周王在不同场合需穿不同服装，而且有司服官为其专门打理。贵族如不按规定穿戴服饰，就有杀身之祸。据《左传》记载，子臧就曾因误戴鹬冠而为郑君所杀。《史记·商君列传》记载，商鞅规定：“明尊卑爵秩等级，各以差次名田宅，臣妾衣服以家次。”

（一）服

服，最早并不表示服饰义，而是与舟有关。其古文字形体，甲骨文作，金文作，小篆作。《说文》：“服，用也。一曰车右騑，所以舟旋。从舟，𠬝声。”许慎认为“服”表示“使用”义。另一义指

车右边的骓马，即用来向右边周旋的马。”李孝定《甲骨文字集释》批评其以服马周旋比附从舟之义，但未对“服”的构意做出解释。也有人认为“服”的甲骨文字形像人用一只手按住另一人的头部令其服从。王文耀《简明金文词典》：“像屈体在人手下服事，或在人指使下从事某种活动。因而有事、职等义。”[①]笔者以为此中的“舟”并非舟船，而是某种器具，如酒器。宋苏轼《次韵赵景贶督两欧阳诗破陈酒戒》：“明当罚二子，已洗两玉舟。”则“服”似像人在主人监督下收拾器物之形。

“服”的本义，辞书表述为“从事；做”。从古文字字形分析，这是可信的。如《尚书·盘庚上》：“若农服田力穑，乃亦有秋。”服田，在田野劳作；力穑，努力收获庄稼。这样才会有秋天的好收成。《韩非子·五蠹》：“是故服事者简其业，而游学者日众。”因此从事耕战的人荒废了自己的事业，而游侠和儒生却一天天多了起来。此类合成词也不少，如“服役”，指服劳役或服兵役；“服事”，指承担公职或服力役；“服劳”，指服事效劳；“服务”，指为社会或他人利益办事，等等。

在社会生活中，人们需要承担的事务浩如烟海，不计其数，如服田、服役、服侍等。同样，役使牛马驾车也是一项常见的事务。因此，“驾，驾车”就成了“服”的一个义项。《战国策·楚策四》：“夫骥之齿至矣，服盐车而上太行。”《吕氏春秋·慎大》：“马弗复乘，牛弗复服。”古人习惯上称牛车为“大车”，用于运货，马车为“轻车”，用于乘坐。《周易·系辞下》：“服牛乘马，引重致

---

① 王文耀：《简明金文词典》，上海辞书出版社1998年版，第208页。

清代石青缎地龙纹朝服

远，以利天下。”服牛乘马，即役使牛马驾车。“服”也指驾车的马，通常为两匹，即左服、右服。

工具、兵器、车马是供人们役使、使用的对象，同理，衣裳、佩饰品也是供人们支配和使用的对象。由此，“服”又引申出“穿戴；佩戴”义。此义在先秦时已经产生。《韩非子·外储说左上》：“齐桓公好服紫，一国尽服紫。”此指穿戴。《荀子·劝学》：“兰槐之根是为芷，其渐之滫，君子不近，庶人不服。”此指佩戴。“服”可由动词转用为名词，于是“穿戴；佩戴”的对象物也随之称“服”。屈原《九章·涉江》：“余幼好此奇服兮，年既老而不衰。”此指服装。服装的种类丰富多彩，如春服、初服，以及礼服、朝服、丧服、孝服、制服、军服、首服等。《史记·孔子世家》：“孔子葬鲁城北泗上，弟子皆服三年。”有人释“服”为穿丧服。不过对此也有异说，如《孟子·滕文公上》“昔者孔子没，三年之外，门人治任将归”，王力注：“上古时代，弟子为老师服心丧三年（哀痛与丧父相仿，但不服丧服，所以称心丧）。”

“服饰”一词，本指玉器的彩色衬垫，后转指衣服和装饰。《周礼·春官·典瑞》：“辨其名物，与其用事，设其服饰。”《汉书·张放传》：“上为放供张，赐甲第，充以乘舆服饰。”文献记载，服饰具有保护、装饰及社会性功能。其基本构成，一是衣着，包括上下衣、鞋帽等；二是附属装饰品，如簪、钗、耳环、手镯等；三是人体自身装饰，如发式、画眉等；四是带有装饰性的工具、武器（如佩刀）、日用品。相关的合成词也很多。如官员品服和吏民衣着的颜色叫“服色”，衣服、器物称“服物”，衣着和食物合称“服食”，服色的品级叫“服秩”等。《晋书·职官志》：“仆射，服秩印绶与令同。”

（二）饰

饰，繁体作“飾”。小篆作。《说文》：“饰，刷也。从巾，从人，食声。读若式。一曰襐饰。”许慎认为“饰”义指“刷拭”。襐饰，指首饰，是另一种意义。段玉裁注：“拭物者巾也，用巾者人也。”“饰”的甲骨文构形为人持巾状，表示刷拭。故“饰”的本义是“刷拭”。《周礼·地官·封人》：“凡祭祀，饰其牛牲。”郑玄注：“饰，谓刷治洁清之也。”古人十分重视对神灵和祖宗的祭祀活动，并强调祭品的丰盛洁净，因此举行祭祀前，要对牲体加以刷洗，确保其清爽洁净。《周礼·夏官·羊人》中有“凡祭祀，饰羔”之语，指刷拭祭祀所用的羊羔，使之清洁。《汉书·贾谊传》：“古者大臣有坐不廉而废者，不谓不廉，曰：‘簠簋不饰。’”簠簋不饰，是对做官不廉正者的一种婉转的讥讽说法。不饰，不整饬刷洗。

刷拭是对对象物外表的简单处理，目的在于美化其形象，而对对

簪花仕女图

象物做进一步的美化加工，就是“修饰；装饰”。这成了“饰”的重要引申义。《国语·越语上》：“越人饰美女八人，纳之太宰嚭。”此言越王勾践把八个美女装饰得漂漂亮亮，贿赂吴国太宰嚭。“修饰；装饰”义的合成词从侧面展示了古人对事物的美饰功能，如“饰面”指装饰容貌，“饰画”指装饰描画，“饰装”指装饰打扮，“饰兵”指精美的兵器，“饰器”指装饰有图案花纹的武器铠甲。古人重视丧葬，对死者的棺木及载柩之车，亦按逝者的身份等级以不同的织物装饰覆盖，称为“饰棺”。

被修饰、装饰的东西即“饰物；饰品”，简称“饰”，合成词有“饰玩”“饰物”等。《后汉书·皇后纪上》：“高祖帷薄不修，孝文衽席无辩，然而选纳尚简，饰玩少华。”首饰，古称襐饰，泛指饰首之物。今人所说的首饰为妇女专用，如项链、手镯、戒指。而古人所谓首饰，包括冠、冕、弁、帻、簪、缨、笄、瑱之属，凡是可以加于首者，都称之为首饰，词义范围比今天广泛。出土资料表明，早在新石器时代，古人已有佩戴陶镯、雕花骨珠的习俗。古人也称宝物为“饰”。《管子·山权数》：“万乘之国，不可以无万金之蓄饰；千乘之国，不可以无千金之蓄饰；百乘之国，不可以无百金之蓄饰。”《史记·平准书》：“珠、玉、龟、贝、银、锡之属，为器饰宝藏。”《汉语大词典》还认为“饰”有“服饰”义，笔者赞同此说。《左传·昭公十二年》：“黄，中之色也；裳，下之饰也……中不忠，不得其色；下不共，不得其饰。”杨伯峻注：“古代男子着裳，犹今之裙。”很明显，裳就是一种服饰。

“修饰；装饰”是对事物的美化，表示的是正面、肯定的意义。另一方面，“饰”也可以用为否定和贬斥义，即表示“粉饰；伪装”。《管子·立政》：“谄谀饰过之说胜，则巧佞者用。”谄谀饰过，即逢迎拍马、文过饰非。历史上不乏这一类的人和事，如战国纵横家张仪、唐代宗室李林甫、清代宦官李莲英之流。反映此类现象的词语也屡见不鲜，如矫饰自己的行为称“饰行”。《韩非子·二柄》：“故人主好贤，则群臣饰行以要君欲。”修饰言辞，花言巧语，叫“饰声”。《韩非子·有度》：“上用耳，则下饰声。”王焕镳注：“犹言为巧言，使人主听不出真情。”装假作伪，叫“饰伪”。粉饰巧言，说虚浮不实的话，叫“饰辩”。此外，“饰非”“饰非文过”“饰非掩过”都指掩盖过失和错误，“饰非拒谏”则指粉饰错误，拒绝规劝。

（三）衣

衣，甲骨文作，金文作，小篆作。《说文》：“衣，依也。上曰衣，下曰裳。”许慎认为，衣是人们赖以遮蔽身体之物。人们上身穿的叫衣，下身穿的叫裳。从古文字构形看，“衣”字上面像曲领，左右像衣袖，中间像衣襟。罗振玉《增订殷虚书契考释》也说“像左右襟衽掩覆之形。”“衣”的本义，辞书界定为“上衣”，这符合古代文献实际。《诗·邶风·绿衣》：“绿兮衣兮，绿衣黄裳。”此言丈夫追悼亡妻，深情地忆起她生前的衣着，上为绿衣，下为黄裳，仿佛还在眼前飘动。汉扬雄《法言·修身》：“惜乎衣未成

汉素纱禅衣

而转为裳也。”可见衣、裳之分很明确。

衣是供人穿的，所以转移产生动词义“穿”，此“衣”读去声。《庄子·盗跖》：“不耕而食，不织而衣。”《论语·子罕》：“衣敝缊袍，与衣狐貉者立，而不耻者，其由也与？”

夏商周时期，华夏人的上衣多为衣襟从左往右掩状，可能是为了方便右手操作的缘故，此称为“右衽”。古人还认为，“人活着的时候要用右手解衣带；人死之后则衣襟改为左侧，表示不再解带。华夏族人右衽的习俗是为当时的社会观念所支配的”[①]。衣的外面有带系于腰间，贵族在腰带上方还佩带一个斧形装饰叫“黼”或“韦韠”。衣领和衽的边缘部分还绘有花边。袖口部分叫“袂”。孔子主张“短右袂”，可能是出于便于操作的实用目的。

① 晁福林：《先秦民俗史》，上海人民出版社2001年版，第27页。

早在先秦时期，“衣”的引申义即已得到运用。其一指“下裳”。《尔雅·释水》：“以衣涉水为厉。”郭璞注：“衣，裈也。”裈，段玉裁注：“今之套裤，古之绔也；今之满裆裤，古之裈也。”裈、裤、绔，尽管名称不同，但所指都是下衣，即“下裳”。《诗·桧风·素冠》：“庶见素衣兮，我心伤悲兮。”郑玄笺：“此言素衣者，谓素裳也。”其二指“服装的通称”，即上衣、下衣都包括其中。《诗·秦风·无衣》：“岂曰无衣，与子同袍。”《礼记·儒行》：“易衣而出，并日而食。”

衣是覆盖在人体上、用以蔽体御寒之物，但人们的认识并不局限于此，而是根据这一特点，扩大引申指类似之物。如包裹或蒙覆在人身、器物或食物上的东西。今所称帽子，古称“头衣”；今所称袜子，古称“足衣”；今所称面罩，古称“面衣”。宋高承《事物纪原》：“又有面衣，前后全用紫罗为幅，下垂，杂他色为四带，垂于背，为女子远行、乘马之用。亦曰面帽。”器物的外罩称“衣”，如书籍的外套，今称书皮，古称“帙”或“书衣”；盛弓箭的皮袋，古称“橐”或“甲衣”。食物或水果的皮，古人也称“衣”。北魏贾思勰《齐民要术·笨麴并酒》：“三七日麴成，打破，看饼内干燥、五色衣成，便出曝之。”胎盘和胎膜又叫“胎衣”。此外，古人也借“衣”来比喻鸟或昆虫的翅膀，如唐韩偓《鹊》“偏承雨露润毛衣，黑白分明众所知”，显示出古人丰富的想象力。

（四）装

装，小篆作裝。其本义并不表示服饰。《说文》：“装，裹也。从衣，壮声。”其本义是“行装；包裹”。《战国策·齐策四》：“于是约车治装，载券契而行。”此言冯谖套上马车并收拾行装，带上借券赶往薛地。《史记·郦生陆贾列传》：“赐陆生橐中装直千金。”张晏注：“装，裹也。”此言南越王尉赠送陆贾礼物，包裹里的珠宝价值千金。此义还可引申为动词义的“包裹；裹束”。唐韩愈《咏雪赠张籍》：“城寒装睥睨，树冻裹莓苔。”“装”“裹”相对，都表示“裹束”。

“装”表示“衣服，服装”义，汉代后始有记载。《后汉书·文苑列传》：“吏诃之曰：‘鼓史何不改装而轻敢进乎？’”改装，改换服装，或曰改变装束。东汉傅毅《舞赋》：“顾形影，自整装，顺微风，挥若芳。”李善注：“装，服也。”整装，整理服装。唐诗中多有描写服装的诗句。如薛能《柘枝词》“归来人不识，帝里独戎装”，写出了男儿豪迈的气势；张说《苏摩遮》“绣装帕额宝花冠，夷歌骑舞借人看”，描绘了女子歌舞的风姿。此外还有晨装、晓装、轻装、仙装、戎装、严装等词语，有些至今仍在使用。今人也有“红装素裹，分外妖娆”“不爱红装爱武装”等名句。服装是区分职业、身份、地位等的重要标志，如军装、戏装、学生装、西装、中装、便装、夏装、冬装、上装、短装等。有时“装”的所指范围更为宽泛，指“衣物”而不限于服装。《汉书·爰盎传》：“乃悉以其装赍，买二石醇醪。”颜师古注：“装赍，谓所赍衣物自随者也。”赍，携带。装赍，随身携带的衣物。

“装”具有一系列的动词义，从中不难看出它们与“衣服；服装”义的引申脉络。“衣服；服装”是人们遮体御寒的物质载体，但其必须施于人身，才能达到遮体御寒的目的。这样，“服”就产生了“装饰；打扮”义。战国宋玉《登徒子好色赋》：“体美容冶，不待

年画：不爱红装爱武装

饰装。”饰装，即装饰打扮。唐杜甫《蕃剑》：“致此自僻远，又非珠玉装。”这个意义又写作“妆”。往对立面引申，过分的打扮就会有作假的嫌疑，故“装”引申出“假装；扮演”义。这是一个晚起义。宋孙光宪《北梦琐言》卷六：“一旦顿作诗五十首，装为方干新制，时辈吟赏降仰。”明冯梦龙《喻世明言》卷二：“原来这贩布的客人，正是陈御史装的。”今人尚有“装虚作假”“装模作样”“装葱卖蒜”“装神弄鬼”“装疯卖傻”等词语。直观地看，人是被服装所“包围”的；就服装而言，人则是它的载入物。从这样的角度观察，下面的词义就不难理解了：一是“装载”义，如《晋书·戴若思传》：“（戴）遇陆机赴洛，船装甚盛，遂与其徒掠之。”二是“藏入；插入”义，如南朝齐孔稚珪《北山移文》：“敲扑喧嚣犯其虑，牒诉倥偬装其怀。”

（五）冠

冠，小篆作。《说文》：“冠，豢也。所以豢发，弁冕之总名也。从冂，从元，元亦声。冠有法制，从寸。”冠是用来束发之物，古代又称“首服”“头衣”。冠、弁、冕三者形式各异并各有其使

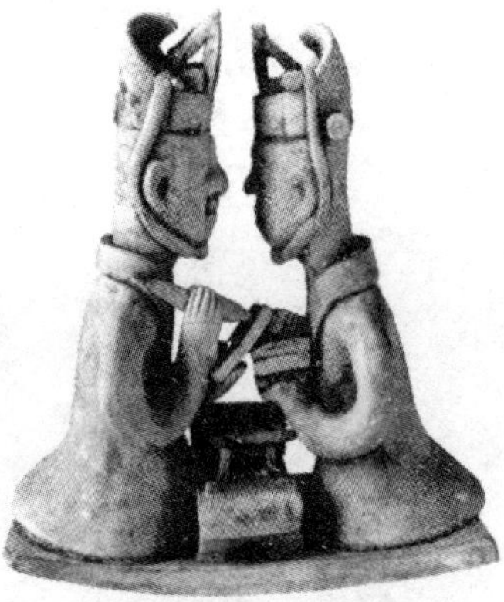
湖南出土晋代进贤冠陶俑

用对象，其中冠是古代帽子的总称。“冠”字的构形，“象手持冖（miǎn，指帽子）加元之上。元，首也”。冠是一个人身份地位的重要标志，戴冠具有尊卑法制，所以从“寸”。段玉裁注：“古凡法度之字多从寸者。”如表示分封诸侯臣下的“封”，表示官舍、官署的“寺”，表示奏对、对策的“对”，其法度分寸之义，不言自明。

“冠”的本义是“帽子的总称”（《汉语大字典》），或曰“古代的一种帽子”（《王力古汉语字典》）。笔者参照《说文》，同意前一种说法。再者，冠有许多不同类型，说“一种帽子”也似不够严谨。《诗·桧风·素冠》：“庶见素冠兮，棘人栾栾兮。”此言那居丧者头戴白冠，身体瘦瘠，是个遵守古礼的孝子。《论语·乡党》：“羔裘玄冠不以吊。”羔裘、玄冠都是黑色的，古代都用作吉服。丧事是凶事，性质截然相反，因而不能穿戴它们去吊丧。冠作为服饰，具有礼仪、政治、职业、审美等多方面功能，其尊卑等级分明。清桂馥《说文解字义证》引《尉缭子》云：天子玄冠玄缨，诸侯素冠素缨，大夫以下，练（白绢）冠练缨。此外，冠有皇冠、王冠、通天冠、进贤冠、獬豸冠、远游冠等许多种，名目和形制十分复杂，且历代都有所变化。

冠也指形状像帽子或处在顶端的东西。如鸡冠、花冠、树冠。《墨子·备城门》：“城上二步一渠，渠立程，丈三尺，冠长十尺，辟长六尺。”岑仲勉注：“程者，直立之杠。冠即渠顶。”此指顶端之物。《后汉书·舆服志下》：“见鸟兽有冠角髯胡之制，遂作冠冕缨蕤，以为首饰。”南朝陈徐陵《斗鸡诗》：“花冠已冲力，芥爪复惊媒。”此指形状像帽子之物。顶端之物也罢，形状像帽子之物也罢，都是由于形貌相似而产生的对于“冠”的仿拟式引申。

以上义项，“冠”读阴平声调。而读为去声时，“冠”具有以下义项。一指“冠礼”。古代男子到成人时要举行加冠礼。《礼记·曲礼上》：“男子二十冠而字。”郑玄注：“成人矣，敬其名。”杨宽《冠礼新探》认为，氏族社会男女青年到达成熟期，必须参加“成丁礼”才能成为氏族公社的正式成员。这种“成丁礼”后来演变为冠礼。冠礼在宗庙举行，由父或兄主持，且事先要用蓍草占卜，选定加冠的吉日。冠礼进行时，来宾要给冠者加冠三次，每次都要致辞表示祝福。二指“覆盖”。这显然是从“象手持冖加元之上”扩大引申而来的，故段玉裁注：“冠，引申为凡覆盖之称。”如张衡《东京赋》：“乃构阿房，起甘泉，结云阁，冠南山。”薛综注：“冠，覆也。”南朝宋谢瞻《九日从宋公戏马台集送孔令诗》：“轻霞冠秋日，迅商薄清穹。”此外，“冠”也具有“为首的；位居第一的”之义，这是因为，冠居于人首之上、人体顶端部位，古人称之为“首服”“头衣”，故通过仿拟引申出上述意义。《史记·魏其武安侯列传》：“身荷戟，驰入不测之吴军，身被数十创，名冠三军。”

（六）佩

佩，《说文》：“大带佩也。从人，从凡，从巾。佩必有巾，巾谓之饰。”此言佩指系在大衣带上佩玉之类的装饰品。段玉裁注：

“从人者，人所以利用也。从凡者，所谓无所不佩也。从巾者，其一耑（端）也。”作为会意字，“佩”应指人所佩带的巾、玉之类的装饰物。从古至今，佩都是人们用来美饰自己或表达心志的物质载体，通常系在衣带上，常见类别有珠玉、容刀、帨巾等。由此义引申为动词，表示“佩带；佩挂”义。《左传·昭公四年》：“公与之环而佩之矣。”此指鲁昭公赐臣下玉环让其佩带。《论语·乡党》：“去丧，无所不佩。”此言在丧期已满脱去丧服之后，人们的佩饰物就没有任何限制了。换言之，服丧期间一般是不许佩带饰物的。由“佩带；佩挂”义向前引申，顺理产生出“承受；担负”义。《新唐书·李晟传赞》：“（晟）身佩安危而气不少衰者，徒以忠谊感人，故豪英乐为之死耳。”此言西平郡王李晟率领神策军多次抗击吐蕃和叛将，作为著名将领，他曾承受多次生死考验。此外，“佩”还具有“环绕”“遵循”“铭记”“钦佩”等引申义。有趣的是，双音词“佩服”与“佩”用作动词时的引申脉络十分相似，它既有“佩带；佩挂”“遵循”义，也有“铭记”“钦佩”等意义。

佩饰物的象征意义是相当明显的。如：

（一）佩香。佩戴香草作饰物，表示立身高洁。《楚辞·离骚》：“扈江离与辟芷兮，纫秋兰以为佩。”唐韩愈、孟郊《遣兴联句》：“朗鉴谅不远，佩兰永芬芳。”都表现了诗人立志高远及出淤泥而不染的高尚情怀。也有佩带香囊的。如《楚辞·离骚》：“椒专佞以慢慆兮，榝又欲充夫佩帏。”王逸注：“帏，盛香之囊，比喻亲近。”此指志趣高洁者与香亲密无间。古人或金玉镶孔，内装香块以供佩带。宋蔡絛《铁围山丛谈》卷五：“（龙涎香）其模制甚大而质古……金玉穴，而以青丝贯之，佩于颈，时于衣领间摩挲以相示，坐此遂作佩香焉。”

（二）佩玉。玉是晶莹、温润、高洁、珍贵的美石，所以古代贵族雅士常以玉为佩饰，以玉比德。《礼记·玉藻》：“君子在车，则闻鸾和之声，行则鸣佩玉。”又：“古之君子必佩玉。”佩玉成为身份地位及人品操守的一种标志，因此君子无故玉不去身。佩璲，也指佩带宝玉为饰物。《诗·小雅·大东》：“鞙鞙佩璲，不以其长。”郑玄笺：“佩璲者，以瑞玉为佩。”有缺口的环形玉名“玦”，古人有佩玦者。《庄子·田子方》：“缓佩玦者，事至而断。”这应是性格犹豫、不善决断的人督促、提醒自己的一种方式。但有时也可用于对人，如《鸿门宴》上范增曾“举所佩玉玦以示之者三”，则是在督促项羽早下决断，及时除掉刘邦。

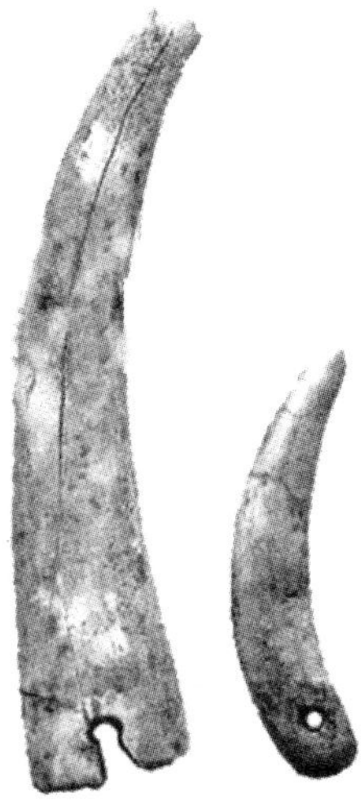

新泰城出土骨佩觿两件

（三）佩韦，佩弦。韦是熟皮，皮性柔韧，性子急躁者常借佩韦提醒自己。弦，弓弦，弦常紧绷，性情迟缓的人常佩弦以提醒自己。《韩非子·观行》：“西门豹之性急，故佩韦以自缓；董安于之心缓，故佩弦以自急。”

此外，还有佩觿。觿是象牙骨制成的用来解结的锥子，也可作为饰物。《诗·卫风·芄兰》：“芄兰之支，童子佩觿。”猳（豭），公猪。古人有佩带公猪状的饰物以示勇敢者，子路就是一个典型。《史记·仲尼弟子传》：“子路性鄙，好勇力，志伉直，冠雄鸡，佩猳豚。”可见子路个性刚毅率直。佩巾，是古代女子外出时系在腰左的拭巾。佩刀，是古代男子佩在腰间的刀，以示威武，必要时可用于自卫或进攻。还有佩鱼、佩紫、佩章等，都是古代官员显示身份级别的标志，兹不详述。

（七）巾

巾，象形字。《说文》："巾，佩巾也。"林义光《文源》："象佩巾垂形。"巾是供擦拭、覆盖、包裹、佩带等使用的一方布帛。古代的巾可分为两种，一是用来覆物或拭手。据传说，"王莽篡汉，汉王闳伏地而泣，元后亲以手巾拭其泪。巾虽始于三代，而手巾之名，实始于汉，今称曰帨是也"[①]。二是戴在头上，用作头巾。也可裹足。《急就篇》卷二："靸、鞮、印角、褐、袜、巾。"颜师古注："巾者，一幅之巾，所以裹头也。一曰裹足之巾，若今人裹足布也。"庶人裹头之巾也可用来擦汗。其实不仅庶人佩巾，士子也可佩巾，甚至三国时著名将帅袁绍、崔豹等，也以佩巾为儒雅。巾名目繁多，如四带巾、唐巾、东坡巾等。裹头的巾，后演变成冠的一种，也称"巾"。由"巾"的作用引申其出动词义："包裹；覆盖"。《礼记·曲礼上》："为天子削瓜者副之，巾以絺。""巾"也指"给车子装上帷幕"。晋潘尼《赠陆机出为吴王郎中令》："我车既巾，我马既秣，星陈夙驾，载脂载辖。""巾"还是"巾箱"的简称。南朝宋谢庄《宋孝武宣贵妃诔》："巾见余轴，匣有遗弦。"以上是"巾"的主要义项。

---

① 杨金鼎：《中国文化史词典》，转引自高承《事物纪原》，浙江古籍出版社1987年版，第166页。

观察由“巾”参与构成的合成词，我们可以发现以下文化现象：

头巾

（一）自汉代以后巾的使用者不再局限于庶人平民，一般士人以至上层人士都有了佩巾的习惯，因此“巾”与相关的事物配合，成为士大夫的象征。如士大夫的装束“巾衣”，是一种社交礼服。《资治通鉴·晋武帝太康十年》：“庞谒见何龛，以士大夫礼，巾衣到门。”胡三省注：“魏晋间，士大夫谒见尊贵，以巾褠为礼。褠，单衣也。”“巾服”，头巾和长衣，泛指士大夫的服饰。《宋史·仪卫志六》：“六引内巾服之制：清道官，服武弁、绯绣衫、革带。”“巾韝”，头巾和单衣，指古代士人的盛装。《宋书·毛脩之传》：“吾昔在南，殷尚幼少。我得归罪之日，便应巾韝到门邪！”与此相对，由于“褐”是庶人贫民的衣着，与“巾”配合而成的“巾褐”就指平民的服装，而与士大夫无涉。

（二）古代妇女的头巾和发饰合称“巾帼”。《晋书·宣帝纪》：“（诸葛）亮数挑战，帝（司马懿）不出，因遗帝巾帼妇人之饰。”后世遂以“巾帼”作为妇女的代称，以赞扬其具有丈夫气概，如“巾帼英雄”“巾帼须眉”。手巾也称“帨”，如古代有女子出嫁时母亲为嫁女结帨的习俗。故合成词“巾帨”通常也是女子的用品。金刘迎《盘山招隐图》：“大妇侍巾帨，中妇供庖厨。”

（三）古代起初用于放置头巾，后来又多用于存放书卷、文件等物品的小箱子，叫“巾箱”。《太平御览》卷七一一引《汉武内传》：“武帝见西王母巾箱中有一卷书。”“巾箱”也是“巾箱本”的省称，指小版本的古书。因其形制较小，可放置在巾箱中，便于携带，故有此称。“巾箱”也转指学问著述，如陆游《冬夜读书》：“小儿可付巾箱业，未用逢人叹不遭。”

（八）带

“带”是个常见的事物，可分为多种类型。那么，古人是从什么角度为之命名的呢？《说文》：“带，绅也。男子鞶带，妇人带丝。象系佩之形。佩必有巾，从巾。”由此可知，古人所说的“带”是指大的衣带，即束身的腰带，通常男子系皮革制的衣带，女子系丝带。

古代平民的腰带多用熟牛皮制成，称为“韦带”，因此“布衣韦带”成为平民的代称。而贵族官吏则是宽衣博带，质地优良。古代“服皆有带”，“带”被视为服饰的重要组成部分，而且尊卑有别，不能混用。五代马编《中华古今注》：“腰带，盖古革带也，自三代以来，降至秦汉，自天子至庶人皆服之，而贵贱通以铜为銙（今按：即带的扣合处），以金为鞓（今按：指腰带的带身）。沿至贞观二年，三品以上以金为銙，六品以上以犀为銙，九品以上以银为銙，庶人以铁为銙。”[①]可谓等级森严。不过其金、银、铁只是装饰，并非通体皆是。此外，古人上朝时所系之朝带，亦有金、银、玉、犀等不同类别。从这个角度看，《汉语大词典》中对“带”所下的定义较其他辞书更为全面：“用以约束衣服的狭长而扁平形状的物品。古代多用皮革、金玉、犀角或丝织物制成。”

---

① 杨金鼎：《中国文化史词典》，浙江古籍出版社1987年版，第164页。

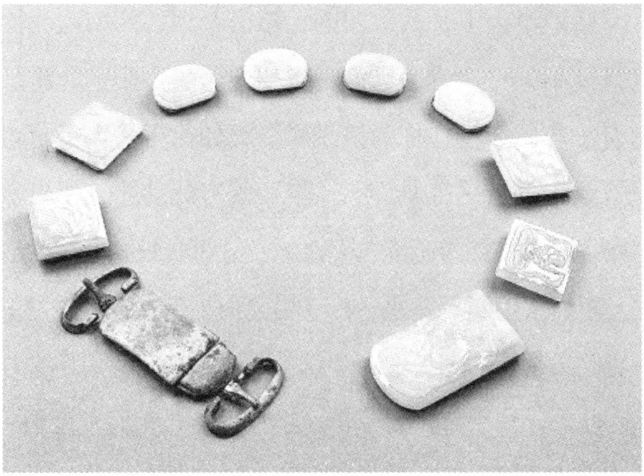

唐代乐舞人物纹白玉带銙

由狭长而扁平的形貌特征生发开来，“带”由束身的腰带又扩大引申出各种带子，如海带、履带、磁带、光带、录音带，等等，甚至河流也被人们称为带。陆游《雨中登安福寺塔》：“更思驻潼关，黄河看如带。”我国与日本水域相接，被称为“一衣带水”。此外，蛇也被形容成带。《庄子·齐物论》：“蝍蛆甘带，鸱鸦耆鼠。”陆德明释文：“带，如字。崔云：蛇也。司马云：小蛇也，蝍蛆好食其眼。”用作捆系物体的条状物也称为“带”，如鞋带、袜带、尼龙带。甚至人们指某个地区、地段时也称为“带”。辛弃疾《菩萨蛮》：“阑干闲倚处，一带山无数。”此指山脉连绵，活像一条长长的带子，展现了词人丰富的想象力。

“带”是用来束腰、系物的，故产生了一系列动词义。如“系束；捆缚”义。刘向《新序·杂事五》：“昔者，楚丘先生行年七十，披裘带索，往见孟尝君。”“带”既用以束身系物，自然要绕着身体或物体转上一圈，于是便引申出“环绕”之义。《战国策·楚策一》：“秦地半天下，兵敌四国，被山带河，四塞以为固。”王昌龄《九日登高》：“青山远近带皇州，霁景重阳上北楼。”古人腰带上常有一些佩饰物，称为“带佩”，如徐干《中论·修本》：“上悬乎冠緌，下系乎带佩。”“带”既有此功能，便自然引申出“悬挂；佩带”义。如《楚辞·涉江》：“带长铗之陆离兮，冠切云之崔嵬。”李贺《南园》诗之一：“男儿何不带吴钩，收取关山五十州？”而与此义相近的“披戴”“携带”“带引”等引申义，也就相继产生了。此外，由于金带、玉带、银带等与显贵们直接相关，因此“带冕”（大带和冠冕）、“带金佩紫”（佩带金印紫绶）就表示高官尊位。

表示带子，还有“绅”“绶”等词语，兹简要介绍。绅，是士大夫束在衣服外面的大带，又特指束余下垂的部分。因其也是大带，与“带”相似，所以《说文》以“带，绅也”作释。古代臣下朝见国君，常手持笏板奏事。出入宫廷时将笏板插入绅带间，由此生发出“搢绅”“缙绅”“荐绅”等词以示仕宦。绶，指印纽的丝带。古人凭颜色、长短及绪头多少的不同区分绶带，将官印与绶带同时颁发，通称“印绶”或“玺绶”。佩带时，绶挂于右腰一侧，有的拖于地，有的打成一个回环。

（九）裤

“裤”是个出现较晚的字，不见于古辞书、字书和韵书。《中华大字典》：“裤，绔俗字。”明清小说有其用例，如《红楼梦》第六十五回：“底下绛裤红鞋，鲜艳夺目。”裤的门类众多，如长裤、短裤、棉裤、单裤、开裆裤，等等。

沂南汉墓画像石着裤人像图

裤的演进经历了一个长期的过程。其最早叫“绔”，意思是“套裤”。《说文》：“绔，胫衣也。”段玉裁注：“今所谓套袴也。左右各一，分衣两胫，古之所谓绔，亦谓之褰，亦谓之襗。”高承《事物纪原》引《实录》云：“上古食肉衣皮，遂以为袴名袴褶；今武士大口袴褶，是魏文上马袴也。”这就是说，先秦时期的“袴”或“绔”，指的是“胫衣”，即套在两腿上起御寒作用的“套裤”或“护腿”，古人又叫“褰”或“襗”。如《左传·昭公二十五年》：“公在乾侯，微褰与襦。”杜预注：“褰，袴。”《说文》：“襗，绔也。”段玉裁注：“绔者，胫衣也。”

有裆的裤子出现于何时？高承《事物纪原》和王三聘《古今事物考》都提到了著名的“赵氏孤儿”的故事：“屠岸贾灭赵氏，赵朔之妻有遗腹，生男，贾索之，夫人置其袴中。其称始见诸此。”（《古今事物考》将“赵朔之妻”误作“赵妻朔”）。《史记·赵世家》又载：“居无何，而朔妇免身生男，屠岸贾闻之，索于宫中，夫人置儿绔中。”这妇人既然可以把婴儿置于绔中隐藏，可见此时的“绔”已经有裆，否则难以做到。也有人认为是从赵武灵王胡服骑射开始，绔才出现裆的。总起来看，绔而设裆应当是在先秦晚期开始的。

有裆与无裆都用“绔”或“袴”记录，毕竟容易发生混淆，为了加以区分，古人后来又另造“裈”字表示有裆的长裤。《释名·释衣服》：“裈，贯也，贯两脚，上系要（腰）中也。”另有所谓“犊鼻裈”，相当于今天的短裤。因为形似牛犊的鼻孔，故有此称（一说是围裙）。《史记·司马相如列传》：“相如身自著犊鼻裈，与保庸杂作。”西汉文学家司马相如琴挑富家卓王孙新寡的女儿卓文君，文君私奔，与相如在临邛卖酒。文君当垆，司马相如则身穿犊鼻裈与保庸一起劳作，成为汉代文坛上的一段佳话。

（十）屦（履）

“屦”与“履”在上古文献中都可以表示鞋子，区别在于出现时间的先后，作为“鞋子的总称”，屦在前，履在后，临界点在战国中晚期。

《说文》：“屦，履也。从履省，娄声。一曰鞮也。”许慎以“鞋履”义释“屦”，是从汉代人的角度所做的解释。朱骏声《说文通训定声》：“汉以前复底曰舄，单底曰屦；以后曰履，今曰鞵（鞋）。”他指出汉代前单底鞋叫“屦”，汉以后叫“履”，明清叫“鞋”，具有明确的时代划分。实际上，屦指上古时代用麻、葛编织而成的单底鞋。《诗·魏风·葛屦》：“纠纠葛屦，可以履霜。”屦一般用麻葛制成，因此在编织时要边编边砸紧，使之更加结实，就像现代编织草鞋一样，故《孟子·滕文公上》中有“捆屦织席”之说，捆即敲砸。除麻

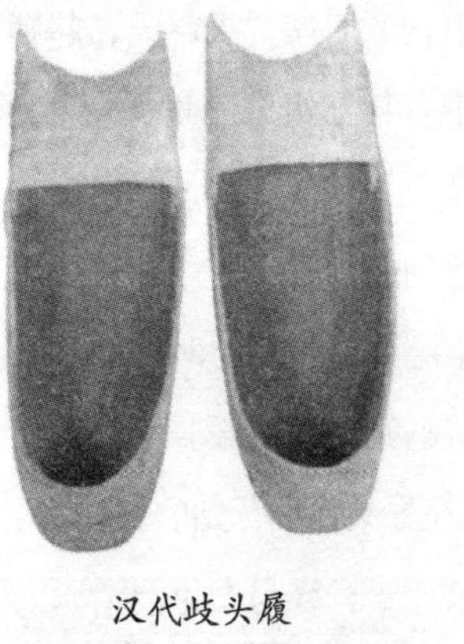

汉代歧头履

葛外，屦也有用皮或草制成的，叫“皮屦”或“草屦”。

作为鞋的总称，屦的使用期在先秦时代。后来就被“履”取而代之。这种改变，一说是从汉代开始的，如段玉裁注引晋人蔡谟之说曰：“今时所谓履者，自汉以前皆名屦。”一说是从秦代开始的，如《事物纪原》引《实录》曰：“始皇二年，始以蒲为履。”一说是从战国时代开始的，如《庄子·让王》：“原宪华冠縰履，杖藜而应门。”縰履即草鞋。《史记·留侯世家》：“孺子，下取履！”也是一个著名的例子。事物的产生需要经历一个渐进的过程，不能截然划分，但“履”表示鞋子，大约产生于战国中后期，从文献看应是可信的。

《说文》：“履，足所依也。从尸，从彳，从夂舟，象履形。”“足所依”即足所凭依之物，也就是鞋。这并不是履的本义。文献材料表明，履的本义应是“踩；踏”（见《王力古汉语字典》）。《诗·小雅·小旻》：“战战兢兢，如临深渊，如履薄冰。”《诗·小雅·生民》：“履帝武敏。”“履冰”即脚踩冰上，“履帝武敏”即脚踩帝之脚印。

古代履的形式多种多样，《说文》所收重文“頿”提供了一个文化讯息，段注：“履重首，故从页。”原来履的命名，都注重从履头的形状加以考虑。如南北朝时有“笏头履”，其前部高高耸起，像笏板之形，男履头方，女履头圆，后混同无别。唐代有“高墙履”，其前端耸起一长方

江西出土明代翘尖弓鞋

形鞋头。长沙马王堆一号汉墓曾出土一双青丝便鞋，就类似高墙履。

“屦”“履”之外，古代还有“舄”“屣”等鞋类名物。“舄”是一种重底鞋，即在单底的屦之下另加一块木板作为重底，这样便适宜走泥路、踩雪地，而不用担心鞋子会湿。据传说，古时帝王大臣穿舄，因而舄在诸鞋中地位尊贵。郑玄云：“舄止于朝觐祭祀时服之，而屦则无时不用也。”“屣”，上古指草鞋，后来也成为鞋子的泛称。“鞵”，属于“鞮”的一种，即皮制的鞋子。中古以后，“鞋”成为鞋类的总称，包括皮鞋、草鞋、芒鞋、靸鞋、木板鞋、布鞋、丝鞋，等等。

（十一）袜

袜，繁体字作“襪”“韈”“韤”。《说文》：“袜，足衣也。从韦，蔑声。”王筠《说文句读》引顾亭林曰：“古人之袜，大抵以皮为之。”“袜”的文献用例很多，如汉张衡《南都赋》：“修袖缭绕而满庭，罗袜蹑蹀而容与。”《晋书·庾峻传》：“以释之之贵，结王生之袜于朝，而其名愈重。”

袜的产生历史相当悠久。据宋高承《事物纪原》：“《文子》曰：‘文王伐崇，袜系解。’则其物已见于商代。《实录》曰：‘自三代以来有之，谓之角袜。前后两相承，中心系之以带。’洎魏文帝吴妃，乃始裁缝为之，即今样也，以绫为之。《洛神赋》‘罗袜生尘’是也。”五代马缟《中华古今注》亦云：“三代及周著角袜，以带系于踝。至魏文帝吴妃，乃改样以罗为之。后加以彩绣画，至今不易。”因袜穿着于脚底，处于人身体的末端，其地位相对较低，故《释名·释衣服》推断其语源说：“袜，末也，在脚末也。”今简化

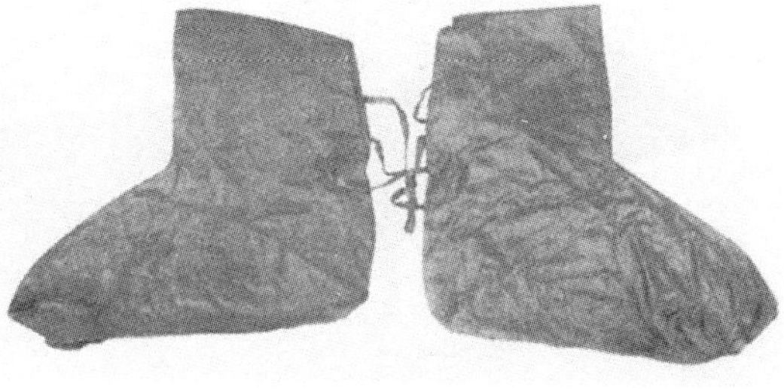

西汉绛紫绢袜

字作“袜”，可说点到了其语源。

袜的异体字具有不同的形符，显示了袜的不同质料来源。古代最早的系袜用革或韦制成。革指生的皮，韦是熟皮，所以用“韈”“韤”分别记录。后来，袜多以绫、罗为原料。因系“足衣”，所以用“襪”来记录。古代的袜需要系带子，长沙马王堆一号汉墓出土的两双短统夹绢袜的袜口附有两根带子，就是用来系缚足胫的。

按古代习俗，当人登堂入室之时，应脱袜以示礼敬。据《左传·哀公二十五年》记载，褚师声子因穿着袜子登高席，被卫出公视为大不敬，非要断其足不可。古代这种脱袜以示礼敬的习俗，直到唐代才逐渐消失。以上说法见《中国古文化词典》，但杨伯峻在《春秋左传注》中提出了自己的看法：“杜（预）注谓‘古者见君解袜’，然于古礼文及他经俱无据。阎若璩《潜邱札记》、毛奇龄《经问》俱谓燕饮则解袜，惠栋《补注》亦主此说，是也。”登堂脱袜之说，尽管传世经传中缺乏有关的记载，但相关的资料却言之凿凿，应可备为一说。

七、建筑

建筑，或曰建筑物，就现代的理解，指人工建造的、供人们进行生产、生活及其他活动的房屋或场所，如厂房、住宅、剧院、庙宇、车站、桥梁、隧道等。古代建筑则又有其特殊的门类和特色。如宫廷建筑宫、殿、阁、台、阙等，礼制建筑庙、观、寺、塔、坛、祠等，园林建筑亭、榭、廊、轩等，一般建筑堂、室、房、屋、院、楼等。随着时代的发展变迁，这些建筑名称的词义也会跟随事物的演变而发生变化。如：宫由一般房屋的通称，转指帝王的住所；殿由泛指高大的房屋，转指宫廷和寺院的主要建筑物；寺由内侍、近侍义转指官舍、官署，又转指佛教的庙宇；阁，本指门开之后插在两旁用来固定门扇的长木桩，后转指宫廷中收藏图书或表彰先贤功德的房子，又转指供人游憩眺望的楼房，等等。这些建筑物，如坛、祠、殿等表现了古人重礼崇祖的文化需求，亭、榭、阁等反映了社会方便民生的愿望，寺塔的出现则是中外文化交流的客观记录。

（一）宫

楷书“宫”字从宀从吕，宀表示房屋，吕又表示什么意思呢？

宫，甲骨文作，金文作，小篆作。关于其中的“吕”字，罗振玉《增订殷虚书契考释》认为“象此室达于彼室之状”，李孝定《甲骨文字集释》认为“象俯视之形”，也有人认为是“纽”的初文。《说文》：“宫，室也。从宀，躳（躬）省声。”尽管学者们对此说法不一，但其中“吕”字形的意义当与房屋有关。笔者倾向于罗振玉的说法。

“宫”的本义是“古代对房屋、居室的通称”。有的辞书释为“房屋的通称”，不加“古代”二字，其缺点在于忽略了词义古今的区别。《尔雅·释宫》：“宫谓之室，室谓之宫。”说明古代宫、室可以泛称。宫是房屋建筑的总称，所指范围很宽。《诗·豳风·七月》：“上入执宫功。”此言秋忙刚过，农奴就要为奴隶主修建房屋。《史记·五帝本纪》：“象乃止舜宫居，鼓其琴。”此指弟弟（象）到哥哥（舜）的房间居住。《韩非子·难二》：“景公过晏子曰：‘子宫小，近市，请徙子家豫章之圃。’”此表明晏子的私宅称“宫”。《诗·大雅·云汉》：“不殄禋祀，自郊徂宫。”此指宗庙。《诗·大雅·思齐》：“雝雝在宫，肃肃在庙。”此指学校。由此可见，古代官员和百姓的住宅及宗庙建筑等都能称“宫”，并不限于王宫。

“宫”成为“帝王的住所”，词义范围缩小，将普通建筑被排除在外，是从秦代开始的。唐陆德明《经典释文·尔雅音义》：“宫，古者贵贱同称宫，秦汉以来惟王者所居称宫焉。”唐李白《古

鸟瞰故宫

风五十九首》之二："萧萧长门宫，昔是今已非。"著名的"宫"不少，如汉代的永寿宫、未央宫、甘泉宫、玉阳宫，清代的长春宫、永和宫、延禧宫、景阳宫等。"宫"又引申指神仙的居处。清李澄中《题丁野鹤先生鱼龙卷》："细观又似蓬莱宫。"蓬莱宫是神话传说中的龙宫。

宫是一种封闭式建筑，外面有围墙包围。宫一般坐北朝南，南面宫墙正中有门，门内有院，院的北部有主要建筑，主要建筑内部分为堂、室、房等。"宫"的封闭性特点使它又转指一些相关联的事物，如牲畜的栏圈。徐珂《清稗类钞·隐逸类》："卧榻之下，牛宫鸡桀，无下足处。"也指棺材。《后汉书·显宗孝明帝纪》："太尉憙告谥南郊，司徒䜣奉安梓宫，司空鲂将校复土。"李贤注："梓宫，以梓木为棺。"古代五刑墨、劓、剕（刖）、宫、大辟（杀），宫居其一。宫刑指阉割男子生殖器，或将妇女幽闭于宫中（一说破坏女性生殖机能），原是惩办淫乱之人的刑罚，后来也施用于一般所谓"罪人"，汉代司马迁就因替李陵说了几句公道话而被处以宫刑。到了现代，“宫”又专指一些开展文化活动或娱乐活动的场所，如少年宫，民族宫，文化宫，科学宫等，它们也是具有相对封闭性特点的建筑物。

“宫”还具有一些特殊义项。一是古代音乐术语，指以宫声为主的调式，相当于西乐中的c调。也指五声音阶的第一音，相当于工尺谱中的“上”，现代简谱中的“1”。二是历法名词。周天三十度为一宫，即周天三百六十度的十二分之一。又指古代划分星空的区域。三是中医学术语，指五脏之神所在的位置。《素问·生气通天论》：“阴之所生，本在五味；阴之五宫，伤在五味。”王冰注：“阴者，五神藏也；宫者，五神之舍也。”

（二）室

古人常常“宫室”连言，表明二者关系密切，但“宫”与“室”有什么区别呢？

室，甲骨文作，金文作，小篆作。其形体构意在古文字中保持着一致性。《说文》：“室，实也。从宀，从至。至，所止也。”“实”是用声训法释义。《释名·释宫室》：“室，实也，人物实满其中也。”宀，表示房屋；至，古文字学者认为“象矢远来降至地之形”。许慎认为室是人的止息之处。

“室”的本义是“房间；内室”。有的辞书又对“宫”“室”“房”的不同作了辨析，指出：“古人房屋内部，前叫堂，堂后以墙隔开，后部中央叫室，室的东西两侧叫房。”（《辞源》）简明而言，宫是整座房子的总称，室是其中的一个居住单元，是供人居住寝卧的房间。《论语·先进》：“由也升堂矣，未入于室

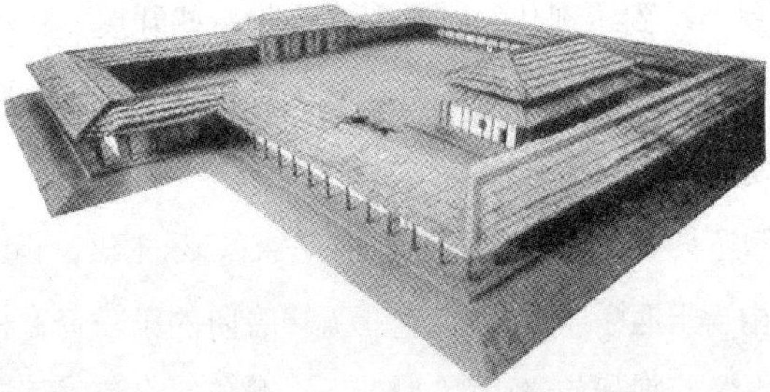

二里头宫殿复原图

也。”说明前为堂，后为室，登堂方能入室，同时又比喻子路的学术修养虽已入门，但尚未达到更高境界。室内座位的尊卑顺序以坐西向东为尊，其次为坐北向南，再次为坐南向北，末次为坐东向西。我国的宫室建筑经历了漫长的发展过程。《易周·系辞下》：“上古穴居而野处，后世圣人易之以宫室。”考古发现的河南偃师夏代二里头文化宫殿遗址中，其一号宫殿基址是一座面阔八间、进深三间的大型木构建筑。其中的房间，当与“室”密切相关。

“室”由供人居住寝卧的房间，又引申指“房屋；住宅”。《诗·小雅·斯干》：“筑室百堵，西南其户。”《后汉书·仲长统传》：“豪人之室，连栋数百。”这些例证说明古代有的房屋建筑规模相当宏大。殷商时代，室往往用作祭祀的场所，如大室、中室、南室、东室、盟室、司（祠）室、文室、新室等[1]，不仅名目众多，也是当时人们热衷神灵和祖先崇拜的反映。唐诗中提到的“室”也很多，有兰室、青室、斋室、野室、石室、禅室、玉室等，品类众多，异彩纷呈。现代常见的室，则有办公室、实验室、手术室、会客室、盥洗

① 赵诚：《甲骨文简明词典》，中华书局1988年版，第215页。

室、更衣室、教室、休息室等，反映了时代的发展进步。

室是人们的安居之所和精神港湾，每当人们在单位操劳一天，回家入室之时，顿觉温馨舒适。因此，“室”又引申出“家”之义。《左传·桓公十八年》：“女有家，男有室。”家室，既指家眷，也指家庭。《诗·周南·桃夭》：“之子于归，宜其室家。”室家，指家庭、住宅。“室”又引申出“妻子”义。《礼记·曲礼上》：“三十曰壮，有室。”郑玄注：“有室，有妻也。妻称室。”家室、室家，也都有“妻子”义。古人往往有妻有妾，有时需要加“室”字对她们予以区分。如嫡妻叫“正室”“正房”。妻子死后，所娶后配夫人叫“继室”“继配”“填房”。因为庶妻都住在室旁的房里，所以她们被称为“侧室”“偏室”“偏房”。古人称良好的环境为“芝兰之室”，有“与善人居，如入芝兰之室”之说。大量的语词表明，“室”与古人的生活就是这样难解难分。

（三）堂

堂，金文作，小篆作。其本义当指“夯土使高出地面成四方形的屋基”。《尚书·大诰》：“厥子乃弗肯堂，矧肯构？”清俞樾评议：“古人封土而高之，其形四方，即谓之堂。”《礼记·檀弓上》：“昔者，夫子言之曰：‘吾见封之若堂者矣。’”《汉语大字典》和《汉语大词典》将此义列为第一义项，当是“堂”的古义即本义。不过也有另一种看法，把“堂”解释为“有屋基的正室”。《说文》：“堂，殿也。从土，尚声。”段玉裁注：“堂之所以称殿者，正谓前有陛，四缘皆高起。”《急就篇》：“室、宅、庐、舍、楼、殿、堂。”颜师古注：“凡正室之有基者则谓之堂。”有的辞书将文

帝王宣明政教的明堂

献中的这一常见义列为“堂”字的第一义项，如“古代宫室，前为堂，后为室。堂是正厅”（《王力古汉语字典》）。《尚书·顾命》：“立于西堂。”疏引郑玄注：“序（矮墙）内半以前曰堂。”《论语·先进》：“由也升堂矣，未入于室也。”说明堂在前、室在后。

堂是宫室的主要部分之一，位于宫室主要建筑物的前部中央，坐北朝南。堂前没有门，设有两根楹柱。堂的东西两壁的墙叫序，中间为中堂，两旁为东西堂（厢）。由于当时宫室坐落于高出地面的台基之上，故堂前分设东西两个台阶，分别称为东阶、西阶。“堂的这种格局，从春秋到汉代一直没有多大改变。堂用于举行典礼、接见宾客和日常生活起居，而不用于寝卧。堂上的座位，以朝南为尊，所以古书上有‘南面’（坐北朝南）之说。”①

古代建筑种类众多，功能多样。同样名为“堂”，既可指民居的“前室；正寝”，也可指国君行礼、理政、祀神的处所，即“明堂”。《诗·桧风·羔裘》：“羔裘翱翔，狐裘在堂。”毛传：“堂，公堂也。”张衡《东京赋》：“度堂以筵，度室以几。”薛综注：“堂，明堂也。”古代官吏办事的处所也叫“堂”。汉王充《论衡·物势》：“一堂之上，必有论者；一乡之中，必有讼者。”《新唐书·百官志一》：“裴炎自侍中迁中书令，乃徙政事堂于中

① 杨金鼎：《中国文化史词典》，浙江古籍出版社1987年版，第185页。

书省。”专为从事某种活动用的房屋也称“堂”，如礼堂、食堂、课堂、灵堂、祠堂、寿堂、殿堂、育婴堂、佛堂、庵堂、教堂、礼拜堂等，表现了社会生活的方方面面，也展现了古今中外不同文化的魅力。《后汉书·显宗孝明帝纪》：“亲御讲堂，命皇太子、诸王说经。”讲堂，又叫讲经堂，是高僧讲经说法的堂舍。

堂是家庭成员会聚，举行吉凶大礼的地方。同祖的亲属也常在此见面，所以“堂”可用来指称“同祖的亲属”。如晋人称同祖兄弟为“同堂”，到了唐代省去“同”字，称“堂兄弟”。清赵翼《陔馀丛考》卷三十七：“俗以同祖之兄弟为堂兄弟。按《礼经》曰从兄弟，无堂兄弟之称也。其称盖起于晋时。”古代的“堂室”除了表示“厅堂和内室”外，还引申指“母和妻”。陆机《赴太子洗马时作诗》：“感物恋堂室，离思一何深。”人们又称母亲叫“萱堂”“北堂”，父母合称“高堂”；称妻子为“妻室”“室子”“室氏”。古代的“堂客”除表示“女客”“妇女”“特指已婚女子”外，也指“妻子”。如《儒林外史》第二十七回：“到明日，拿四样首饰来，仍旧叫我家堂客送与他。”

（四）殿

在古代文献中，“殿”可以指“击声”，可以泛指“高大的房屋”，也可以指“行军时走在最后”等，那么它的本义究竟是什么呢？

殿，小篆作，《说文》：“殿，击声也。从殳，屍（音tún）声。”从殳，表明它与兵器、军事有关。人们传统上以《说文》所释为“殿”的本义，但在现有文献中难以找到证据。段玉裁《说文解字注》：“此字本义未见，假借为宫殿字……又假借为军后曰殿。”古

书千年流传，多有散佚，故本义“击声”无考，并不奇怪。此类情况，在《说文》中也不鲜见，如“权，黄华木”“该，军中约”都是同类例子。

“殿”较早出现的一个义项是“泛指高大的房屋”。《汉书·黄霸传》：“及举孝子弟弟贞妇者为一辈，先上殿。”唐颜师古注：“古者屋之高严，通呼为殿，不必宫中也。”《说文》：“堂，殿也。”先秦时称堂不称殿，到了汉代，殿也指普通民居的堂。汉乐府《鸡鸣》“鸣声何啾啾，闻我殿东厢”即为例证。“殿”的另一个常见义项是“帝王所居及朝会之所或供奉神佛之所”。《庄子·说剑》：“庄子入殿门不趋，见王不拜。”北周庾信《秦州天水郡麦积崖佛龛铭》：“雕轮月殿，刻镜花堂。”我国目前已知最早的宫殿是夏代河南二里头宫殿遗址，它奠定了古代宫殿的基本建筑格局，如有高亢的台基，殿堂坐北朝南，有庭院和廊庑等。我国古代著名的宫殿，有汉代的椒房殿、钩弋殿、承明殿，唐代的武德殿、紫宸殿、含风殿等。现存最古老的殿是山西五台山唐代的南禅寺大殿。北京故宫有太和、中和、保和三殿，其中太和殿最为重要，它是明清两代帝王举行朝政大典的主要场所。每逢大典之日，百官咸集，香烟缭绕，钟鼓齐鸣，旌旗招展，充分彰显了帝王的无上威严。

“殿”也形成了不少合成词。如汉代后出现的“殿下”，表示不敢直呼太子、亲王，即以殿阶之下代指，以示尊敬。“殿舍”，指皇宫或佛殿。《三国志·魏书·卫臻传》：“帝方隆意于殿舍，臻数切谏。”“殿陛”，御殿前的石阶。《后汉书·百官志二》：“（羽林郎）掌宿卫侍从……本武帝以便马从猎，还宿殿陛岩下室中，故号岩郎。”“殿阁”，指殿堂楼阁。《汉书·王莽传下》：

南禅寺大殿

“夏，蝗从东方来，蜚蔽天，至长安，入未央宫，缘殿阁。”“殿试”，科举考试中的最高一级，皇帝亲临殿廷策试，也称“廷试”，始于唐武则天天授二年。宋开宝八年，太祖于讲武殿策试贡院合格举人，自此始为常制。

“行军走在最后”也是“殿”的一个义项。《广韵》：“军在前曰启，后曰殿。”《论语·雍也》：“孟之反不伐，奔而殿。”在抵御齐国的战斗中，鲁国将领孟之反的右翼军队溃退了，他走在最后，掩护全军。《后汉书·马武传》：“世祖击尤来、五幡等，败于慎水，武独殿。”马武也是这样的将领。合成词“殿兵”指“后军”；农历三月，是春季之末，故称为“殿春”；古代考核政绩或军功，下等称为“殿”，上等称为“最”，合而为“殿最”。《汉书·宣帝纪》：“丞相御史课殿最以闻。”相传隋炀帝巡游江都时，派遣一批为其大船作牵挽的船工，称为“殿脚”。一说还召集了一批青年女子牵挽龙舟，称为“殿脚女”。

（五）台

汉语中“台”与“臺”是两个关系密切的字，具体情况究竟如何呢？

先看“臺”字。小篆作。本义是“用土石砌筑成的四方形高而平的建筑物”，或“高而上平的建筑物”。《说文》：“臺，观四方而高者。从至，从之，从高省。与室屋同意。”从至，与室、屋从“至”表意相似，表示人所栖止之地。从高省，表示地势高峻的特点。从之，与从至义近，或认为是声符。臺的特点，一是高，二是臺上无顶。其上或有亭榭之类的建筑。《诗·大雅·灵臺》：“经始灵臺，经之营之。”汉司马相如《子虚赋》：“于是楚王乃登云阳之臺。”灵臺故址在西安附近，建于周代。比之更早的有商纣王时所建的鹿臺。从春秋战国到汉魏时期，筑臺之风盛行，更多地适应了君王、权贵们施政或观赏的需要。如楚灵王所建的章华臺，齐景公所建的遄臺，越王勾践所建的琅琊臺，以及汉武帝所建的柏梁臺等。

再看“台”字。金文作，小篆作。下为“口”，上为

琅琊台

“以”。《说文》：“台，说（yuè）也。”字读yí，是“怡”的本字。《史记·太史公自序》：“唐尧逊位，虞舜不台。”上古时，“台”用作疑问代词，或用为第一人称代词，如“台小子”。也有tái的读音。如“三台”，星名，古代以“三台”比喻三公，因而以“台”表示敬称，如兄台、台启、台照等。这些用法，不能写作“臺”。

词义往往朝着与本义相似的方向作类比式引申。“臺”本指高而上平的建筑物，转而指称“像臺状的事物”。唐韩偓《席上有赠》：“莫道风流无宋玉，好将心力事妆臺。”臺在高处，官署建在高臺之上，故“臺”可指“古代官署名”。唐徐坚《初学记》：“初入臺为郎中，满岁称侍郎。”《新唐书·百官志一》：“其官司之别，曰省，曰臺，曰寺，曰监，曰卫，曰府，各统其属，以分职定位。”秦汉时代，尚书为中臺，谒者为外臺，御史为宪臺。汉有御史臺、兰臺。晋宋间称朝廷禁省为臺，故禁城为臺城，官军为臺军，使者为臺使。现在喻指上任执政叫“上臺”，卸职、交出政权叫“下臺”，政事失败叫“垮臺”或“倒臺”，都以高臺比喻高位。

由于“臺”“台”古代都读tái，二字混用古已有之。如尊称对方为“兄台”，问人的姓字为“台甫”，公函称人为“台端”等，以上各“台”字，在古代常被误写作“臺”。

汉字实行简化后，“臺”“檯”“颱”都简化作“台”，“台”的表意范围进一步扩大，如舞台、戏台、讲台、主席台、观礼台等。一些形制不大、高而上平的物体，也叫作“台”，如锅台、灶台、窗台、井台等。桌子类的器物，因其形似也称“台”（原作“檯”），如写字台、梳妆台等。

(六) 亭

一提到“亭”，人们就会想起设在园林中那种有柱有顶而无墙的美丽建筑物。它挺拔婉秀，通透舒展，给人以美的视觉感受。同时又供人休憩、眺望，颇具实用价值。不过，早期的亭，是否也如此呢？答案是否定的。

亭，小篆作𠆬。《说文》：“亭，民所安定也。亭有楼。从高省，丁声。”其本义，指“古代设在道旁供行人停留食宿的处所”。所谓“民所安定”，按段玉裁的解释，就是“谓居民于是备盗贼，行旅于是止宿也”。《东观汉记·卫飒传》：“卫飒为桂阳太守，凿山通道，列亭置驿。”亭、驿对举，可知二者是功能相近的建筑。《三国志·蜀书·张嶷传》：“开通旧道，千里肃清，复古亭驿。”亭驿是供旅客歇宿的处所。此外，“亭”还具有另外两个义项。一是“设在边塞观察敌情的岗亭”，如《韩非子·内储说上》：“秦有小亭临境，吴起欲攻之。”二是“秦汉时的基层行政单位”，如《汉书·百

放鹤亭

官公卿表上》："大率十里一亭，亭有长。十亭一乡。"史载刘邦曾任泗水亭长，并送徒赴咸阳，途中在芒砀山斩蛇起义。

随着时代的变迁，"亭"作为行政单位或观察敌情的岗亭的功用，或不复存在，或逐渐淡去，而"民所安定"的功用则向着新的方向发展。生活中，每当亲人、朋友要远行时，人们总是依依送别。送别之人挥手无语双泪流，远行之人则走走停停、一步一回首，"灞桥折柳""长亭送别"的凄美场景便在人们眼前浮现。长途劳顿的行旅之人，可以借助亭驿歇脚立足、消除疲劳，"亭"的这种供人停歇的功能给了人们新的启示：人们到园林游憩观赏，也免不了会困乏，应当创设出新的建筑格式以满足人们的休息需求。于是，魏晋之后，作为点景造景之用，建于园林中的亭渐次产生，至唐宋更趋兴盛。这种新的"亭"的格式，即一种有顶无墙的小型建筑物，多建筑在园林中、风景名胜处或路旁，供人休息、观赏。这种建筑物，或称"亭子""亭榭""凉亭"等。或呈圆形，或呈方形，或呈多角形。它的实用性强，除了供人观赏休憩，晴天也可遮阳蔽日，雨天又可遮风避雨，是名副其实的建筑艺术品。如全国四大名亭之一的苏州沧浪亭，本是五代孙承祐的别墅，北宋诗人苏舜钦收购并建亭，取《孺子歌》"沧浪之水清兮，可以濯我缨"之义为其命名。其园林设计以假山为中心，建筑均环山布置。登山小径曲折清幽，路旁林木掩映，翠竹葱郁。沧浪亭翼然挺立，风光绮美，令人陶醉。又如醉翁亭，位于今安徽滁州西南琅琊山中。宋欧阳修时任滁州太守，常与琅琊寺住持智仙在此亭内饮宴。欧少饮辄醉，年又最长，故自号醉翁，此亭便由此得名，欧阳修更以此亭为名写下了著名的《醉翁亭记》。此亭小巧独特，紧靠峻峭的山壁，飞檐凌空挑出，颇有气势。此外，陶然亭、湖心亭、放鹤亭、爱晚亭等，也颇具知名度。

（七）寺

作为一种独具特色的建筑，“寺”或曰“寺庙”“寺院”一般被认为是佛教的活动场所。这种看法自然无可厚非，但“寺”的本义并非如此。

寺，金文作，小篆作。《说文》：“寺，廷也。有法度者也。从寸，之声。”廷指官府、朝廷，是有法制的地方。朱骏声《说文通训定声》：“朝中官曹所止，理事之处。”“官署名”应是“寺”的一个重要义项，但尚不是其最早的义项。林义光《文源》认为，“寺”字从又，从之，本义为持。古文字学界以“持”为“寺”的本义。辞书界也有把“阉人，宦官，太监”视为“寺”本义者（《王力古汉语字典》）。“阉人，宦官，太监”义与“官署”义之间存在着密切联系。清顾炎武《日知录》卷二十八：“三代以上凡言寺者，皆奄（阉）竖之名。”《诗·大雅·瞻卬》：“时维妇寺。”孔颖达疏：“寺即侍

白马寺

也。”寺即内侍、近侍，多由阉人担任。顾炎武又说：“自秦以宦者任外廷之职，而官舍通谓之寺。”由此，服务于中央朝廷的官僚机构便以“寺”相称了。

作为“官舍，官署”，秦汉时代的“寺”颇具代表性。秦代丞相和太尉的办公机构称“府”，御史大夫的办公机构称“寺”。汉代实行三公九卿制，丞相、太尉、御史大夫与秦一样称“三公”，下设奉常、郎中令、卫尉、太仆、廷尉、典客、宗正、治粟内史、少尉等“九卿”。他们的办公机构都称“寺”，如“鸿胪”或曰“倏胪寺”。《周礼》中有“大行人”之职，秦和汉初称“典客”，武帝时始称“大鸿胪”，主掌接待宾客之事。北齐始置“鸿胪寺”，唐以后改称“司宾寺”。《隋书·百官志中》：“鸿胪寺，掌蕃客朝会，吉凶吊祭，统典客、典寺、司仪等署令、丞。”

“寺”的“佛教的庙宇”义是东汉末年开始产生的。史载东汉永平七年（64），明帝派郎中蔡愔等赴天竺（今印度）求取佛法。永平十年（67），印度僧人摄摩腾、竺法兰等用白马驮经东来洛阳，负责接待外宾的官署鸿胪寺为其暂住之所。为了给他们提供礼佛、译经和传法的固定场所，次年明帝下诏，在洛阳城西建造寺院，取白马驮经与鸿胪寺之意，将此建筑命名为“白马寺”。从此，“寺”就成为供佛藏经之所，也成为佛教庙宇的通称。白马寺被尊为中国佛教的“释源”和“祖庭”，有“中国第一古刹”之称。

稍具规模的古代佛寺，都是建筑群体的组合。其格局都以佛殿为中心，呈纵轴式排列，左右对称。钟楼、天王殿、观音阁、大雄宝殿、罗汉堂等为常见建筑。我国较著名的佛寺，有浙江宁波保国寺，始建于东汉；北京潭柘寺，始建于西晋；山西五台县佛光寺，始建于北魏；苏州西郊寒山寺，始建于南朝，因唐代诗人张继的《枫桥夜泊》诗而享誉中外；河南登封少室山北少林寺，始建于北魏。

（八）庙

庙，繁体作“廟”，金文作，小篆作。《说文》：“庙，尊先祖皃也。从广，朝声。”指存放尊贵先祖牌位的地方。皃，“貌”的本字，此指牌位。段玉裁注：“宗庙者，先祖之尊皃也。古者庙以祀先祖，凡神不为庙也。为神立庙者，始三代以后。”“庙”的本义，辞书表述为“宗庙，设置先祖牌位以供祭祀的建筑”。《诗·大雅·思齐》：“雍雍在宫，肃肃在庙。”诗作赞颂周文王在宫室里性情和睦，在宗庙中态度肃敬。《诗·周颂·清庙序》：“清庙，祀文王也。”郑玄笺：“庙之言貌也。死者精神不可得而见，但以生时之居立宫室，象貌为之耳。”古人要定期对祖庙举行祭祀朝拜，以表达崇敬缅怀之意。几千年来，太庙、宗祠、文庙、武庙，举国庙宇林立，张扬的是宗法礼教，强化的是重血统、敬祖先、明尊卑的社会思想观念。

事物常常随着时代而发展演变。汉代之后，庙这种建筑逐渐与原始的神社混合，从“宗庙，设置先祖牌位以供祭祀的建筑”引申为“供奉神佛或历史传说人物的建筑”。如寺庙、土地庙、孔庙、关帝庙。由于孔子是儒家学派的创始人、万世师表，设在全国各地的孔庙历代备受推崇，成为浸透了儒家精神的文化建筑。泰山岱庙是历代帝王举行封禅大典和祭祀泰山神之处，秦始皇、汉武帝、唐高宗、宋真宗等都曾率重臣来此封禅。神庙的设置适应了民众神灵崇拜的心理需求。如关帝庙敬奉关羽，关公因忠义刚烈而成为各行各业的保护神。

泰山庙祭祀的碧霞元君即泰山娘娘，是传说中主管收成、旅行、婚姻的神灵。土地庙包括土谷神、地域保护神，人们会在每年二月二日举行祭祀活动。城隍是古代神话传说中的城市守护神。古代建国，范土为城，依城凿池为隍。旧时常在农历五月间举行城隍会，专人用神舆抬城隍巡行，以示惩恶扬善。

“庙”又是“朝廷”的代称。如“庙策”指朝廷的谋略，“庙画”指朝廷的谋划，“庙胜”指朝廷预先制定的克敌制胜的谋略，“庙廷”指朝廷或朝堂。“庙堂”本指宗庙明堂，因古代帝王遇国家大事都要告于宗庙，议于明堂，所以古人就以“庙堂”代指朝廷。如范仲淹《岳阳楼记》：“居庙堂之高，则忧其民。”

庙既是放置祖宗牌位的建筑，则其与“丧葬，祭祀”就存在着割舍不断的联系，它的意义也会向这些方面引申。如“葬前安置灵柩的屋宇”义。《尚书·顾命》：“诸侯出庙门矣。”孔安国传：“殡之所处，故曰庙。”《礼记·杂记上》：“至于庙门。”郑玄注：“庙，所殡宫。”“庙”又是“已死皇帝的代称”。皇帝死后，在太

城隍庙

庙立室奉祀时特起的名号，叫“庙号”，简称“庙”。《后汉书·显宗孝明帝纪》：“有司奏上尊庙曰世祖。”封建时代称皇帝父祖的名字叫“庙讳”。《旧唐书·韦贯之传》：“韦贯之，本名纯，以宪宗（李纯）庙讳，遂以字称。”“庙”还指“木主，神主”，即牌位。《荀子·强国》：“负三王之庙，而辟于陈蔡之间。”这些引申义跟“庙”的本义都具有或隐或显的意义联系。

（九）塔

《说文》：“塔，西域浮屠也。从土，荅声。”王玉澍《说文拈字》：“塔字诸书所无，惟见于葛洪《字苑》，是晋以前尚无此字也。”塔是引进的印度佛教建筑，我国文献曾把这种建筑物音译为“塔婆”“佛图”“浮图”“浮屠”，意译为“方坟”“圆冢”。其实，在成为佛塔之前，它也经历过一个雏形阶段。据说佛教创始人释迦牟尼的弟子在火化其遗体时，发现了许多晶莹光润的舍利子，于是他们在多处修筑起一座座半圆形覆盆式的坟墓，把舍利子埋藏其中，并在墓顶加上伞状或竿状的装饰，称为“窣堵波”，于是形成了最初的塔。由于它是用来埋舍利子或佛骨的，人们就选“土”字充当其形旁，再依照梵语读音配一“荅”字，这样就产生出一个半表音半表意式的译音字“塔”。“塔”字的创制，有效地适应了佛教传播我国的需要，反映了中外文化的借鉴与交融。

“塔”的本义，今辞书表述为“佛塔的简称”。它最初用以放置舍利子和佛骨，后来演变成表示对佛祖信仰和虔诚的纪念性的宗教建筑，也用于收藏经卷、佛像、法器、庄严佛寺等。唐玄应《一切经音义》卷十六曾对其译音做过述说：“塔婆：或言‘偷婆’，或言‘薮

紫铜华严塔

斗波'，皆讹也。正言'窣堵波'，此言'庙'也。”故旧时亦称塔为“塔庙”或“寺塔”。佛寺建筑最初沿用印度式样，以塔为中心建寺，多为前塔后寺格局。从唐开始，置塔于殿侧，或者另建塔院。塔最初由方基、覆钵、尖顶等部分组成，后逐渐演变成由台基、栏楯、覆钵、祭坛等部分组成。山西应县佛宫寺释迦塔是我国现存最早的木塔，建于1056年。为了避免火灾雷击，后来又产生了砖木混合结构的楼阁式塔，著名的有建于977年的上海龙华寺塔，建于961年的苏州云岩寺塔。高41米的嵩岳寺塔，则是国内历史最久的砖塔，它位于河南嵩山，建于北魏正光元年（520）。此外还有密檐式塔，如北京天宁寺塔、北海白塔。此外，还有金塔、银塔和铜塔。西藏拉萨布达拉宫有8座金质的达赖喇嘛埋骨灵塔。青海湟中县塔尔寺内有高11米的银塔，为纪念藏传佛教格鲁派创始人宗喀巴而修建。四川峨眉山报国寺内的华严塔用紫铜铸造，周身有4700余尊浮雕小佛像和唐代名僧翻译的《华严经》全部经文。供人登临眺览也是名塔的一个重要功用。如唐代考中进士的文人往往以“雁塔题名”作为时尚，著名诗人宋之问、沈佺期、元稹、陆龟蒙、李商隐等都曾雁塔留名，表达了自己对人生理想的热情追求。

“塔形的建筑物”也被称为“塔”，这既是一种借用，也是对于事物的仿拟式引申。如水塔、灯塔、指挥塔等。飞机场上的塔形建筑物叫“塔台”，其上设有电台，负责地面与空中的联系。一种塔形的起重机叫“塔吊”，机身很高，可以在轨道上移动，起重量较大，主要用于建筑工程。

（十）祠

祠，小篆作祠。《说文》：“春祭曰祠。品物少，多文词也。从示，司声。”“祠”本是祭名，表示春天的一种祭祀。许慎又利用“祠”“词”读音相近，运用声训法，推测“祠”得名的由来：因为用来祭祀的物品少，而仪式或文词多的缘故。所谓“品物少”，通常指祭祀时不用牛、羊、猪等动物性祭品，而是用玉器、毛皮和缯帛等物品。因此，“祠”的本义，并不是祠堂类建筑，而是“祭名”。《尔雅·释天》：“春祭曰祠。”《诗·小雅·天保》：“禴祠蒸尝，于公先王。”《公羊传·桓公八年》：“春曰祠，夏曰礿（禴），秋曰尝，冬曰蒸。”汉班固《白虎通义·宗庙》：“春曰祠者，物微，故祠名之。”陈立疏证：“祠为微物，故祠名之者……何休公羊（庄公八年）注云：‘祠，犹食也，犹继嗣也，春物始生，孝子思亲，继嗣而食之也。’”

“祠”作为祭名，还表示“酬神，还愿”，即“得福谢神”。《周礼·天官·女祝》：“凡内祷祠之事，掌以时招、梗、禬、禳之事，以除疾殃。”女祝掌理王后所主持的祭灶、祭门户等祭祀事务，掌管祈祷求福、报答还愿等事务。《周礼·春官·丧祝》：“掌胜国邑之社稷之祝号，以祭祀祷祠焉。”丧祝掌管战胜之国都邑社稷祭祀的祝辞，以进行各种祭祀祷祠。据《汉书·昭帝纪》，昭帝三年冬十月，“凤皇集东海，遣使者祠其处”，得此吉兆，就以祠祭酬答天神。

“祠”表示“供奉鬼神、祖先或先贤的庙堂”，应当是其常用义。《史记·陈涉世家》：“（陈涉）又间令吴广之次所旁丛祠中。”司马贞索隐引《战国策》高诱注：“丛祠，神祠丛树也。”神祠是人们所尊崇的神秘场所，是祠堂的一种，《王力古汉语字典》只说祠是“祭祀祖宗或有功德者的庙堂”，却未提及神祠，这显然有所缺失。《汉书·宣帝纪》：“修兴泰一、五帝、后土之祠，祈为百姓蒙祉福。”明刘若愚《酌中志》：“（文华）殿之东，曰神祠，内有一井，每年祭司井之神于此。”所指都是这一类的神祠。散布全国的地方性祠堂，主要用于祭祀祖先或族亲聚会，表现了国人怀抱祖德、慎终追远的民族情怀。浙江兰溪有一“诸葛镇”，传说诸葛亮后人曾来此做官并定居，后成为同姓人的聚居地，这里建有丞相祠堂，供奉着诸葛亮的塑像。广州陈家祠堂有三进六院十九座厅堂，装饰繁丽精美，寄托了后辈对先祖的感恩与崇敬之情。

诸葛八卦村的丞相祠堂

慎终追远，民德归厚。国人尊崇前贤的优良传统，也表现在这类祠堂的众多上。据《汉书·循吏传》，文翁在蜀地大兴教化，颇受人民敬仰。蜀地吏民为其设立祠堂，岁时祭祀不绝。殷代贤人比干因忠谏纣王，被剖心而死。唐太宗不忘前贤，为其追谥修墓，建立祠堂，春秋两季定期祭祀。此外，山西太原的晋祠，据说为纪念周武王次子叔虞而建，祠前有《晋祠之铭并序》碑，由唐太宗亲自撰文并书写。湖南耒阳蔡伦故宅，元代建有蔡侯祠。历史名人诸葛亮、蔡襄、文天祥等，都有后人为其建纪念祠堂。唐诗中也不乏此类描写，如刘禹锡与屈子祠，李商隐与圣女祠、诸葛武侯祠，温庭筠与苏武祠等。诗人们面对先贤的祠堂，也都流露出无比的仰慕和尊崇之情。

（十一）坛

坛，繁体作“壇”。小篆作壇。《说文》：“坛，祭场也。从土，亶声。”据《汉语大字典》，“坛”指“古时为祭祀而筑的土台。会盟封拜也都设坛，以示郑重。后来逐渐发展为坛上增设阶陛殿堂，成为华丽的建筑群”。这个解释基本上揭示了“坛”的发展脉络。坛的产生有其必然性。对于天地自然的崇敬与畏惧，催生了古人早期的原始信仰。又因为农耕社会生产力低下，人们祈盼风调雨顺，五谷丰登，自然深化了对天地日月的崇拜，于是人们就在地面上堆筑起高高的土丘——坛，作为特定的祭祀场所。《尚书·金縢》：“公乃自以为功，为三坛同墠。”墠也是祭祀的场地。二者的区别，据《礼记·祭法》郑玄注：“封土曰坛，除地曰墠。”朱骏声《说文通训定声》：“除地曰场，曰墠；于墠筑土曰坛。”王筠《说文句读》：“土基三尺，土阶三等，曰坛。”看来初期的坛具有一定的高度，是没有房屋的台基。

随着社会生产力水平的提升以及人们对皇权的日益尊崇，坛也从以土堆筑的高台演变成一种建筑群体。它是一种礼制性建筑，目的在于满足人们对精神文化的需求和传统礼制的需要。除祭祀自然神外，坛也可用于会盟、誓师、封禅、拜相等重大活动。如封禅，指帝王祭天地的典礼。在泰山上筑土为坛祭天，称“封”；在泰山下梁父山上辟场祭地，报地之功，叫“禅”。秦汉后历代王朝都把封禅作为国家

鸟瞰地坛

大典。又如刘邦曾听从萧何的建议，选择吉日，设立坛场，用隆重的仪式拜韩信为大将军，此称“韩信登坛”。因坛具有厚重的人文意义，所以建筑标准很高，建筑布局要追求天人合一，应合阴阳五行；建筑的形象、颜色、材料、数量，都要深含寓意。如天坛设在都城南郊，因天属阳，位南；地坛设于都城北郊，因地属阴，位北。人们在南郊祭天，北郊祭地，一上一下，一南一北，一阳一阴，双双对应。天坛建筑以圆为主，祈年殿、圜丘坛都为圆形。内外两重围墙，北面呈圆形，南面呈方形，称“天地墙”，体现了国人“天圆地方”的观念。地坛是明清帝王夏至日祭地祇神之处。其设计象征地，坛墙采用四方形，建筑尺寸、用料件数，都采用属阴的偶数。地坛主体建筑呈黄色，体现了“天谓之苍，地谓之黄”的原则。

“坛”也指“像坛的东西”。《山海经·南山经》：“又东五百里，曰成山，四方而三坛。”郭璞注：“形如人筑坛相累也。”“坛”在旧时也指某些拜神集会的组织。到了后代，“坛”还用于“泛指文艺界、体育界等”，如文坛、诗坛、画坛、体坛、棋坛等。唐陆龟蒙《奉酬袭美先辈吴中苦雨一百韵》：“文坛如命将，可以持玉钺。”宋欧阳修《答梅圣俞寺丞见寄》：“文会忝予盟，诗坛推子将。”这些引申义与其“为祭祀而设的土台”之本义在形式上具有一些相似点。

（十二）碑

在人们心目中，碑是一块高耸的巨石，如石碑、墓碑、界碑、纪念碑等。应当说，这是“碑”的常见义，但尚不是其本义。

碑，小篆作。《说文》：“碑，竖石也。从石，卑声。”碑有三种类型，具有不同的功用。一是竖立在宫门前，用来测量日影以推算时间的石头。或曰：“宫中之碑，识日景（影）也。”《仪礼·聘礼》汉郑玄注：“宫必有碑，所以识日影，引阴阳也。”二是竖立在宗庙庭院里，用来拴系祭祀用牲的石头。或曰：“庙中之碑，以丽牲也。”《仪礼·聘礼》：“上当碑。”郑玄注：“凡碑，引物者，宗庙则丽牲焉，以取毛血。”丽，系，连结。据考古发现，现存汉碑的顶部都留有用来拴牲畜的圆孔。上述两种古碑到后代逐渐停止使用。

孔子墓碑

在古代，碑的第三种类型影响较大，是用来牵引棺木进入墓穴的木柱。或曰“墓所之碑，以下棺也”。古代贵族豪富下葬时，由于墓穴挖得较深，棺木不容易引入墓穴，人们就预先在墓穴四角竖起四根柱子，把棺木上的绳子拴在柱子上，用辘轳把棺木缓缓放进墓穴。为了追念死者，就在装辘轳的木柱上简略铭刻死者的生平与功德等。这根柱子就是“碑”或曰“丰碑”。导引棺木下葬的碑（木质），与纪念死者功德的碑（石质）存在着意义和事理上的联系。唐陆龟蒙《野庙碑》认为：“碑者，悲也。古者悬而窆用木，后人书之以表其功德，因留之不忍去，碑之名由是而得。”宋孙何《碑解》：“古之所谓碑者，乃葬祭飨聘之际，所植一大木耳，而其字从石者，将取其坚且久乎？”据说出土的西汉时墓碑，顶部都有一个名叫“穿”的圆孔，就是供悬棺下葬时留下的痕迹。

“刻着文字或图案，竖立以为纪念物或标记的石头”是“碑”的后起常用义，当产生于东汉之后。《玉篇》：“碑，铭石。”《后汉书·曹娥传》：“至元嘉元年，县长度尚改葬娥于江南道傍，为立碑焉。”碑的种类很多，如墓碑、庙碑、神道碑、思贤碑、功德碑、界碑、里程碑、纪念碑等。碑通常由三部分组成：碑首、碑身、碑座（趺）。文献记载，东汉顺帝起盛行石碑。南北朝时碑首开始出现佛像或雕龙，碑座则由原先方平的石头座改为龟形碑座，又称龟趺，取“龟鹤延年”之意。最早的功德碑当数秦代李斯的泰山刻石。秦始皇曾五次大巡天下，现存“泰山刻石”九个半字，“琅琊刻石”十三行。晋人羊祜被封为钜平侯，他都督荆州军事十年，开屯田，储军备，颇多建树。平时轻裘缓带，身不披甲，关爱下属和百姓。他去世时，襄阳人为之罢市巷哭，还为他建碑立庙，名为“羊祜碑”“堕泪碑”。此外，曲阜孔林“大成至圣文宣王”之孔子墓碑，东晋政治家谢安的无字墓碑，宋代包拯的包公墓碑，以及北京天安门广场的人民英雄纪念碑，也都是影响很大的碑建筑。

刻写在石碑上用作纪念的文字叫“碑文”，如《后汉书·卢植传》：“专心研精，合《尚书》章句，考《礼记》失得，庶裁定圣典，刊正碑文。”“碑文”也是一种文体的名称。如《后汉书·孔融传》：“所著诗、颂、碑文、论议、六言、策文、表、檄、教令、书记，凡二十五篇。”作为文体的一种，也简称“碑”。晋陆机《文赋》：“碑披文以相质，诔缠绵而凄怆。”明王世贞《艺苑卮言》卷一：“曰叙、曰记、曰碑、曰碣、曰铭、曰述，史之变文也。”

（十三）庐

古代诗文中不乏关于庐舍的描写，那里似乎成为文人墨客心灵的归宿。可见庐是一种颇具文化特色的古代建筑。庐，繁体字作“廬”，小篆作。《说文》：“庐，寄也。秋冬去，春夏居。从广，卢声。”意指庐是建在田野里，用以寄居的棚舍，适合春夏季节居住。其本义是“田中屋”（《王力古汉语字典》），或表述为“农时寄居田野的棚舍”（《汉语大字典》）。《诗·小雅·信南山》：“中田有庐。”郑玄注：“中田，田中也。农人作庐焉，以便其田事。”《汉书·食货志上》：“余二十亩，以为庐舍。”颜师古注：“庐，田中屋也。”由此可见，庐本是农民建在野外便于从事农事活动的季节性房屋，后来词义范围扩大，可以泛指居止之所。

由“田中屋”发展为“居止之所”，表明庐舍具有较大的适用性。其主要类型有三种。一是沿途迎候宾客的房舍。据《周礼·地官·遗人》记载，凡城郊之外，自近郊至于五百里之野的道路，每十里设“庐”，置备有饮食；每三十里有“舍”，安排有路室。显然，这里的“庐”，就指官方设在郊野接待宾客的房屋。春秋战国时代，养士之风盛行，各国君主为方便网罗客卿，路途中开设了许多养士之庐。二是用来守墓的小屋，便于孝子居丧守墓期间临时居住。据《荀子·礼论》，守墓期间的孝子，要披麻衣，打小幡，居庐，喝稀粥，睡苫席，枕土块，生活艰苦简陋，以表达丧亲的哀痛。这种小屋，亲者、贵者所居称“庐”，疏者、贱者所居称“垩”，合称“庐垩”。《南齐书·礼志下》：“若各自为祥，庐垩相间，玄素杂糅，未审当有此疑不？”三是军队的临时住所，如《史记·项羽本纪》写军队临战前“皆沉船，破釜甑，烧庐舍”。

元代青花三顾茅庐图纹罐

庐舍因其简朴易居，环境幽僻，颇受文人雅士的青睐。古代一些官场失意但不失操守的官吏，以及怀才不遇却富有正义感的文人，每当远离喧嚣、退隐江湖之后，往往结庐而居，淡泊人生，以寻觅一份心底的宁静。晋代著名文学家陶潜，字渊明，他坚守“不为五斗米折腰”的高贵气节，41岁时弃官归隐不再出仕。其名句“结庐在人境，而无车马喧”，展示了他甘愿退居田园也不向恶势力低头的顽强意志。后代的雅士，慕陶潜之为人，也竞起仿效，结庐而居。如唐白居易《咏兴五首》之序：“七年四月，予罢河南府，归履道第。庐舍自给，衣储自充。”宋之问《自洪府舟行直书其事》：“敝庐嵩山下，空谷茂兰芷。”苏颋《闲园即事寄韦侍郎》：“结庐东城下，直望江南山。”

到了近现代，庐已不再是古人所住的那种简朴的房屋，而是演变成一种园林式房屋庭院建筑。如怡庐，地处江苏扬州市嵇家湾，紧靠古运河畔，建于民国时代。庐内前后两个庭院，前院有游廊三折，花厅一座，西墙设有假山。后院有轩、精舍、天井、书斋，布局相当精心。扬州城内还有一座匏庐，也是一个小巧雅趣的建筑群落。其间回廊曲径，引人入胜，亭轩阁池，令人忘返，建筑美与自然美完全融为一体。

（十四）阁

阁，繁体字作“閣”，小篆作。一看到其形符“门”，人们可能就会联想起阁楼类的宫廷建筑，甚或以为“阁楼”就是“阁”的本义。其实，这是一种误解。《说文》：“阁，所以止扉也。”原来，阁本指设置在门上用来防止门因惯性作用而自动关闭的木桩。辞书界也普遍认可其为“阁”的本义。如《汉语大字典》释“阁”：“门开后插在两旁用来固定门扇的长木桩。”“阁”引申指“放置食物的木板”。《礼记·内则》：“大夫七十而有阁。”郑玄注：“阁，以板为之，庋食物也。”后又引申指“放置”。唐白居易《罢府归旧居》：“石片抬琴匣，松枝阁酒杯。”这个意义后来写作“搁”。

“阁”还表示“宫廷中收藏图书、安置贤才或绘象表功的房子”义。《汉书·扬雄传》：“时雄校书天禄阁上，治狱使者来，欲收雄，雄恐不能自免，乃从阁上自投下，几死。”汉代有天禄阁、麒麟阁，相传为萧何所造，以藏秘书、处贤才。后代泛指收藏图书、器物的房子。清代乾隆皇帝为了存放《四库全书》，仿效宁波天一阁，建造了南北七阁，北四阁为文渊阁、文溯阁、文源阁、文津阁，南三阁为文宗阁、文汇阁、文澜阁。宋吴曾《能改斋漫录》卷七：“作金银琉璃窣堵坡，藏阁上。”此外，“阁”还具有几个重要的引申义。一是官衙或官衔称谓。唐光宅元年改中书省为凤阁，中书舍人资深者称为阁老。宋代设殿阁学士，是执政大臣的荣衔。“阁下”也成为对显贵们的敬称。二是指“架空的栈道，用木板架筑在山岩绝险处的道路”，如《战国策·齐策六》：“为栈道木阁而迎王与后于城阳山中。”三是“特指女子的卧房”。《乐府诗集·木兰传》中即有“开我东阁门，坐我西阁床”之语。

“阁”的一个重要义项是“供游息眺望的楼房”，这个义项在秦汉时代已经出现。《淮南子·立术》：“高台层榭，接屋连阁。”唐慧琳《一切经音义》卷三十八引《苍颉篇》：“阁，楼也。”以峥嵘大气而著名的阁，首推滕王阁。它作为江南三大名楼之一，碧瓦丹柱，雕龙画栋，飞檐翘脊，耸立云天，不愧为阁中翘楚。唐王勃《滕王阁序》盛赞其“鹤汀凫渚，穷岛屿之萦回；桂殿兰宫，列冈峦之体势”。生活中的阁建筑，或四面轩窗，或画栏回廊，或凌空飞架，呈现出多样的风格。如长沙天心阁，筑于高冈上，愈显凌云之势；云南三清阁，建在昆明西山罗汉崖上，犹如空中楼阁；山东蓬莱阁，雄踞悬崖山顶，濒临大海，气势如虹。阁与楼的区别有二。外形上，楼通常三面有墙，阁则四周设隔扇或栏杆回廊；楼是多层的，阁或多层，

烟台蓬莱阁

如滕王阁，也可一层，如颐和园的宝云阁。用途上，楼的基本功能是供人居住，阁则供人远眺、游憩、藏书和供佛之用。《集韵·铎韵》：“阁，观也。”“供游息眺望的楼房”是“阁”的一个重要义项，有的辞书对此竟然失收，不能不说是一个瑕疵。

八、称谓

称谓即称呼、名称，是体现人在特定人际关系中的特定身份、职业等的称呼，它蕴含着一定的社会文化内涵，是人际关系的文化符号。称谓中的重点在于亲属称谓。“亲属称谓是亲属群体的语言符号，它用于表示人们的血缘关系、亲疏关系及姻亲关系。”[①]亲属称谓也反映出传统文化的发展演变，例如：由于封建宗法制度的规约，古代的“父”“母”呈现出“不止一人”的特征，今天的词义范围则缩小，一般指生身父母；古代在两个氏族固定通婚的体制下，“姑、婆”“舅舅、岳丈”各组所指往往是同一个人，后世出现的姑舅表亲是其延续，而今天的“姑”与“婆”，“舅”与“岳父”则互不关涉，等等。

（一）祖

“祖”，初文作“且”。甲骨文作，卜辞中的“祖甲”“祖

① 郭锦桴：《汉语与中国传统文化》，商务印书馆2010年版，第372页。

乙”即写作“且甲”“且乙”；青铜器大盂鼎、史墙盘铭文中的“且”亦指“祖”。“且”应是“祖”的初文。其本义为“祖先”。《诗·大雅·生民序》：“生民，尊祖也。”《管子·牧民》：“敬宗庙，恭祖旧。”在先民的心目中，祖先是人们无限崇拜的神灵，需要经常予以祭祀。据文献记载，早期祭祀时代表死者受祭的人，称为“尸”。《诗·小雅·楚茨》：“鼓钟送尸，神保聿归。”郑玄注：“尸，节神者也。”其后以神主即牌位取而代之。有人认为，“且”就像神主之形，“示”代表鬼神的象征物、依附物，二者结合，于是就产生了“祖”。这样，“且”“祖”在“祖先”的意义上就成了一对古今字。这种观点获得了较多的认同。

也有人主张，“且”像“俎”的形象，俎是古代祭祀或宴会时盛放牲体的礼器。牲体是用来祭奠神灵祖先的美食，它既与祖先相对应，因而引申出“祖先”之义，也是符合逻辑事理的。再从“俎”的初文看，甲骨文作，与“且”形体相似，因此，这种看法也具有一定的合理性。

还有学者认为，“且”很像男根即生殖器官的形象，因而从生殖崇拜的角度主张“且”代表祖先。①此说虽显得不够儒雅，但古人对生育之事确实怀有一种神秘、崇敬之感，这从女娲抟土造人、简狄吞食鸟卵致孕而生下商人祖先契、姜嫄脚踩巨人足迹致孕而生下周人始祖后稷等传说中都能得到印证。民俗学材料也表明，早些年我国西南地区一些少数民族中盼望生子的妇女，有到岩洞里向石祖跪拜求助的习俗。可知这种主张也并非空穴来风。

---

① 郭沫若：《郭沫若全集·考古编》第一卷，科学出版社1982年版，第19页。

丙戌年重阳世界华人华侨炎帝陵祭祖大典

以上是对“祖”的初文“且”的讨论。笔者发现，学者们较一致地认同“祖的本义指祖先”。因而我们不能不对《说文》的看法表示异议。《说文》：“祖，始庙也。从示，且声。”应当说，“祖”确实可以表示“祖庙”，如《周礼·冬官·匠人》：“左祖右社。”郑玄注：“祖，宗庙。”《荀子·成相》：“启乃下，武王善之，封之于宋，立其祖。”但正像“祖”可以表示“神主”一样（如《尚书·甘誓》“用命，赏于祖；弗用命，戮于社”），“祖庙”义、“神主”义都是对“祖先”义的活用，或者说是对“祖先”义的引申。事理上，必须先有祖先存在，然后才有其象征物“神主”，以及对其实施供奉的“宗庙”的出现。因此，“祖庙”只是“祖”的引申义而不是本义。

祖先是民族或家族的远代先辈，是具有开创性的人物，“创始性”是其关键特点。一个事物的形成总要有其开端，于是人们就通过联想和想象，让“祖”生发出表示“创始性”的其他义项。如“开国君主”义，《谷梁传·僖公十五年》：“始封必为祖。”范宁注：“若契为殷祖，弃为周祖。”又如“某种事业或派别的创始人”义，《周礼·春官·籥章》：“祈年于田祖。”郑玄注：“田祖，始耕田者，谓神农也。”又如“初；开始”义，《庄子·山木》：“浮游乎万物之祖。”宣颖注：“未始有物之先。”再如“本；本源”义，《管子·戒》：“孝弟者，仁之祖也。”尹知章注：“仁从孝弟生，故为仁祖。”

（二）父

在以血缘关系为核心建立起来的亲属称谓中，“父”处于重要地位，在父系社会时代尤其如此。父，甲骨文作。郭沫若《甲骨文字研究》：“父乃斧之初字。石器时代，男子持石斧以示操作，故孳乳为父母之父。”应当说，在上古低生产力时代，手持斧子是一种力量和雄武的象征，显示持斧者具有征服山河的气概，而持斧者自然非男子莫属。这里，“斧”只是一个形象义，其所指向的是斧子的持有人，即国人心目中一向尊崇的父亲。因此学界均认为“父”的本义是“父亲”。《说文》：“父，矩也，家长率教者。”《诗·小雅·蓼莪》：“无父何怙？无母何恃？”《王力古汉语字典》《辞源》《汉语大词典》等都将“父亲”列为“父”的第一个义项。

我国封建社会是一个特别重人伦、辨尊卑、讲亲疏的社会，因此，尊长的称谓必须泾渭分明，不容出错。长自己两辈者当尊称为“祖”，如祖父、伯祖、叔祖等，与自己父亲同辈的人则尊称为“父”，如伯父、叔父、舅父、姑父、姨父等。《礼记·曾子问》：“已祭而见伯父、叔父，而后飨冠者。”《释名·释亲属》：“父之兄曰世父，言为嫡统继世也。又曰伯父，伯，把也，把持家政也。”《史记》中记载，郑厉公呼原繁为“伯父”，项伯、项梁则都是项羽的叔父。但人们在称呼其他男性长辈时习惯上也加一“父”字，如爷爷为“祖父”，爷爷的父亲为“曾祖父”。古人还建立起自己的称谓序列，如《尔雅·释亲》：“父之考为王父，父之妣为王母；王父之考为曾祖王父，王父之妣为曾祖王母；曾祖王父之考为高祖王父，曾祖王父之妣为高祖王母。”

夸父逐日邮票

儒家文化催生出了人们“老吾老，以及人之老；幼吾幼，以及人之幼”的善良博大胸襟，以及推己及人、亲仁爱众的价值取向。人们在人际交往中，一直传承着各种各样的泛亲属称谓或曰仿亲属称谓，这对于协调人际关系、营造温馨氛围十分有益。例如，古人会称呼并不具有亲属关系的老人为“父”。《方言》卷六：“傻、艾，长老也……南楚谓之父。”《左传·哀公十三年》：“旨酒一盛兮，余与褐之父睨之。”杨伯峻注：“褐之父，着褐之老翁。”另据《史记·伍子胥列传》，伍子胥被人追杀逃亡时，有渔父热心帮助他渡过了长江。子胥为表感谢，“解其剑曰：‘此剑直百金，以与父。’”古人对于年长又有崇高社会威望者也称为“父”。如齐桓公尊管仲为“仲父”，秦始皇尊吕不韦为“仲父”，项羽尊其谋士范增为“亚父”，唐德宗尊郭子仪为“尚父”等。这都是称老者、尊者为“父”

的例子。此外，人们对从事某种行业的人也通称为“父”，如渔民称“渔父”，樵夫称“樵父”，农民称“田父”等。

“父”还是古人对男子的美称。上古神话里就有“巢父、壤父、夸父”之名，《诗经》中则提及“古公亶父”。“尼父”是后人对孔子的敬称，“造父”是周穆王时的驾车能手。《广韵》：“父，尼父、尚父，皆男子之美称。”“父”也作“甫”，古人往往用其取字。

阴阳学说是我国的传统哲学，阴阳学说认为，世界是物质性的整体，自然界的任何事物都包含着阴与阳相互对立的两个方面。阴阳的对立统一运动是自然界一切事物发生、发展、变化及消亡的根本原因。有了阴阳，就有了天地、乾坤、男女。古人认为天是阳，所以又称天为“父”。《周易·说卦》：“乾，天也，故称乎父；坤，地也，故称乎母。”《尚书·泰誓上》：“惟天地，万物父母；惟人，万物之灵。”不仅男子可以称“父”，雄性的动物也可称为“父”。晋左思《吴都赋》：“其上则猿父哀吟，犴子长啸。”《农政全书·牧养》：“常以马覆驴，所生骡者，形容壮大……母长则受驹，父大则子壮。”《说文》也曾用“父”指雄性动物，如“牡，畜父也”“雄，鸟父也”。不过这种称说毕竟只是借用，其使用范围并不广。像《说文》在解释其他雄性动物时往往换用“牡”字，如“骘，牡马也”“豭，牡豕也”“麚，牡鹿”，因为用“牝”“牡”说明动物的性别更具有代表性和典型性，也更为符合国人的普遍认知。

（三）母

母，甲骨文作，金文作。字从“女”，点明其性别；字中的

两点，表示乳房。乳房表明了母亲养育子女的天职。因此，“母”的本义是“母亲”当无疑问。《诗·小雅·蓼莪》：“无父何怙？无母何恃？”指出了父母是孩子的依靠和保护者。母亲爱护子女的本能叫“母性”。由于古代婚姻关系的复杂性，形成了一个孩子往往不止一个母亲的现象。文献表明，封建社会有八种不同身份的母亲即“八母”的称说，如父亲的正妻称“嫡母”，生父再婚的妻子称“继母”，对无子的妾可称其为“慈母”，父亲的妾通称“庶母”，被父亲休弃的母亲称“出母”。同样，甲骨卜辞中的“母”，也“是各代君主对母辈的通称。不管是亲生还是叔伯关系，皆称为母”[①]。只有写作“母甲”“母乙”等，才是对母辈中具体人的称谓。词义进一步扩展后，对女性的长辈也称“母”，如祖母、伯母、舅母。老年妇女也称“母”，如《史记·淮阴侯列传》：“有一母见信饥，饭信。”

在国人心目中，母亲的形象是最为高大的，因为她不仅要经受十月怀胎的辛苦，还要承担呵护婴幼的操劳。换言之，母亲不仅要生育子女，还要养育、抚育、教育他们，母亲身上的担子始终是沉甸甸的。历史上的孟母三迁，岳母的“精忠报国”刺字，都是典型的范例。由此，“母”就产生了“养育；哺育”的引申义。《说文》：“母，牧

岳王庙壁画岳母刺字

① 赵诚：《甲骨文简明词典》，中华书局1988年版，第45页。

也。”段玉裁注：“牧者，养牛人也。以譬人之乳子。”显然，这已不是“母”的本义。《史记·淮南衡山列传》：“吏奉厉王诣上，上悔，令吕后母之。”母之，即让吕后养育厉王。古称为别人家孩子哺乳的妇女为“乳母”，教傅大家闺秀行为规范的妇女为“傅母”，又单称“姆”。

在阴阳学说中，万物都形成了一双双对立物：乾坤，天地，男女，公母。与雄性生物称“公”相对，雌性生物则称“母”。《孟子·尽心上》：“五母鸡，二母彘。”《尔雅·释草》：“莩，麻母。”即结籽的麻。人们的想象力是丰富的，既然具有生殖能力的人或动植物可以称“母”，那么能够孳生或引发其他事物的无生物为什么不可以称“母”呢？毕竟它们也具备了“生”的功能。于是，可以生发利息的本钱叫“母金”，酿酒用的酒曲叫“酒母”，发面用的材料叫“酵母”，能够拼合形成音节的音素叫“声母”“韵母”，有产生其他事物能力的机械叫“工作母机”，让我们接受过知识哺育的学校称为“母校”等。

自古以来人们对于生育都怀有一种神秘感和崇拜感，因为世上的一切生物都靠母亲赐予生命，女娲、简狄、姜嫄的传说又促使人们思索部族生命的来源。由此，“母”就引申出“根本；本源”义。《老子》第一章：“无名，天地之始；有名，万物之母。”《商君书·说民》：“慈仁，过之母也。”不过词义也会随时代变迁而发生演变。到了近现代，“母”字出现了贬义用法。由于生理条件不同，传统观念多认为男性刚强有力，女性则较柔弱。同时，又由于封建时代“男尊女卑”观念的潜在影响，在当今某些方言中，无能者或失败者被称为“母的”。这似乎多少都透露出旧时代男尊女卑观念对词义演变的消极影响。

（四）姑

在语言交际中，“姑”指“父亲的姐妹”是人们普遍熟知的，古今都是如此。如《尔雅·释亲》：“父之姊妹为姑。”《诗·邶风·泉水》：“问我诸姑，遂及伯姊。”毛传：“父之姊妹称姑。”

其实“姑”在古代还具有另一个常见义即“丈夫的母亲”。《说文》：“姑，夫母也。”这与远古时代的婚姻制度有关。在母系氏族社会，女性居于社会的中心地位，男从女居，所生子女隶属于女方氏族。两个氏族之间世代通婚的情况较为普遍。男子外“嫁”到别的氏族后，其所生之子成人后还要“嫁”回父亲出生的氏族，其岳母正是父亲的姐妹；而岳父则是从自己出生的氏族“嫁”过来的，其实就是自己母亲的兄弟。这样一来，反映在称谓上就成了姑姑和岳母、舅舅和岳父分别是同一个人。到了父系氏族社会时代，这种姑舅表亲通婚的现象依然十分普遍，“舅”“姑”成了妇女对丈夫父母的称谓，丈夫则对妻子的父母称“外舅”“外姑”。按照习惯，上述姑舅表亲通婚的女子都要称自己的婆婆为“姑”，而在婚前她们则是姑母与侄女关系。古人还称婆婆与公爹为“姑妐”“姑翁”“姑嫜”“姑章”等。

国人往往有从孩子的角度称呼别人的习惯，这样显得较为亲切。由于丈夫的姐妹就是自己儿女的姑姑，妇女也随着孩子称丈夫的妹妹为“姑”或“小姑”。如《孔雀东南飞》：“却与小姑别，泪落连珠子。”唐李白《去妇词》：“回头语小姑，莫嫁如兄夫。”今人又比照“小姑”，称丈夫的姐姐为“大姑”或“大姑子”，其他的姐姐则加上序号，如“二姑”“三姑”，从而在丈夫姐妹称呼方面补齐为一

戴敦邦绘村姑图

个序列。

进入战国时代之后，“姑”的词义又进一步扩大，可以作为“妇女的通称”。《吕氏春秋·先识》：“商王大乱，沈于酒德，辟远箕子，爱近姑与息。”末句指“亲近妇女和小儿”。双音词“姑子”，指未婚的女子，如《欢好曲三首》之一：“淑女总角时，唤作小姑子。”“姑姑”是对年长妇女的尊称，如宋苏轼《东坡志林》卷三《女妾》：“温成皇后乳母贾氏，宫中谓之贾婆婆。贾昌朝连结之，谓之姑姑。”东汉末佛教传入我国之后，外来文化与传统习惯融合，于是人们逐渐又称出家的女子为“姑”或“师姑”“尼姑”。不过今天在仿亲属称谓中，晚辈对无亲属关系的妇女通常叫“姨”或“阿姨”，而极少叫“姑”或“姑姑”的。其原因可能是姨与母亲为姊妹，叫起来显得更亲切随意。此外，“姑奶奶”一词很有特点：一是对祖父姐妹的通俗称呼；二是娘家称已经出嫁的女儿；三是指未婚的女子。

（五）舅

舅，古今都指“母亲的兄弟”。《诗·秦风·渭阳》：“我送舅氏，曰至渭阳。”毛传：“母之昆弟曰舅。”唐杜甫《近闻》：“似闻赞普更求亲，舅甥和好应难弃。”由于舅舅是母亲的血亲兄弟，国人历来对其特别尊重，舅甥关系极为密切。女子出嫁，多地习俗都由舅舅抱上花轿或婚车。舅舅还陪同新娘到男方家，代表新娘父母参与婚庆活动。家中或有纠纷，也请舅舅居中调解。歇后语“舅舅打外甥——白挨”，也可证舅舅的权威。

古代把“丈夫的父亲”也称为“舅”。这一称谓与“姑”相对。《释名·释亲属》云：“舅，久也。久，老称也。”又云：“姑，故也，言于已为久故之人也。”声训释义的重点并不在“老”，而在于“久”。试想，当新娘掀开盖头仰望礼台上的婆婆时，她看到的是一张久已熟悉的姑姑的脸庞；同理，新郎看到的则是久已熟悉的舅舅的脸庞。在这里，像“姑”“婆”合一一样，“舅舅”与“岳父”是同一个人。其原因正如前文已提及的，是人类原始婚姻制度所造成的。在母系氏族社会，婚姻往往固定在两个氏族间进行。世代通婚的结果，“舅”“姑”等人就分别集两种身份于一身了。进入父系社会，本族外嫁女在外族所生的女儿长大后要嫁回母亲出生的氏族，其丈夫之父就是母亲的娘家兄弟，而丈夫之母又是从自已出生的氏族嫁来的，其实就是父之姐妹。这样，妇女对公婆也就要称呼为“舅”“姑”。到封建时代又演变为姑舅表亲。即使在今天，有不少少数民族仍实行这种婚俗。民谣所说“舅舅要，隔河叫”，正是对生活的真实写照。

同理，“妻子的父亲”也称为“舅”或“外舅”。《礼记·坊记》：“昏礼，婿亲迎，见于舅姑。”郑玄注：“舅姑，妻之父母也。”《三国志·蜀书·先主传》：“先主未出时，献帝舅车骑将军董承辞受帝衣带中密诏，当诛曹公。”裴松之注：“董承，汉灵帝母董太后之侄，于献帝为丈人。盖古无丈人之名，故谓之舅也。”这是

外甥打灯笼——照舅（照旧）

《三国志》中一个有名的故事。董承是东汉末年将领、外戚，汉献帝嫔妃董贵人之父，亦即献帝之舅即岳父。建安四年（199）升任车骑将军后，对外声称自己奉献帝衣带诏，与刘备、种辑等密谋诛杀曹操。次年正月谋泄，董承、种辑与董贵人等皆被曹操诛杀。

古代称“舅”的对象范围较宽，除了“母亲的兄弟”“丈夫的父亲”“妻子的父亲”之外，“妻子的兄弟”也可称“舅”。《战国策·楚策四》：“李园不治国，王之舅也。”李园的妹妹是楚考烈王王后。《新唐书·朱延寿传》：“（杨行密）妻，延寿姊也，掖之。行密泣曰：‘吾丧明，诸子幼，得舅代我，无忧矣。’”此外，古时天子称异姓大邦诸侯为“伯舅”，称异姓小邦诸侯为“叔舅”，诸侯称异姓大夫为“舅”，这些似乎都是为协调上下关系而使用的泛亲属或仿亲属称谓。相比较而言，由于社会环境的改变，今天“舅”的使用范围已大为缩小，通常只指“母亲的兄弟”，而“妻子的兄弟”也多用为背称。仿亲属称谓方面，通常只使用“伯伯”“叔叔”，除非因对方是某个同伴的舅舅，其余的人也随之称呼外，一般不作为仿亲属称谓使用。

（六）伯

伯，《王力古汉语字典》：“古代兄弟排行，行一为伯。”《汉语大词典》：“长兄，兄弟中年最长者。”文献中用例很多。

如《诗·周颂·载芟》：“侯主侯伯，侯亚侯旅。”毛传：“伯，长子也。”《左传·定公四年》：“文、武、成、康之伯犹多，而不获是分也，唯不尚年也。”孔颖达疏：“伯是兄弟之长，故举伯以为言。”俗语里也有“难分伯仲”“伯仲之间”之类说法。“伯”指老大，“仲”指老二。看来，“老大”“第一”正是“伯”字早期意义的核心内容。那么，“伯”字字形上透露出什么信息呢？

河伯娶妻

伯，甲骨文作，金文作，就是楷书的“白”字。学者们认为，白就是对于人的面部容貌的描摹。貌，小篆本作“皃”（甲骨文已有近似写法），“儿”是“人”的变体，“白”即人的面部容貌。也有人认为“白”是太阳的闪光；也有人认为“白”像人伸出的拇指。我们觉得后一种说法与“老大”义似乎存在着一定的联系，因为在中国人心目中，拇指往往表示“老大”“第一”“给力”等积极正面的评价。

世上不同的事物往往能抽绎出一些相似的特征，如各自都有开端、结尾，都有产生、发展、终结的过程等。语言常常发挥其概括性功能，同一个词可以表达不同事物的相似特征。如“伯”既表示“兄弟中的老大”，也可以表示“在某一方面堪为魁首的代表人物”。《晋书·羊曼传附羊聃》：“先是，兖州有八伯之号，其后更有四伯。”“四伯”分别指“谷伯”“笨伯”“猾伯”“琐伯”。其中

“笨伯”在后世还有使用，本是讽刺人体肥胖，行动不敏捷，后泛称愚笨者。其实，“笨伯”应指“愚笨者之首”。唐封演《封氏闻见记·巾幞》：“燕公张说当朝，文伯冠服以儒者自处。”文伯，指文章宗伯，是对著名作家的敬称。这个解释对“伯”的含义讲得比较到位。“伯”也指“古代统领一方的长官”。《说文》：“伯，长也。”《左传·僖公十九年》：“诸侯无伯。”《汉书·酷吏传》：“置伯落长以收司奸。”颜师古注：“伯，亦长帅之称也。”“伯”还是“对男性长者的尊称”。《诗·小雅·正月》：“载输尔载，将伯助予。”《资治通鉴·汉宣帝地节三年》：“太子外祖父平恩侯许伯，以为太子少，白使其弟中郎将舜监护太子家。”胡三省注：“许伯，即许广汉，称伯者，盖尊之也。”此外，“伯”还表示“父亲的兄长”，古今用例都甚多。上述义项，其核心意义都指“位尊者”。以上的“伯”都读bó。

“伯”还表示“古代五等爵位的第三等”。古代爵位制度因时而异。以西周和春秋时期为例，早期五等是：“天子一位，公一位，侯一位，伯一位，子、男同一位。”（《孟子·万章下》）后期五等是：“王者之制禄爵，公、侯、伯、子、男，凡五等。”（《礼记·王制》）在《左传》“郑伯克段于鄢”的著名故事中，“郑伯”即为郑庄公。

（七）娘

娘，是一个从女、良声的形声字。《说文》未收。上古文献也未见此字。这是个中古后才出现的新词。《玉篇》：“娘，少女之号。”“娘”的本义为“少女”，即年轻女子。少女青春洋溢，充满活力，给人一种美好的视觉形象和心理感受。形声字的声符有时隐含意义。“从女，良声”的结构和“女、良”配合的反切注音，虽或有巧合的成分，但也不能完全排除其心理提示作用。“良”应含有“美好”的意蕴。《乐府诗集·清商曲集·子夜歌》：“见娘喜容媚，愿得结金兰。”明汤显祖《紫钗记·花朝合卺》：“青袍粉面，侬家少年得娘怜。”语境中都透露出对青年女性的喜爱之情。古代青年女子多有以“娘”为名者，如“采娘”“红娘”“杜十娘”。这种用法现代也偶尔出现，如20世纪80年代我国羽毛球女队有一名国手叫陈玉娘，她曾多次为国家争得荣誉。古代夫妇之间，“娘子”是丈夫对妻子的昵称。《北齐书·祖珽传》：“老马十岁，犹号骝驹；一妻耳顺，尚称娘子。”“娘子”本是对少女的称呼，转而又用于称妻子，但通常指青年妇女。此处老妇人已年过六旬，但丈夫仍对她惜爱有加，希望她永葆青春。

为适应语言交际的需要，词的内涵往往会随着人们的想象和联想而陆续扩展。在核心意义的导引下，词义渐次引申。“娘”的核心意义是“女性”，婚与未婚只是次要因素。因此，“娘”就生发出“妇女的通称”义。如“新娘”指新婚的妇女。《儒林外史》第二回：“就如女儿嫁人的，嫁时称为‘新娘’。”《二十年目睹之怪现状》第七十回：“吃到半席时，忽然间鼓乐喧天的，新娘娶回来了。”“渔娘”指打鱼的妇女。“厨娘”指女厨师。“徐娘”指南朝梁元帝妃子徐昭佩，容姿姣好。《南史·后妃传下》：“徐娘虽老，犹尚多情。”后来人们以“徐娘半老”指称尚有风韵的中老年妇女。社会上俗称“娘儿们”的也不少，一是长辈妇女和儿女晚辈的合称，如《西游记》第三十七回：“恐那怪神通广大，一时走了消息，你娘

魏晋砖画厨娘杀鸡图

儿们性命俱难保也。”二是泛指女人，多含轻蔑意味，如鲁迅《故事新编·理水》：“现在哪一个衙门里也不放娘儿们进去。”“娘娘”本是对妇女尊属的敬称，如称后宫的妃子叫“娘娘”。元王实甫《西厢记》第一本楔子：“这寺是先夫相国修造的，是则天娘娘香火院。”也指女神。《水浒传》第四十一回：“正中七宝九龙床上，坐着那个娘娘。”“娘娘庙”则指送子女神之庙。

指称母亲的“niáng”本作“孃”。《玉篇》：“孃，母也。”《广韵》孃字两读：“汝阳切。乱也。”“又女良切。母称。”与“娘”同音。《木兰诗》：“旦辞爷孃去，暮宿黄河边。”唐杜甫《兵车行》：“耶（爷）孃妻子走相送，尘埃不见咸阳桥。”后来“孃”“娘”混一，“孃”字逐渐淡出交际领域。推测其原因，二字音同，都从“女”，意义都与女性有关，在语言交际经济性原则的制约下，两个字终于走到了一起。《太平广记》卷九十九：“母语女言：‘汝还努力为吾写经。’女云：‘娘欲写何经？’”此处“娘”即“母亲”之义。其后，“娘”又由称母亲推广至称长一辈的已婚妇女，如父亲的已婚姐妹叫“姑娘”。《老残游记》第八回：“姑娘者，姑母之谓也。”天津人称伯母为“娘娘”，也称邻居家已婚妇女为“娘娘”。苏州有的地方则叫外婆为“娘娘”。这些“娘娘”与古代称帝妃、女神的“娘娘”只是字面相同，其本源应是“孃孃”，可见其时代背景与思想内涵已不可同日而语了。

（八）孟

孟，金文作、、，小篆作。《说文》：“孟，长也。从子，皿声。”“子”作为形符，表明其表意范畴与“子女”相关。辞书通常以此释其本义：“兄弟姊妹中排行最大的，也称伯。”（《汉语大字典》）“子女居长者为‘孟’，也称‘伯’。”（《王力古汉语字典》）

“孟”“伯”在表示“长子或长女”的意义上是一对同义词，但二者也存在着区别。《左传·隐公元年》：“惠公元妃孟子。”孔颖达疏：“孟仲叔季，兄弟姊妹长幼之别字也。孟、伯俱长也。《礼纬》云：‘庶长称孟。’然则嫡妻之子长者称伯，妾子长于妻子则称为孟，所以别嫡庶也。”这段话清楚地表明，同样是“老大”，伯是嫡子，孟是庶子，可谓壁垒分明。文献材料表明，在母系氏族社会，一个女子往往不止一个男性配偶，因此孩子只知其母，不知其父。在由母系社会转入父系氏族社会初期，这种混乱的婚姻状况尚未能彻底改变，所生的第一个孩子往往不能确认为亲生。因此对头生子的弃婴现象相当普遍。甲骨文“弃”字作，像双手捧起箕畚把婴儿丢弃状，就是为弃婴现象专门制作的一个字。《诗经》中曾描写过周的创始人后稷（名“弃”）被丢弃的情景。丢弃是一种处理方式，煮死是另一种处理方式。从“孟”字金文总体构形看，像器皿中盛有孩子、

孟姜女哭长城

烹煮孩子的形象。《墨子·鲁问》："楚之南有啖人之国者桥，其国之长子生，则鲜而食之，谓之宜弟。"《列子·汤问》："越之东有辄沐之国，其长子生，则鲜而食之，谓之宜弟。"这种丑陋而残酷的习俗表明，在我国，食长子的现象竟自上古延续到秦汉时代。其目的非常明确：去除非嫡亲的长子，为其弟弟即嫡长子创设更加适宜的生存、发展条件，即所谓"宜弟"。进入父系社会后，家族中出现了私有财产的继承问题。要确保嫡长子能获得财产继承权，就要去除非亲生的头生子，还要将庶长子也排除在外。《左传·桓公十八年》："并后、匹嫡……乱之本也。"明确指出，妾媵并同于王后、庶子相当于嫡子，这都是祸乱的本源。

"孟"的本义应是"长子或长女"。长子的例子鲜见，长女的例子则多见。如：《诗·鄘风·桑中》："云谁之思？美孟姜矣。"郑玄笺："孟姜，列国之长女。"《诗·郑风·有女同车》："彼美孟姜，洵美且都。"毛传："孟姜，齐之长女。"直白些说，"孟姜"即姜家的长女，也称"孟子"。如宋国子姓，其长女嫁给别国的多称"孟子"，例见《左传·隐公元年》"惠公元妃孟子"。"孟"由同辈中的老大，引申出"长"义。《吕氏春秋·正名》："齐湣王，周室之孟侯。"《汉书·地理志下》："尽以其地封弟康叔，号曰孟侯。"颜师古注："孟，长也。言为诸侯之长。"又引申为季节之首，如《礼记·月令》："孟春之月。"郑玄注："孟，长也。"

传统称四季的第一个月分别为“孟春”“孟夏”“孟秋”“孟冬”。《古诗十九首》之十七：“孟冬寒气至，北风何惨栗。”“孟”还有“大”义，这当与其本义“长子长女”也称“老大”有关。《管子·任法》：“莫敢高言孟行，以过其情。”

（九）儿

儿，繁体字作“兒”，甲骨文作，金文作，小篆作。“儿”的本义是“小孩”。古人是如何通过字形展现本义的呢？古文字中具有不同的方式。《说文》：“儿，孺子也。从儿，象小儿头囟未合。”李孝定《甲骨文字集释》：“契、金文儿字皆象总角之形。”依《说文》，“儿”为“人”字异写，其上为囟门未合拢之形，这是婴儿的生理特征。依李氏的意见，“儿”像儿童总角之形。从甲骨文看，李氏的说法有一定的道理，但金文构意与小篆相似，应像小儿囟门未合拢形。囟门未合也好，总角也好，总之都是婴幼儿的形象。《释名·释长幼》：“人始生曰婴儿。”

由于人们表达亲属称谓的需要，“儿”的意义发生转化，引申出“儿子”义。本来人们称呼自己的孩子用“子”字。《诗·大雅·生民》：“生民如何？克禋克祀，以弗无子。”此子指儿子。《诗·卫风·硕人》：“齐侯之子，卫侯之妻。”《论语·公冶长》：“以其子

宋代秋庭戏婴图

妻之。”此两例都指女儿。“子”的男女兼用现象影响了语言交际的明确性。后来作为改进措施，人们就用“儿”专指“儿子”，因而其使用时间相对偏后，如《汉书·项籍传》：“外黄令舍人儿，年十三，往说羽。”用例所处时代都在先秦之后。

“儿”的“孩子”义也可用于自称。《孔雀东南飞》：“府吏得闻之，堂上启阿母：‘儿已薄禄相，幸复得此妇。’”唐韩愈《琴操·履霜操》：“父兮儿寒，母兮儿饥。儿罪当笞，逐儿何为？”另一方面，父母称子女也可用“儿”。元关汉卿《窦娥冤》第四折：“哎，我屈死的儿也，则被你痛杀我也。”亲人之间这种代代传承的亲情表达，大大拉近了父母与子女之间的情感距离，加之我国孝文化的深刻影响，传统戏剧的文化熏陶和情感激发，使“儿”的这类用法一直延续下来。尽管今天当面交流时已很少使用这种表达方式，但在书信中并不少见。

根据语言表达习惯，“儿”还有下列意义。一是“男青年”。《史记·高祖本纪》：“发沛中儿，得百二十人。”唐白居易《杂兴三首》之一：“遂习宫中女，皆如马上儿。”二是“雄性的，多指牲畜”。《明史·兵志》：“凡牡曰儿，牝曰骒。儿一、骒四为群。”清顾炎武《日知录》卷三十二：“今人则以牡为儿马，牝为骒马。”这些意义与“儿子”义存在着类比式的内在联系即均为男性，因而符合人们的心理认知。此外，“儿”古时还用作“青年妇女自称”。北朝佚名《木兰诗》：“愿借明驼千里足，送儿还故乡。”

“儿”用作词尾，中古已有之。如名词词尾“花儿”，见南朝梁沈约《领边绣》：“萦丝飞凤子，结缕坐花儿。”加上词尾“儿”后的名物，有“小而可爱”的色彩，表明说话人对它的喜爱，同样也传递给对话人一种亲切之感。人们从中依稀可以感悟到词尾“儿”与“儿”的本义之间或隐或显的某种联系。

（十）子

子，甲骨文作，金文作，小篆作。《说文》：“子，十一月阳气动，万物滋，人以为称。象形。”许慎将传统阴阳学说与人的生育现象挂钩，力图给它蒙上一层神秘的面纱，因而不免失之牵强。高亨《文字形义学概论》：“古代以十二支纪月，以夏历言之，十一月为子月，十二月为丑月，正月为寅月……许氏以为子是子月之子，十一月是阳气初动、万物始萌之月，因而人之婴儿亦称为子，子字象婴儿之形，此说不尽是。”“子”的字形像婴儿，但本义的确定还应结合古代文献。《王力古汉语字典》释“子”：“儿女。《诗·大雅·生民》：‘居然生子。’”《汉语大字典》释“子”：“古代指儿、女；现在专指儿子。《玉篇·子部》：‘子，儿也。’”上述权威辞书，已经确立了“子”的本义指“儿女”，有的还点明了词义的演变。

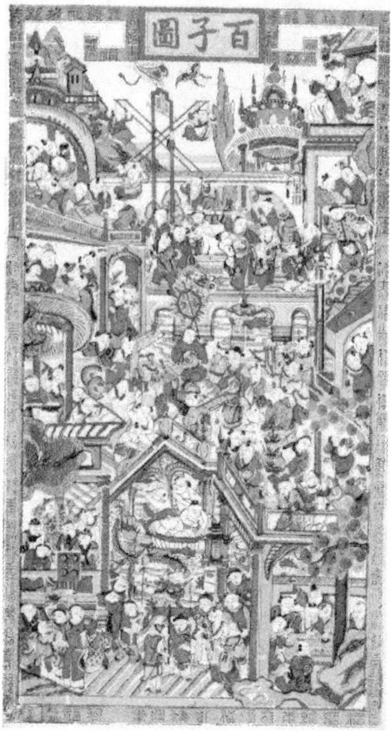

清代桃花坞木版年画百子图

“子”是婴儿，自然也是“孩子”，围绕这个意义，“子”还引申出其他义项。如“子孙；后代”义。《荀子·正论》：“圣王之子也，有天下之后也，势籍之所在也，天下之宗室也。”杨倞注：“子，子孙也。”又如“特指太子，君位的继承人”义。《礼记·曾子问》：“曾子问曰：‘君之丧既引，闻父母之丧，如之何？’孔子曰：‘遂既封而归，不俟子。’”郑玄注：“子，嗣君也。”古代国君强调视民如子，故称百姓为“子民”。《礼记·檀弓下》：“反尔地，归尔子，则谓之何？”郑玄注：“子，谓所获民臣。”“子”用作动词的情况也不少。如表示“尽儿女之道，善事父母”义，《论语·颜渊》：“君君，臣臣，父父，子子。”邢昺疏：“子不失子道。”表示“爱，像对子女一样地爱护”义，如《战国策·秦策一》：“子元元。”高诱注：“子，爱也。”表示“收养为子”义，如《史记·卫康叔世家》：“完母死，庄公令夫人齐女子之，立为太子。”

“子”用作尊称，由来已久。铜器铭文中就有用为“有地位男子尊称”的例子，如“吴季子”（吴季子之子剑）、“子禾子”（子禾子釜）、“沈子”（沈子也簋）。后代加以传承，皆以“子”表尊称，如孔子、孟子、老子、庄子、荀子、韩非子等。当然，除孔子之外，上述人名也用作其著作之名。先秦百家著作常以“子”为名，如《老子》《荀子》《韩非子》等。它是传统图书四部分类（经、史、子、集）中的第三类，包括哲学、科技和艺术等类书籍。“子”还是古代第四等爵位的名称。《礼记·王制》：“王者之制禄爵，公、侯、伯、子、男，凡五等。”殷商时代则列为第三等。《公羊传·桓公十一年》：“春秋伯子男一也。”何休注：“春秋改周之文，从殷之质，合伯子男为一，一辞无所贬，皆从子。”此外，古人常称自己的老师为“子”。《论语》：“子曰：学而时习之。”《正字通》：“门人称师亦曰子。”上述各个义项，都传递出一个共同点——“尊”，成为我国传统文化的一部分。

九、教育

“教育”本指教诲培育，也指培养新生一代准备从事社会生活的整个过程。璀璨的华夏文明绵延数千年传承至今，自然离不开教育的作用。古代先民很早就认识到教育的重要性，并以私人或官府办学的形式开展教育活动。“经历代教育工作者不懈地努力和探索，逐步形成了以德学并重、内外兼修、启发善诱、知行结合为特色的中国教育文化。”[①]这部分共列举常用词16个，如经、书、师、礼、义、仁、义、忠、恕、笔、墨、纸、砚，等等，内容涉及“四书五经”“三纲五常”“国学”，侧重从教学内容即教、学相互作用的角度探讨教育的文化价值。

（一）经

从传统文化的角度，一提到“经”，人们就知道指的是“经书”或“五经”，即我国儒家经典的书籍。五经是《诗经》《尚书》

① 李仕春等：《中国文化词语教学要略》，科学出版社2014年版，第81页。

《礼记》《周易》《春秋》，简称为“诗、书、礼、易、春秋”，若加上亡佚的《乐经》，则称为“六经”。“五经”配上“四书”，是南宋以后我国儒学的基本书目、儒生学子的必读之书。

经，形声字。《说文》：“经，织也。从糸，巠声。”意指编织品的纵线。今辞书以“织物的纵线，与‘纬’相对”作为“经”的本义。《礼记·间传》“禫而织”汉郑玄注：“黑经白纬曰织。”南朝梁刘勰《文心雕龙·情采》：“经正而后纬成，理定而后辞畅。”“经”的线条式特征使之产生出如下引申义。一指“南北向的道路或土地”。《周礼·冬官·匠人》：“国中九经九纬，经涂九轨。”贾公彦疏：“南北之道为经，东西之道为纬。”《大戴礼记·易本命》：“凡地，东西为纬，南北为经。”二指“中医指人体气血运行的通路”，又称“经络”“经脉”，隶属于经脉的穴位叫“经穴”。《庄子·养生主》：“技经肯綮之未尝，而况大軱乎？”三指“缢死，上吊”。这种死亡方式是用绳勒住脖子致死。《论语·宪问》：“自经于沟渎而莫之知也。”

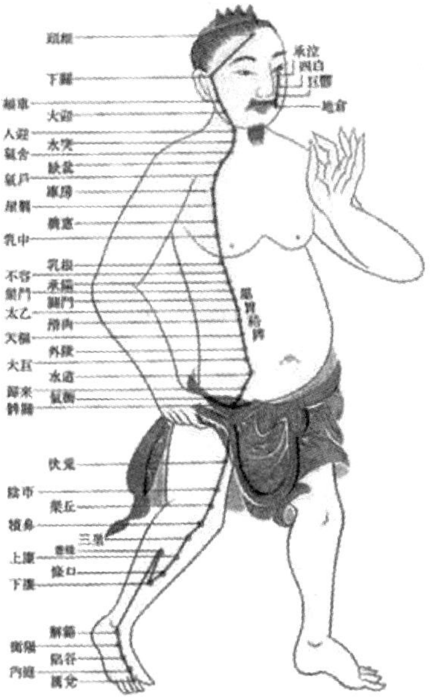

古代足阳明胃经经络图

由“南北向的道路或土地”义作合理想象，可以引申出“经过；经历”义，这是“经”的常见义。《史记·大宛列传》：

“（张骞）经匈奴，匈奴得之。”《后汉书·冯衍传》：“日月经天，河海带地。”“经过”所指是处所，“经历”所指是时间。“经”又引申为“常道。指常行的义理、准则、法制”。《左传·宣公十二年》：“政有经矣。”杜预注：“经，常也。”又“兼弱攻昧，武之善经也”，杜预注：“经，法也。”此外，“经”还有“治理；管理”义，如《周礼·天官·大宰》：“一曰治典，以经邦国，以治官府，以纪万民。”《后汉书·窦武传》：“臣惟膺等建忠抗节，志经王室。”

“经典，可作为标准的书”是“经”的重要义项。经是对典范著作及宗教典籍的尊称。《荀子·劝学》：“其数则始乎诵经，终乎读礼。”杨倞注：“经，谓《诗》《书》。”南朝梁刘勰《文心雕龙·论说》：“圣哲彝训曰经，述经叙理曰论。”经的门类很多，如儒家有十三经，道家有道经，佛家有佛经等。范文澜先生指出：“孔子非常博学，收集鲁、周、宋、杞等故国的文献，整理出《易》《书》《诗》《礼》《乐》《春秋》六种教本来，讲授给弟子们。这些教本……被尊称为经。”[①]先是“六经”“五经”，后来又演变成“九经”“十三经”。道经是道家或道教的经典。《隋书·经籍志四》：“道经者，云有元始天尊，生于太元之先，禀自然之气……所以说天地沦坏，劫数终尽，略与佛经同。”此外，“经”也指专门记述某一专科知识的书，如《水经》《茶经》等。

---

① 《中国通史》编委会编著：《中国通史》，吉林出版集团有限责任公司2013年版，第94页。

（二）书

书，金文作，小篆作。《说文》：“书，箸也。从聿，者声。”“书”“箸（著）”古音相近，许慎是运用声训法，表明“书”指写在竹帛上的行为。“书”之繁体从“聿”得义；从“者”得声，隶变后省为“曰”字，故当称为“者省声”。综上，“书”的本义为“写；记载”。《论语·卫灵公》：“子张书诸绅。”

“书”也指“文字”。《周易·系辞下》：“上古结绳而治，后世圣人易之以书契。”《荀子·解蔽》：“故好书者众矣，而仓颉独传者，壹也。”汉字的历史十分久远，最早的成系统的文字甲骨文距今已有三千多年，写字的材料是龟甲、兽骨，因其坚硬而又光滑，书写极为困难，所以人们普遍采用刀刻的方式，故甲骨文又称为“契文”。书写工具的变化、书写材料的改进，促进了汉字形体的发展变化，出现了甲骨文、金文、篆书、隶书、楷书、草书、行书等不同书体。由于甲骨文、金文不是用笔书写，而是采用刻契或浇铸的方式，因而称“文”而不称“字”；篆书、隶书、楷书等不是通过刻铸，而是用笔写于竹简、木牍、缣帛或纸上的，因而称为“书”。

“字体；书法”也是“书”的重要义项。写字的方法为“书法”，汉字独特的构造形成了汉字独具的书法艺术，成为我国艺术世界的一道亮丽风景。甲骨文、金文、篆书、隶书、行书及草书，都在书法作品中大放光彩。书写的材料除纸张、缣帛外，也不乏一些特例，如“子张书诸绅”，即书写在衣带上。也有书写于裙子上的。据《宋书·羊欣传》：“欣时年十二，时献之为吴兴太守，甚知爱之。献之尝夏月入县，欣著新绢裙昼寝，献之书裙数幅而去。欣本工书，

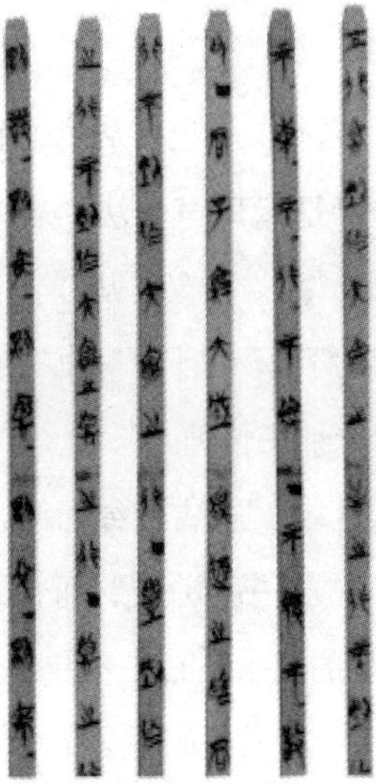

秦云梦睡虎地竹简

因此弥善。”书法家王献之在羊欣的新白丝裙上作书，羊欣视为珍宝，学习揣摩，于是书法水平得以提升。

表示“书籍”，是“书”的基本义。此义古已有之。《论语·先进》：“何必读书，然后为学？”《史记·老子韩非列传》：“申子、韩非皆著书，传于后世。”书的质料随时代而演进，先有竹书、帛书，后有纸质的书。书是文化的载体，对传承我国五千年灿烂文化功勋卓著。历代文人皆以读书为务，多以读书为乐，把书视作自己的伴侣与财富，但因时代局限，也有人误以“书中自有颜如玉”“书中自有黄金屋”作为阅读动力和人生目标。今天我们应正面认识书的社会效用，多读书，读好书，并从中受益。

书的形式多种多样，除书籍外，也指“簿书”即契约、文件，如文书、证书、婚书、休书、聘书、说明书。书也指书信、尺牍。唐杜甫《春望》：“烽火连三月，家书抵万金。”书又是《尚书》的特称。它是现存最早的关于上古时代典章文献的汇编，也是儒家的经典著作之一。南朝梁刘勰《文心雕龙·徵圣》：“《易》称‘辨物正言，断辞则备’，《书》云‘辞尚体要，弗惟好异’。”

（三）教

教，甲骨文作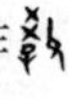，金文作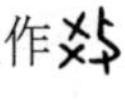，小篆作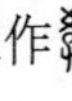。《说文》：“教，上

所施，下所效也。”学界对“教”字的结构有不同解读。邹晓丽《基础汉字形义释源》认为，“教”字从攴从子，爻声，故为以强制手段教育后代之意，且“教”“学”二字均从“爻”得声。王凤阳《汉字学·象事字》：“像一手持杖，管教儿童之形。”[①]李孝定《甲骨文字集释》认为“教”字从攴子，爻声，是会意兼形声字，也有人主张“教”是成人持戒尺在教儿童识字或计数。尽管看法有所分歧，但人们对“施教者在对儿童施教”这一关键点均表认同。

“教化，教育”是“教”的本义。《尚书·舜典》：“汝作司徒，敬敷五教。”《孟子·梁惠王上》：“谨庠序之教，申之以孝悌之义。”教育内容是全面的，既有思想品德，又有专业知识。教育与培养要紧密结合，这叫“教养”。《东观汉记·马融传》：“马融才高博洽，为通儒，教养诸生，常有千数。”教育要讲究方法，善于启发诱导，这叫“教诱”。明唐顺之《陆慎斋先生寿序》：“古者，耆年道艺之士，尊则为三老五更，以为王侯之师；下不失为闾胥族师，以教诱化诲其乡人。”教育要认真负责，从严要求，这叫“教诫”。《明史·蔺芳传》：“芳所治事，暮必告母。有不当，辄加教诫。”

“把知识和技能传授给人”是“教”的常见引申义，“教”读阴平调。《左传·襄公三十一年》：“教其不知，而恤其不足。”此言既要传授人们相关知识，又要体谅其不足之处。《孔雀东南飞》：“十三教汝织，十四能裁衣。”古人一以贯之的做法是，对待嫁的女孩应及时传授裁剪缝纫技能，以便她们出嫁后能胜任家务劳动。教人知识并加以引导叫“教率”。宋曾巩《劝学诏》：“至于学官，其能

① 王凤阳：《汉字学》，吉林文史出版社1989年版，第943页。

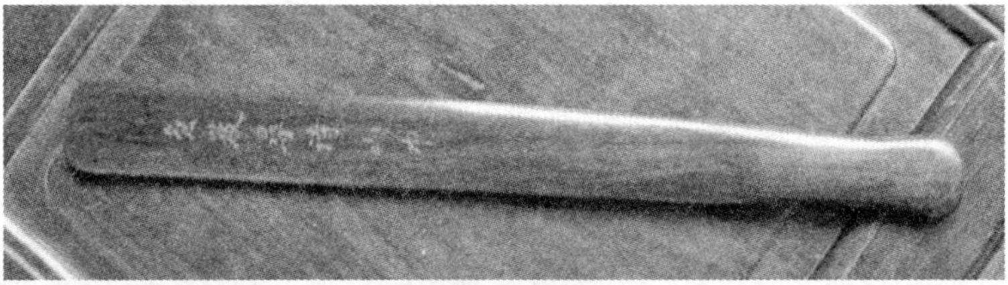

刻有名言的戒尺

明于教率，而详于考察，有得人之称，则待以信赏。”

“教师”原指“传授歌曲、戏曲、武术等技艺的人”，如元张国宾《罗李郎》第三折“人都道你是教师”，后指向学生传授知识的人。在我国，教师是一项崇高的职业，被称为“人类灵魂的工程师”。“教官”本指“掌管教化的官员”，后指“掌管学校的官员”，如宋陆游《老学庵笔记》卷四：“（张）和为陕府教官。”

“教”还有几个较特殊的义项。一是“宗教”，如元李翀《日闻录》：“教一也，亦分为三，曰天台教，曰贤首教，曰华严教。”二是“文体的一种，指官府或长上的告谕”。南朝梁任昉《文章缘起·教》：“汉京兆尹王尊出教告属县。”《梁书·文学传下》：“在县清洁，人有馈遗，一无所受，湘东王发教褒称之。”三是“病愈”（读阴平）。《敦煌变文集》：“女男得病阿娘忧，未教终须血泪流。”蒋礼鸿曰：“‘未教’的‘教’和‘病交’的‘交’都是病愈的意思。”此义目前仅见于变文作品。

（四）学

学，甲骨文作，金文作，小篆作、。《说文》：“学，觉悟也。从教，从冂。冂，尚矇也，臼声。”《汉语大字典》：“按：

古文字或从臼持爻以教膝下之子，或从子学爻于大人膝前。古教、学原为一字，以后分化为二。”有学者认为“爻”是声符，笔者认为“爻”是声义兼备。从金文看，该字像幼童在室内，在双手持交叉竹片（爻）的长者指导下学习知识。也有学者认为“爻”指爻辞，笔者觉得爻辞与文字相比产生较晚，而且概念较抽象，故两相比较，前一种说法似更具有代表性。

“学习”是“学”的本义。《尚书·说命下》：“学于古训，乃有获。”学习古训，就有真正的收获。《论语·学而》：“学而时习之，不亦说乎！”学习与复习恰当结合，可从中获取快乐。学习是一个广阔的天地，内容丰富多彩。如“学文”指学习文化知识，“学古”指学习研究古代典籍，“学字”“学书”指学习书法，“学艺”指学习六艺或学习技艺，“学道”指学习道艺，即儒家学说。《论语·阳货》：“君子学道则爱人。”也指学习道行（学仙或学佛），如《汉书·张良传》：“乃学道，欲轻举。”古代儒家讲究“学、问、思、辨”的修养方法，如《礼记·中庸》所说“博学之，审问之，慎思之，明辨之，笃行之。”宋朱熹注：“所以择善而为知，学而知也。”学习还必须择善而从，有所创新，不能机械模仿，固守雷池。

“学校”是“学”的引申义。《孟子·滕文公上》：“夏曰校，殷曰序，周曰庠，学则三代共之。”赵岐注：“学则三代同名，皆谓之学。”《礼记·学记》：“古之教者，家有塾，党有庠，术有序，国有学。”“学校”经历了一个发展过程。西周时，中央学校称“学”，即国学；地方学校的最高级为“校”，设于乡，称“乡校”。到了汉代，郡设立的学校称“学”，县、道、邑或侯国设立的

清代大学堂匾

学校称“校”，凡“学”与“校”毕业的学生，都有升入中央太学的资格。至近现代，凡读书授教之所均称之为“学校”。①

“学问”是“学”的另一个引申义。《论语·述而》：“德之不修，学之不讲……是吾忧也。”北齐颜之推《颜氏家训·勉学》：“学备古今，才兼文武，身无禄位，妻子饥寒者，不可胜数。”表示“学问”的合成词也不少，如“学尚”。《魏书·裴延俊传》：“兄弟并有学尚。”“学术”也有“学问”义。南朝梁何逊《赠族人秣陵兄弟》：“小子无学术，丁宁困负薪。”“学业”也有“学问”义。《西湖佳话·葛岭仙迹》：“兄之学业，亦可谓成矣。”“学义”也表示“学问”义。《后汉书·儒林传》：“丹学义研深，易家宗之，称为大儒。”至于“学养”“学识”表示学问知识，已无须举证。

“学”表示“学派；学说”义，如《韩非子·显学》：“世之显学，儒、墨也。”《史记·老子列传》：“老子修道德，其学以自隐无名为务。”唐封演《封氏闻见记·道教》：“本自黄帝，至老君祖述其言，故称为黄老之学。”“黄老”是黄帝与老子的并称，后世道家奉为始祖。唐韩愈《原道》：“黄老于汉，佛于晋、魏、梁、隋之间。”

---

① 杨金鼎：《中国文化史词典》，浙江古籍出版社1987年版，第473页。

“学”又指“学科；某一门类系统的知识”。如“哲学”，是关于世界观的学问，是自然知识和社会知识的概括和总结。“文学”，古指儒家学说、习儒之所，特指有关狱讼的文书等，今指用语言塑造形象来反映现实的艺术。宋周邦彦《汴都赋》：“又有律学以议刑制，算学以穷九九。”

（五）师

师，甲骨文作，金文作，小篆作。《说文》：“师，二千五百人为师。从帀，从𠂤。𠂤，四帀，众意也。”孔广居《说文疑疑》：“𠂤，俗作堆，积聚也。聚则众，散则寡，故𠂤有众意。帀，俗作匝，周遍也。众则周，寡则不周。故匝亦有众意。”“师”的本义指“军队的编制”。商周时代以二千五百人为师，是当时最高的军队编制。商代有左、中、右三师，西周有六师。“师”也引申指“军队”。《诗·秦风·无衣》：“王于兴师，修我戈矛。”《左传·僖公三十二年》：“劳师以袭远，非所闻也。”劳师，使军队疲劳。“师”又引申指“军师”。《史记·孙子吴起列传》：“于是乃以田忌为将，而孙子为师，居辎车中，坐为计谋。”

“师”的“老师；先生”义，是“军队的编制”义的假借义。《论语·为政》：“温故而知新，可以为师矣。”《荀子·性恶》：“夫人虽有性质美而心辩知，必将求贤师而事之。”德艺双馨、德能兼备的老师，才是一位贤师。《周礼·大宰》注：“师指民之有德行才艺，足以教人者。”《韩诗外传》：“行可以为表仪者，人师也。”韩愈在《师说》中对教师的作用做过权威的解释：“师者，所以传道受业解惑也。”《韩诗外传》还对“严师”提出要求：“凡学

孔子讲学雕塑

之道，严师为难。师严然后道尊，道尊然后民知敬学。”扬雄《法言·学行》则对不合格教师敲响了警钟：“师者，人之模范。模不模，范不范。为不少矣。”

“老师”有一系列同义词，如“先生”。《礼记·曲礼上》：“从于先生。”郑玄注：“先生，老人教学者。”又如“博士”，原是秦官，以通五经备顾问之官，汉置太学，立五经博士，教授生徒。“祭酒”也与教师相关。隋唐后称国子监主管为祭酒。唐代国子监设博士、司业、监丞、主簿、直讲等职。此外，周代的“师氏”掌辅导王室，教育贵族子弟及朝仪得失之事。“师保”指古时任辅弼帝王和教导王室子弟的官，也泛指老师。“师傅”也是老师的通称。《史记·太史公自序》：“孔氏述文，弟子兴业，咸为师傅，崇仁厉义。”

“有专门知识技艺的人”也是“师”的常见义。《孟子·告子上》：“今有场师，舍其梧槚，养其樲棘，则为贱场师焉。”赵岐注：“场师，治场圃者。”《新唐书·阎立本传》：“阁外传呼画师阎立本。”“乐官，乐师”也是“师”的含义之一。《史记·周本纪》：“师箴，瞍赋，蒙诵。”

（六）礼

礼，本字作“豊”。甲骨文作，金文作，小篆作。《说文》：“礼，履也。所以事神致福也。从示，从豊，豊亦声。”许慎认为礼是用来祭神求福的事。以“履”释“礼”，是用声训法释义，义为施行、实行。饶炯《说文解字部首订》：“夫以器贮物，奚明其为礼器？故下加豆注之。后乃以器名为事名，凡升降、拜跪、酬酢、周旋诸仪，亦谓之豊，又旁加示别之。”据甲骨文、金文，“礼”本作“豊”，上为盛玉之器，下为食器，合而表示“事神致福”，后来豊的范围扩大，遂加示旁以表示。

“祭神致福”是“礼”的本义。《仪礼·觐礼》：“礼日于南门外，礼月与四渎于北门外，礼山川丘陵于西门外。”唐杜甫《往在》：“前春礼郊庙，祀事亲圣躬。”祭祀的对象是天神地祇，祭品是牺牲玉帛。从甲骨文、金文的构形看，很具有代表性。文献中祭牲较常见，祭器也有用例。如《周礼·春官·肆师》：“肆师之职，掌立国祀之礼，以佐大宗伯。立大祀用玉帛牲牷，立次祀用牲币，立小祀用牲。”礼神的玉器叫“礼玉”。清夏炘《学礼管释·释礼玉祀玉》：“古者祭天地之玉，有礼玉，有祀玉。礼玉荐于神坐，祀玉执之于手，《书·金縢》所谓‘周公……植璧秉圭’是也。”从一些合成词中也能找到佐证材料。如“礼祀”指以礼祭祀，明归有光《西王母图序》：“秦始皇东游海上，礼祀名山大川及八神。”“礼神”即祭神。汉扬雄《甘泉赋》：“集乎礼神之囿，登乎颂祇之堂。”

由“祭神致福”扩大引申，“礼”又有“礼仪”义。《诗·小雅·宾之初筵》：“百礼既至，有壬有林。”此言百礼既大又多。《论语·阳货》：“君子三年不为礼，礼必坏。”礼仪是社会生活中由风俗习惯形成的行为准则、道德规范和各种礼节。古代的礼名分为五种：吉、凶、军、宾、嘉。礼之事有九：冠、婚、朝、聘、丧、祭、宾主、乡饮酒、军旅。古人认为一个人的礼仪举止是其内心的显现。这叫“礼意情貌”。情，情意；貌，仪容。貌与情互为表里，见晋阮侃《释难宅无吉凶摄生论》：“周公有请命之事，仲尼非子路之祷……所谓礼为情貌者耳。”礼是社会的规约，道德的标尺，不可违而不遵。所以孔子说：“非礼勿视，非礼勿听，非礼勿言，非礼勿动。”（《论语·颜渊》）晏子说：“凡人之所以贵于禽兽者，以有礼也。故《诗》曰：‘人而无礼，胡不遄死。’礼，不可无也。”（《晏子春秋·谏上二》）古人还提倡“礼义廉耻”作为四种道德规范，作为治国的四维。

孔子问礼图（奚文渊绘）

“礼”可表示“以礼相待；敬重”义。《吕氏春秋·察贤》：“魏文侯师卜子夏，友田子方，礼段干木。”《礼记·月令》：“聘名士，礼贤者。”《孟子·滕文公上》：“是故贤君必恭俭礼下，取于民有制。”成语有“礼贤下士”，即有地位者能礼敬贤德之士并降格与之结交。历史上刘备三顾茅庐，曹操赤脚迎接许攸，齐桓公拜管仲为相，都是礼贤下士的著名事例。

“礼物”是“礼”的常见义。《礼记·表记》：“无礼不相见也。”馈赠之物叫“礼馈”。宋叶适《监司》：“所从之吏卒，所批之券食，所受之礼馈，皆有明禁。”人见面时进献的礼物叫“礼贽”。《国语·周语中》：“子家奔齐。”三国吴韦昭注：“诸侯、大夫以君命使出，出必有礼贽。”

（七）义

义，繁体字作“義”，甲骨文作，金文作，小篆作。《说文》：“义，已之威仪也。从我羊。”许慎认为该字是会意字。其实古音中“义”“我”都是疑母、歌部，读音接近，故“我”也表示“义”的读音。王筠《说文释例》卷十九指出：“义下当云‘我亦声。’”

所谓“已之威仪”，所指就是人的仪容、状貌。这里的“义”读阳平调。“义”是“仪”的古字。段玉裁注：“言已者，以字之从我也……古者威仪字作义，今仁义字用之。仪者，度也，今威仪字用之。”

“义”表示“仪容；状貌”义，古书多有用例。《逸周书·籴匡》：“服美义淫。”俞樾《群经平议·周书》：“义，当读为仪。《周礼·春官·肆师》：‘治其礼仪。’郑玄注：‘古者书仪但为义。'是其证也。仪淫者，威仪盛也。"又《汉书·高帝纪下》："遣诣相国府，署行、义、年。"颜师古注引苏林曰："行、状、年纪也。"

"社会认为合宜的道理和行为"是"义"的常用义，字读去声。《论语·公冶长》："其养民也惠，其使民也义。""义"是古代儒家学说中的一个重要概念，是一切思想和行为最高的准则，也是古人思想教育中的重要内容。《孟子·离娄上》："义，人之正路也。"所以人的一言一行都必须合乎"义"的要求。"仁、义、礼、智、信"作为儒家修身的基本要求而并称。孔子和孟子都把"义"作为"利"的对立面加以肯定。孔子说："君子喻于义，小人喻于利。"（《论语·里仁》）孟子更认为一讲利，就必然危害义。儒家这种义利观导致后世的文人普遍重义理、轻货殖，这在我国传统文化中具有根深蒂固的影响。因此，合乎道义准则的意志叫"义志"，忠义或节义的行为叫"义行"，结义或聚义的友辈称"义友"，仗义助人的豪侠称"义侠"。人们甚至把舍身救主人的狗称为"义犬"，如宋洪迈《容斋随笔·人物以义为名》："禽兽之贤，则有义犬、义乌、义鹰、义鹘。"

"义"也表示"用于施舍救济的；为公益不取报酬的"义，如旧时施舍行人的浆水叫"义浆"。晋干宝《搜神记》卷十一："山高八十里，上无水，公汲水作义浆于坂头，行者皆饮之。"旧时收埋无主尸骨的墓场叫"义冢"。清冯桂芬《苏太义园记》："族相葬、党相救、州相赒之道废，而后有义冢。""义"还可表示"名义上的；假的"义，如义父、义儿、义齿、义肢。义儿又叫"义男"。宋王应麟《困学纪闻·改史》："钟绍京为宰相，而称义男于杨勖之父。”“义帝”，犹“假帝”。《史记·项羽本纪》：“项王使人致命怀王。怀王曰：‘如约。’乃尊怀王为义帝。”“义髻”指旧时妇女作修饰用的假发髻。《新唐书·五行志一》：“杨贵妃常以假鬓为首饰，而好服黄裙。近服妖也。时人为之语曰：‘义髻抛河里，黄裙逐水流。’”

田横岛上的五百义士塑像

（八）忠

忠，金文作，小篆作。《说文》：“忠，敬也。从心，中声。”段玉裁注：“敬者，肃也。未有尽心而不敬者。”段氏又增补“尽心曰忠”四字，说：“各本无此四字，今依《孝经疏》补。《孝经疏》，唐元行冲所为，唐本有此。”“忠”的本义是“尽心竭力，忠诚无私”（《汉语大字典》），其形体与本义较为贴合。“从心”，表明它是思想情感，内心所思。“中”既是声符，也具表意功能。“中”指不偏不倚，合而言之，是“把人或事放在自己心中”。甲骨文、金文中，有的“中”字作一面旗子的形象。赵诚先生说：“卜辞所说的‘立中’，即立旗。”①旗子通常画有族徽，是家族的标志物。因此，“忠”就是一个人心中装着族徽之旗，即把家族时时放在心中，这正是“尽心竭力，忠诚无私”的形象体现。

“忠”是儒家的道德规范，指为人正直，诚恳厚道，坚持真理，

① 赵诚：《甲骨文简明词典》，中华书局1988年版，第219页。

杭州岳王庙忠泉

尽心尽力，有时特指臣民对君主和国家应尽的道德义务。孔子所说的“忠”，是指和别人相处时的一种态度，尽心尽力帮助别人叫忠，对长辈尽孝道也是忠，报效国君也是忠。他还把忠作为实行最高道德原则“仁”的必要条件。《论语·子路》：“樊迟问仁。子曰：‘居处恭，执事敬，与人忠。虽之夷狄，不可弃也。’”孟子也把忠作为重要的道德规范，提出“壮者以暇日修其孝悌忠信。”（《孟子·梁惠王上》）。汉语中由“忠”构成的合成词有不少为日常用语，如忠贞义烈为“忠义”，忠诚老实为“忠实”，忠实厚道为“忠厚”，忠诚正直为“忠正”，等等。至于“忠心耿耿”“忠心赤胆”“忠肝义胆”“忠贯日月”等，人们更是耳熟能详。可见，优良的传统文化代代相传，已深深地融入民族的血脉之中。

“忠”也“特指事上忠诚”。《尚书·伊训》：“居上克明，为下克忠。”孔安国传：“忠，事上竭诚也。”《荀子·大略》：“虞舜、孝己孝而亲不爱，比干、子胥忠而君不用。”唐韩愈《曹成王碑》：“侍太妃，从天子于蜀，既孝既忠。”历史上并不乏愚忠愚孝的反面事例，对此人们多抱着否定的态度，所以国人心中真正钦佩的是精忠报国的英雄事迹，如苏武牧羊、岳飞报国、穆桂英挂帅等，而不是愚昧的人身依附关系。

“忠”也表示“忠厚”义。《楚辞·九歌·湘君》：“交不忠兮怨长，期不信兮告余以不闲。”王逸注：“忠，厚也。言朋友相与不厚则长相怨恨。”《史记·高祖本纪》：“太史公曰：夏之政以忠。忠之敝，小人以野，故殷人承之以敬。”裴骃集解引郑玄曰：“忠，质厚也。”

（九）信

信，小篆作。《说文》：“信，诚也。从人，从言，会意。”“信”的本义是“言语真实，不说谎”。《老子》第八十一章：“信言不美，美言不信。”《谷梁传·僖公二十二年》：“所以为言者信也。言而不信，何以为言？”《左传·襄公九年》：“信者，言之瑞也。”《左传·襄公二十七年》：“志以发言，言以出信。”大量的例证都说明了坚守言语真实的重要意义。刘志基教授曾对《左传》24条含“信”的句子做过分析，认为“言而有信的观念在当时人们心目中占据了极为重要的地位”，并且认为“信”字造字思维的形成有深刻的文化成因：春秋以降，周室衰微，礼坏乐崩，原本依靠周王室权威和礼仪规范建立的社会秩序不复存在，因而新的秩序需要依靠信守诺言来维持。①“信”字构形，清晰地传达出字的本义。“人言为信”无须赘言；“人、口”结合也展示了同样的含义。至于“言、心”结合，王筠《说文句读》指出：“言者，心之声也。”

由“言语真实，不说谎”义引申，“信”生发出“诚实不欺，守信用”义，这在《论语》中多有用例。孔子把“守信”视为做人处世的重要原则和道德规范。如《论语·学而》中提出“与朋友交而不信乎？”又强调“主忠信”，突出了“信”在道德体系中的独特地位。

① 傅永和、李玲璞、向光忠主编：《汉字演变文化源流》，广东教育出版社2012年版，第987页。

季札挂剑画像石拓片

历史上广为传颂的“季札挂剑”“尾生抱柱”等，都是言必守信的典型。“信”又表示“相信；信任”义。《论语·公冶长》中提出待人接物要慎重，不可“听其言而信其行”，而应“听其言而观其行”。

“使者；信使”是“信”较早的一个义项。《三国志·魏书·武帝纪》：“超等屯渭南，遣信求割河以西请和。”《晋书·王濬传》：“及濬将至秣陵，王浑遣信要令暂过论事。”以上表示“使者”义。《世说新语·雅量》：“谢公与人围棋，俄而谢玄淮上信至，看书竟，默然无言。”此指“信使”义。

今人熟悉的“书信”义产生较晚，大约起自中唐。元稹《书乐天纸》：“不忍拈将等闲用，半封京信半题诗。”贾岛《题朱庆馀所居》：“寄信船一只，隔乡山万重。”表示“书信”义时，“信”有很多同义词。如“函”，指有封套的信；“牍”，本指写字用的小木片，后转指书信、文件；“札”，本指写字用的小木片，后转指信件；“简”，本指古代写字用的竹片或木片，也转指书信；“素”，指短帛，“尺素”表示书信；“笺”可指写信或题词用的纸，引申指书信。此外，因《汉书·苏武传》中有大雁传书的记载，故“鸿雁”

也代指书信。清孙枝蔚《得方尔止越中消息》：“屡月无鸿雁，沿途半虎狼。”因汉蔡邕《饮马长城窟行》中有“呼儿烹鲤鱼，中有尺素书”之语，后人遂以“鲤鱼”代称书信。

（十）仁

仁，金文作，小篆作。《说文》：“仁，亲也。从人，从二。”关于“仁”的构形，传统的看法是二人相处而有亲爱之心，就体现了仁的精神。徐铉：“仁者兼爱（同时爱别人），故从二。”古文的构形也体现了这种意向。徐灏《说文解字注笺》指出，千心为仁，即取博爱之意。王筠《说文句读》：“尸仍是人，横陈于上耳。以其字形平也。”也有学者认为，“仁”中的“二”只是一种重文符号，并无区别文字的功能。两种意见比较起来，笔者较赞成前一种意见，因为它为“仁”字构形提供了理据，也更符合国人的传统认知。

“仁”是一种道德观念，其核心指人与人相互亲爱，孔子把它作为最高的道德标准。它不仅体现了多方面的伦理道德原则，也是各种美德的高度概括。仁主要表现为“爱人”。《论语·颜渊》：“樊迟问仁。子曰：‘爱人。’”这也包括仁慈厚道、行惠施利等方面。关于仁在政治上的体现，孔子说“克己复礼为仁”，“非礼勿视，非礼勿听，非礼勿言，非礼勿动”即为“仁”，人们的一切社会行为都必须遵循周礼。孟子言“仁”，吸取了孔子仁者“爱人”的思想。指出“恻隐之心，仁也”，“仁者，人也”，认为“仁”是人的天性。日常人们赞美别人时爱用的合成词“仁义”“仁爱”“仁厚”“仁慈”、称谓语“仁兄”“仁弟”“仁妻”等至今不衰，都是仁爱观念深入人心的体现。

虎狼之仁图

“仁”也指“有德者”。《论语·学而》：“泛爱众，而亲仁。”邢昺疏：“有仁德者则亲而友之。”《论语·微子》：“微子去之，箕子为之奴，比干谏而死。孔子曰：‘殷有三仁焉。’”有德行的人说的话益处大，这叫“仁言利博”。《左传·昭公三年》：“君子曰：‘仁人之言，其利博哉！晏子一言而齐侯省刑。’”有德者不仅指人，也指事物中有恩于万物长育者。《礼记·乡饮酒义》：“养之，长之，假之，仁也。”孔颖达疏：“五行，春为仁，夏为礼，今春为圣、夏为仁者，春夏皆生养万物，俱有仁恩之义，故此夏亦仁也。”古人还把自己喜爱的事物冠以“仁”字，如茱草、萱荚等不常见的瑞草被称为“仁草”，鸾凤被称为“仁鸟”；古代传说麒麟口不食生物，足不践生草，有王者则至，故称之为“仁兽”。乌鸦也被称为“仁乌”，这与介子推的故事有关。相传春秋时，晋文公发现功臣介子推被漏却封官而躲藏山林，于是焚林以逼其出山，有白鸦绕烟而噪，并集子推身旁，火不能焚。晋人称之为仁乌。晋王嘉《拾遗记·鲁僖公》：“所焚之山数百里居人不得设网罗，呼曰‘仁乌’。”

宋国的太宰荡向庄子请教仁爱，庄子说：“虎狼，仁也。”庄子认为那些看起来凶残却从不伪饰的猛兽也有着仁爱的一面。太宰又问什么是至仁？庄子认为孝、爱都是从身边的亲人说起的，是有偏私的，这样的仁与虎狼的仁没有根本区别。至仁应当是没有任何偏私和亲疏的大爱。

“仁”也可指果核或果壳最里面的部分，这是果核的精华部分，其营养丰富，滋味美好，象征着生命的种子。《颜氏家训·养生》：“邺中朝士，有单服杏仁、枸杞、黄精、术、车前得益者甚多。”《太平御览》卷九六五引《刘根别传》：“可服枣核中仁二十七枚。”

（十一）孝

孝，甲骨文作，金文作，小篆作。《说文》：“孝，善事父母者。从老省，从子，子承老也。”“孝”的古文字形结构，上面像身体佝偻的长发老人，下面的“子”表示儿子继承父亲，年少者继承年长者。唐兰先生认为是子搀扶老人之形，为会意字。

据《说文》，“孝”的本义是“善事父母”。有些辞书承续了这种观点，如《王力古汉语字典》：“善事父母为孝。”《左传·隐公三年》：“君义、臣行、父慈、子孝、兄爱、弟敬，所谓六顺也。”《论语·学而》：“弟子入则孝，出则悌。”汉贾谊《新书·道术》：“子爱利亲谓之孝，反孝为孽。”孝顺父母是中华民族的传统美德，它从人的自身修养、德行，演变为被国家推崇的“孝道”，成为中国古代以宗法制为本的家族制度和政权形式的基础和保障。“孝顺”“孝敬”“孝悌”成为衡量人品、规约社会行为的重要标杆，“孝子”“孝女”“孝孙”等在不同时代都是人们的“道德模范”。就连能衔食喂母的乌鸦也被称为“孝乌”。吴国孟宗的母亲嗜笋，隆冬时孟宗正在竹林哀叹，笋

孝亲图

受感应破土而出，因而被称为“孝笋”。至于王祥卧冰、老莱子娱亲等“二十四孝”，人们更是耳熟能详。不过其中也包含“愚孝”的成分，我们必须一分为二，区别对待。

“孝”并不局限于“善事父母”，还指“对尊亲敬老等善德的通称。”《孝经·天子》：“爱亲者不敢恶于人，敬亲者不敢慢于人，爱敬尽于事亲，而德教加于百姓，刑于四海，盖天子之孝也。”《汉书·贾山传》：“故以天子之尊，尊养三老，视孝也。”讲究孝道忠敬，养成恭顺、服从的性格，人们就不会犯上作乱，自然有利于维持封建社会秩序。因此历代帝王都把“孝”作为选拔人才的必要条件，如汉代有“孝悌”“孝廉”，唐代有“孝悌力田”科，明代时“孝廉”成了“举人”的别称。

“祭祀”是“孝”的引申义。《论语·泰伯》：“子曰：‘禹，吾无间然矣。菲饮食而致孝乎鬼神，恶衣服而致美乎黻冕，卑宫室而尽力乎沟洫。’”祭祀鬼神与善事父母具有什么样的联系呢？《礼记·祭统》对此曾有所阐述：“上则顺于鬼神，外则顺于君长，内则以孝于亲”，“孝子之事亲也，有三道焉：生则养，没则丧，丧毕则祭”，“祭者，所以追养继孝也”。一个人生则为人父母，死则为鬼神，但父母的身份始终未变，做子女的自然要以祭祀的方式表达对他们的孝敬之心。可见“祭”与“孝”互为表里，密不可分。

“孝”字还有其他几个重要义项。如“指居丧”“指孝服、丧服”等。《北史·崔子约传》：“五岁丧父，不肯食肉。后丧母，居丧哀毁骨立。人云：‘崔九作孝，风吹即倒。’”此指居丧。《水浒传》第二十五回：“那妇人带上孝，一路上假哭养家人。”此指孝服。古人居丧期间有严格规定，如不准宴乐、婚嫁，不准穿艳丽服装等。今天我国部分地区依然传承许多习俗，如出殡时身穿白孝服、头系白布带、脚穿白鞋、臂上佩戴黑袖章等，有的还要摔盆、作路祭，以表达孝敬。

（十二）恕

恕，形声字。金文作，小篆作。《说文》：“恕，仁也。从心，如声。”“恕”指推己及人。如，声中含义。潘任《粹言疏证》：“恕为如己之心，如人之心。恕当兼人我为说矣。”

“恕”的本义是“恕道”，即推己及人，仁爱待物。《论语·卫灵公》：“子贡问曰：‘有一言而可以终身行之者乎？’子曰：‘其恕乎！己所不欲，勿施于人。’”汉贾谊《新书·道术》：“以己量人谓之恕，反恕为荒。”所谓“恕道”，即宽仁之道。汉刘向《说苑·至公》：“推之以恕道，行之以不党，伊吕是也。”仁爱之心为“恕心”。《后汉书·郭躬传论》：“夫不喜于得情则恕心用，恕心用则可寄枉直矣。”以宽厚之心去考虑事情叫“恕思”。《左传·襄公二十四年》：“恕思以明德，则令名载而行之，是以远至迩安。”

“忠恕”是儒家伦理道德思想。曾子曰：“夫子之道，忠恕而已矣。”（《论语·里仁》）朱熹注：“尽己之谓忠，推己之谓恕。‘而已矣’者，竭尽而无余之辞也。”孔子以“忠恕”作为达到“仁”的必由之路，所以他在面对“有一言而可以终身行之者乎”的提问时，做出了“己所不欲，勿施于人”的回答。孟子所言“老吾老，以及人之老，幼吾幼，以及人之幼”也是所谓“推己及人”的“恕道”。

山西榆次元代城隍庙是我国现存城隍庙中最古老、最完整的古建筑群之一。这里的冥王殿殿前有一抱柱联，联云：“须知我能宽能恕，且把屠刀放下，回头转来；任凭你无法无天，到此明镜悬时，还有胆否？”颇有警世作用。

对己严，待人宽，这是传统价值观的重要原则。合成词“宽恕”“恕宥”“恕谅”“恕矜”“恕贷”都是指宽恕、原谅别人。

梁上君子

“宽恕；宽容”是“恕”的一个重要义项。屈原《离骚》：“羌内恕己以量人兮，各兴心而嫉妒。”《战国策·赵策四》：“窃自恕，而恐太后玉体之有所郄也。”有个典故叫“梁上君子”，对人很有教益。据《后汉书·陈寔传》，有一年闹饥荒，有一个小偷夜间潜入陈家，并藏在梁头上。“寔阴见，乃起自整拂，呼命子孙，正色训之曰：‘夫人不可不自勉。不善之人未必本恶，习以性成，遂至于此。梁上君子者是矣！’盗大惊，自投于地，稽颡归罪。”面对小偷，陈寔并没有召集子孙予以捉拿，而是运用召开“现场会”的特殊形式，一方面教育了子孙，一方面又展现出其宽恕之心，训诫、劝导小偷时甚至以“君子”称之，为之提供改恶从善的机会，这种精神，实在难能可贵。

（十三）笔

笔，繁体字作“筆”，甲骨文作，小篆作。甲骨文“笔”字像用手执笔的形象。学界认为，“笔”的初文作“聿”，“聿”的本义就是“笔”，《说文》：“聿，所以书也。楚谓之聿，吴谓之不律，燕谓之弗。”不律，“筆”的合音。罗振玉《增订殷虚书契考释》：“此象手持笔形，乃象形，非形声也。”许慎《说文》“秦谓之筆。从聿，从竹”，认为“筆”为秦制字，“秦以竹为之，加竹”。“聿”表示笔，“竹”表示质料。“笔”是“筆”的俗字，北齐时的《隽敬碑》中已有“笔”字。

关于笔的起源，宋高承《事物纪原》卷八曾有记述：“《说文》曰：楚谓之聿，吴谓之不律，燕谓之弗，秦谓之笔。张华《博物志》曰：秦蒙恬造。又曰舜造笔。《古今注》曰：牛亨问自古有书契以来，便应有笔，世称蒙恬造笔何也？恬始秦笔耳，以柘木为管，鹿毛为柱，羊毫为被，所谓苍毫，非兔毫竹管也。由此观之，则以羊毫为笔，斯蒙恬所制耳。”这是根据传世文献所作的推测。根据出土文献，我们今天所见到的甲骨文尽管大部分是用刀刻的，但也有少量的

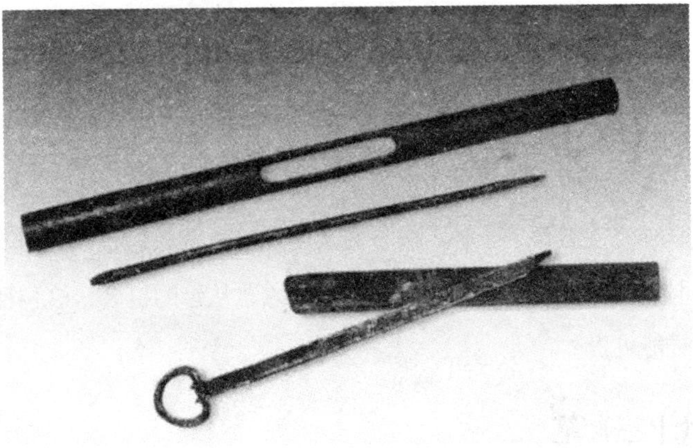

湖北云梦睡虎地出土秦代毛笔等书写工具

是用毛笔写的。其实早在新石器时代，某些文化遗存的陶器上出现的符号，有的已经使用毛笔一类的工具绘写。这说明毛笔的使用比蒙恬制笔的时代要早四千多年。①

“笔”的本义是“书写和绘画的文具”，有的辞书对其本义的解释无“绘画”二字，就显得不够全面。《庄子·田子方》：“宋元君将画图，众史皆至，受揖而立，舐笔和墨，在外者半。”南朝宋刘义庆《世说新语·文学》：“会须露布文，唤袁倚马前令作，手不辍笔，俄得七纸，殊可观。”唐杜甫《奉赠韦左丞丈二十二韵》：“读书破万卷，下笔如有神。”“笔”可由书写绘画工具引申作动词，表示“书写；记述”义。《史记·孔子世家》：“至于为《春秋》，笔则笔，削则削，子夏之徒不能赞一辞。”也引申指文字或绘画作

① 傅永和、李玲璞、向光忠主编：《汉字演变文化源流》，广东教育出版社2012年版，第1122页。

品。《抱朴子·辨问》："所以过绝人者，唯在于才长思远，口给笔高。"此外，"笔谈"指笔记类著作体裁的一种；"笔述"指文字记述、著作；"笔札"本指毛笔和简牍，借指文章、书画；"笔乘"指历史著作。形容人用笔巧妙、文采飞扬的成语也有很多，如笔底春风、笔下生花、笔走龙蛇、笔酣墨饱等，都很生动形象。

"特指散文，与有韵的'文'相对"是"笔"的另一个引申义。南朝梁刘勰《文心雕龙·总术》："今之常言，有'文'有'笔'，以为无韵者'笔'也，有韵者'文'也。"梁简文帝《与湘东王论文书》："至如近世，谢朓、沈约之诗，任昉、陆倕之笔，斯实文章之冠冕，述作之楷模。"

"笔"还指汉字的笔画。《晋书·王羲之传》："论者称其笔势，以为飘若浮云，矫若惊龙。""笔"具有较强的构词能力，与写字、画画、作文、用笔相关的词常常用"笔"来合成，如笔调、笔端、笔伐、笔锋、笔耕、笔迹、笔名、笔墨、伏笔、落笔、漫笔、润笔等。

（十四）墨

墨，小篆作。《说文》："墨，书墨也。从土，从黑，黑亦声。""墨"是一个会意兼亦声字。墨、黑今音明显不同，但古音相近。张舜徽《说文约注》："黑与墨实一语，盖在喉为黑，在唇则为墨矣。古声喉唇，恒相转也。"

"墨"的本义是"用于书写、绘画的黑色颜料"。明陶宗仪《南村辍耕录·墨》："上古无墨，竹挺点漆而书。中古方以石磨汁，或云是延安石液。至魏晋时，始有墨丸，乃漆烟松煤夹和用之。”关于墨的产生与演进，还有不同说法。宋高承《事物纪原》：“后汉李尤《墨砚铭》曰：‘书契既造，墨砚乃陈。则是兹二物者，与文字同兴于黄帝之代也。’”相较而言，《南村辍耕录》所说“上古无墨”当为可信，墨始于“黄帝之代”无据。其演进，可参陶宗仪与桂馥的解说。

与“用于书写、绘画的黑色颜料”义相关，“墨”具有以下引申义。一为“墨线”，又叫“绳墨”，系木工用来测定直线的工具。《楚辞·九辩》：“何时俗之工巧兮，背绳墨而改错。”《孟子·尽心上》：“大匠不为拙工改废绳墨。”二为“黑色”。唐韩翃《送刘将军》：“青巾校尉遥相许，墨槊将军莫大夸。”三为“气色晦暗”。《左传·哀公十三年》：“肉食者无墨。今吴王有墨，国胜乎？”杜预注：“墨，气色下。”四为“贪污，不廉洁”。《左传·昭公十四年》：“己恶而掠美为昏，贪以败官为墨，杀人不忌为贼。”杜预注：“墨，不洁之称。”五“谓丧仪

《天工开物》所载松烟制墨图

穿黑色的丧服”。《左传·僖公三十三年》：“遂墨以葬文公，晋于是始墨。”杨伯峻注：“谓着黑色丧服以葬文公也。晋自此以后用黑色缞绖为常，襄二十三年《传》云‘公有姻丧，王鲋使宣子墨缞冒绖’可证。”六为“刑罚名”，系古代五刑之一，又名“黥刑”。《尚书·伊训》：“臣下不匡，其刑墨。”可以看出，上述各义项以消极义为多，这似与人们对墨色形象的负面评价存在心理关联。黑色暗淡不亮丽，传统的“五色”“七色”均将其排除在外。黑色又有“隐秘”“狠毒”的象征意义。故杜预对“墨”有“气色下”“不洁之称”等否定性评价。

“墨”可指“诗文书画”等作品。唐孟浩然《还山贻湛法师》：“墨妙称古绝，词华惊世人。”“墨”也是“墨家学派”的简称。墨家的门徒和学者称“墨者”。《孟子·滕文公上》：“墨者夷之，因徐辟而求见孟子。”《韩非子·显学》：“孔墨之后，儒分为八，墨离为三。”

（十五）纸

纸，金文作，小篆作。《说文》：“纸，絮一苫也。从糸，氏声。”意指漂洗后附着在一方形竹帘上的丝绵渣。“纸”的本义“原指漂洗丝絮时附着于漂器上的絮渣”，“用于书写，便是最早的缣帛为原料的纸”（《王力古汉语字典》）。《后汉书·贾逵传》：“（帝）令逵自选《公羊》严、颜诸生高才者二十人，教以《左氏》，与简纸经传各一通。”李贤注：“竹简及纸也。”

关于纸的产生历史，宋高承《事物纪原》卷八曾有论述：“《后汉书·蔡伦传》曰：自古书契，多编以竹简，其用缣帛者，谓之纸。缣贵而简重，并不便于人。伦乃造意，用树肤麻头及弊布、鱼网以为纸。元兴元年奏上之，帝善其能，自是天下莫不从用焉，故天下咸称蔡伦纸。”纸是我国古代四大发明之一，可供书写、绘画、印刷、包装之用。蔡伦之前，纸已具雏形，但蔡伦以树皮、麻头、破布、渔网为原料，取代了缣帛，他对纸的加工改进功不可没。

有了纸，记载我国历史文化的重要典籍才得以代代传承下来。以纸为底的字画叫“纸本”，有别于绢本。宋梅尧臣《雷逸老以仿石鼓文见遗因呈祭酒吴公》：“唯闻元和韩侍郎，始得纸本歌且详。”与“纸”有关的合成词不少，如“纸甲”，指一种简易的护身甲，以硬布裱骨，再用纸筋搪塞而成，宋代士卒、民间武装曾使用过。又如“纸帐”，指用藤皮茧纸缝制的帐子，宋苏轼《自金山放船至焦山》：“困眠得就纸帐暖，饱食未厌山蔬甘。”再如“纸袄”，指纸制的有衬里的上衣，《说郛》：“王先生隐王屋山，常衣纸袄，人呼王纸袄。”纸质的货币叫“纸币”，由国家银行或政府授权的银行发行。我国的纸币源于宋代的“交子”，又叫“纸交子”，演变沿袭至今。中华民族历来感恩先贤，慎终追远，常年坚持祭祀活动，而纸便为其提供了丰盛的祭品。如“纸元宝”，指用金色或银色的纸糊制的元宝形的冥钱。“纸钱”，指祭祀时烧给死者或鬼神当钱用的纸片。据《新唐书·王玙

汉代造纸流程示意图

传》记载，汉代以来，丧葬者埋钱于墓圹中，称为“瘗钱”，魏晋以后则演变成用纸钱。与丧葬有关的物品也可用纸制作，如“纸马”，祭毕随即焚化。

（十六）砚

砚，小篆作。《说文》：“砚，石滑也。从石，见声。”意思是石性光滑。段玉裁《说文解字注》：“谓石性滑利也……石滑不涩，今人研墨者曰砚。”《汉语大字典》传承《说文》，将“光滑的石头”列为“砚”字的第一个义项。

现今辞书也有将“砚台；磨墨的文具”列为第一义项的，这个意义早期选用“研”字。《玉篇残卷·石部》：“砚，字书亦研字也。”“砚，所以研和，以研和墨，用为书字者也。”晋陆云《与兄平原书》：“笔亦如吴笔，砚亦尔。”南朝梁刘勰《文心雕龙·养气》：“至如仲任置砚以综述，叔通怀笔以专业，既暄之以岁序，又煎之以日时。”

在我国历史上，砚是书法界和学校教育的必备文具。它不仅是文房用具，而且由于性质坚固，传百世而不朽，又被历代文人作为珍藏品之一。砚台的品类丰富多样，除端石砚、歙石砚、洮河石砚、澄泥石砚、红丝石砚、砣矶石砚、菊花石砚之外，还有玉砚、玉杂石砚、瓦砚、漆沙砚、铁砚、瓷砚等，共几十种。从唐代起，今广东端溪的端砚、安徽歙县的歙砚、甘肃南部的洮河砚、山西新绛县的澄泥砚，被并称为“四大名砚”。砚石和砚台的制作、鉴赏和使用，在我国文化教育领域构成了一道独特的风景线。

有关“砚”的合成词分为以下几类，可以展现砚文化的丰富内

东汉圆形研磨器和研石

涵。一类是“砚台名”。如“砚山”，指砚台的一种，利用山形的石头，中间凿为砚，砚附于山。“砚瓦”，即瓦砚，旧时常取古宫殿之瓦为砚，故名。“砚池”，指凹形的砚，也指砚端贮水处。一类与读书写作等有关。如“砚草”，指撰拟草稿，因作文需用笔砚，故名。“砚席”，指砚台与座席，借指学习。清纪昀《阅微草堂笔记·槐西杂志三》：“甲与乙邻居世好，幼同嬉戏，长同砚席，相契如兄弟。”另一类与人的生计有关。如“砚耕”，指依靠笔墨维持生计。“砚田”，本指砚台，又以砚比喻田亩，指依靠笔墨维持生计。宋唐庚《次泊头》诗：“砚田无恶岁，酒国有长春。”清戴名世《砚庄记》：“世之人以授徒卖文称之曰笔耕，曰砚田。以笔代耕，以砚代田，于义无伤，而藉是以供俯仰，此贫家之士不得已之所为也。”

十、婚育

人的一生，大致需要经历四个重要关口，要举办四大人生仪礼，即诞生礼、成年礼、婚礼、葬礼。本部分事关婚礼。婚姻的本质，在于它是依社会风俗和社会法律规范化了的人类个体的两性结合，是人类社会生活中的一种特殊社会关系、社会行为。婚姻的本质在于它的社会性，从根本上来说，婚姻是人们为了维持正常的社会生活而发生的一种社会行为。中华民族的婚俗经历了漫长的发展演变过程，其共性是重视正式聘娶，讲究门当户对，敬奉天地祖先，注重八字天命，重礼仪、讲程序等，整个过程充满了欢乐喜庆的气氛。此处重点选取了夫、妻、妇、婚、姻、归、娶、聘、媒、育等常用词，介绍其本义、常见义，探讨其文化特点。

（一）夫

夫，甲骨文作，金文作，小篆作。《说文》：“夫，丈夫也。从大，一以象簪也。周制以八寸为尺，十尺为丈。人长八尺，故曰丈夫。”“夫”的本义是“成年男子”，古称“丈夫”，也称

“夫”。《说文》释义中包含了不少文化信息。

首先看该字的构形。古人习惯以“大”表示成人。如“天”以“大”表成人，“一”表示人的头顶；“夭”以成人歪头、两手摆动表示奔跑；“夷”以“从大从弓”表示一种东部民族。不过“大”的这种用法相对内隐，标志性不够强。为给“成人”确立一个更清晰的标杆，古人就以“大”作基础，以男子举行成人礼时插簪以固定头发为显著标志，于是“夫”就成为“成年人”的代表性字词。《诗·秦风·黄鸟》：“维此奄息，百夫之特。”此指奄息为百夫中的杰出者。《孟子·梁惠王下》：“内无怨女，外无旷夫。”旷夫即无妻的成年男子。再看“丈”“尺”之制。历史上，我国的长度单位屡经变化。《说文》所说的是周代一丈为八尺，故旧有“八尺男儿”或“七尺男儿”之称。但尺的长度历代有异。商代牙尺为15.78厘米，战国铜尺为23.1厘米。若以后者计算，则“丈夫”身高当在1.7～1.8米左右。

男子20岁成人，要举行隆重的加冠礼。据《礼记·曲礼上》和《仪礼·士冠礼》，冠礼须在宗庙举行，事先通过蓍草占卜，以选定

唐三彩陶马与马夫俑

吉日。杨宽《“冠礼”新探》称，氏族社会男女青年进入成年阶段，必须参加“成丁礼”才能成为氏族公社的正式成员。也就是从此开始，男子也获得了婚配的权利。由此，“夫”也就顺理成章地引申出一个新的意义——“女子的配偶”。《世说新语·品藻》：“金谷中，苏绍最胜。绍是石崇姊夫，苏则孙，愉子也。”同时，“丈夫”也由“成年男子”转义为“妻对夫之称”。《太平广记》卷三〇六引《河东记》：“母曰：‘佩犹愿以身为天师奴，今反得为丈夫有何不可。’”这个意义的双音词也不少，如“夫子”。《后汉书·列女传》：“夫子积学，当日知其所亡，以就懿德。”

古往今来，我国一代又一代成年人在各个行业、各个领域艰苦付出，推动了生产力的发展和社会的进步，他们不愧是民族的脊梁，但他们又极平凡，甚至在统治者眼中是微贱的“夫”。“夫”的含义也由此得以扩展。如表示“从事某种体力劳动的人”。《左传·隐公六年》：“为国家者，见恶如农夫之务去草焉。”这类的词还有“船夫”“渔夫”“樵夫”“车夫”“轿夫”“更夫”“马夫”“清道夫”“火（伙）夫”等。其中“火（伙）夫”的词义有所演变：古代指在官署、军队等机构的厨房里挑水、煮饭的人，近代则又指在机器间或锅炉房中烧锅炉的工人。“夫”也表示“应征调以服劳役的人”，如《北史·东魏孝静帝本纪》：“己巳，发夫五万人筑漳滨堰。”后也称“仆役”为“夫”，如《徐霞客游记·黔游日记一》：“余以刺索夫于南寨，（杨）国贤避不出，托言与上司不合，不敢发夫。”“夫”也表示“兵士；武士”，如《左传·哀公元年》：“里而栽，广丈，高倍。夫屯昼夜九日。”杜预注：“夫，犹兵也。”此外，“夫”也与农田有所关联。古代实行井田制，一夫受田百亩，所以人们以百亩称“夫”。《周礼·地官·小司徒》：“九夫为井。”郑玄注：“六尺为步，步百为亩，亩百为夫。”

（二）妻

“妻”的本义为“妻子”，这似乎是人们普遍的认知，殊不知该词的内涵古今发生过很大的变化。《说文》：“妻，妇与夫齐者也。”意谓在妻妾群中，正妻或曰嫡配才能称为“妻”。早在一夫一妻制产生之前，婚姻制度已经在漫长的历史进程中屡经演变。

妻，甲骨文作，李孝定《甲骨文字集释》认为，“妻”字像以手束发或又加笄之形，表示女已及笄可为人妻。也有人认为，“妻”字像用手抓女人头发，强抢为妻，反映了上古抢婚之俗。金文作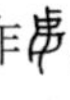，像女子头上插笄之形。学者们认为，在上古蒙昧时代，人类实行群婚制，两性结合不受血缘、辈分的限制，处于无序状态。当时应无“夫妻”的概念。后来又发展出血缘婚，先族内，后族外。到母系社会时，不讲辈分伦理的血缘型群婚被摒弃，形成了一个个女系血缘亲属集团。男子实行走婚，出生的孩子只知其母，不知其父。其后期又出现了对偶婚，一个男子可拥有多个妻子，同时又确定一个为主妻。再往后，随着生产力的发展，私有财产的继承开始显得重要，男子的地位空前提升，于是人类转入父系社会，一夫一妻制家庭逐渐形成。在由群婚向个体婚过渡的阶段，开始出现抢劫和贩卖妇女的现象。不过它在对偶婚中并不占主导地位，因此用以手抢妻来解释“妻”的构意，似乎并不具有代表性。

殷商时代应是对偶婚制家庭向一夫一妻制家庭过渡的阶段，表示配偶称谓的词也与之相匹配。卜辞中的“妻”指先王的配偶，

清代典妻图

也用为方国名。[①]赵诚认为“妻”有“配偶”义，如“示壬妻匕庚”即示壬的配偶妣庚。“妻子”义当由“配偶”义引申转化而来。[②]“妻”“母”“妾”在卜辞中都用来指称女性配偶，但这种用法主要见于示壬、示癸、大乙三代。王国维先生认为，从祭祀礼制看，商王及其兄弟间并不以嫡庶相论，那么先王的配偶也可能没有主次的名分。而到了西周，王位继承的主要形式是父传子，由此就产生了嫡庶制。[③]《礼记·曲礼下》：“天子之妃曰后，诸侯曰夫人，大夫曰孺人，士曰妇人，庶人曰妻。”说明在先秦时期“妻”尚不是各阶层通用的表示嫡妻的称谓词。只有到了周代之后，“妻”才成为与“妾”相对的丈夫的嫡配。《诗·豳风·伐柯》：“取妻如何，匪媒不得。”《孟子·离娄下》：“齐人有一妻一妾而处室者。”说明只有到了这个时

① 向熹：《简明汉语史》，高等教育出版社1993年版，第380页。

② 赵诚：《甲骨文简明词典》，中华书局1988年版，第56页。

③ 傅杰：《王国维论学集》，云南人民出版社2008年版，第3页。

代，“妻”之义才符合许慎所说的“妻，妇与夫齐者也”。因为在整个封建社会，妻子在家庭中的地位、权力，包括衣食起居都与妾截然有别，在妻妾群中唯有她才享有“与夫齐者”的正统地位。妾出身卑微，在家庭中处于被支配的地位。

在长期的历史演进中，由于社会交际的需要和不同文化背景的影响，“妻”还衍生出许多不同的称说。如妻室、夫人、女人、太太、婆娘、娘子、媳妇、浑家、拙荆、荆室、屋里人、山妻、侧室、外室、内人、内子、内助、贱内、妻子、爱人、老婆，等等。其中或有尊卑之别，或有雅俗之别，或有古今之别，或有面称背称之别，情况不一。方言异称也不少，如老妈、女客、堂客、家（主）婆、媳子等，异称的繁多，也从侧面显示出“妻”在称谓系统中的重要地位。

“妻”还可以转作动词，主要表示“以女嫁人”和“娶女子为配偶”，读音也由平声变为去声。这种现象称为“破读”或“读破”，指的是“改变一个字的读音以区别不同的意义和词性”的语言现象。如“以女嫁人”义，《论语·公冶长》：“子谓公冶长，‘可妻也，虽在缧绁之中，非其罪也’。以其子妻之。”孔子以慧眼识人，以反世俗的观点看人，为自己选了名贤婿，对后人颇富启示意义。又如“娶女子为配偶”义，《孟子·万章上》：“好色，人之所欲，妻帝之二女，而不足以解忧。”此句记录了舜娶尧帝两个女儿娥皇、女英之传说。

(三) 妇

妇，甲骨文作，金文作，小篆作。《说文》：“妇，服也。从女，持帚洒扫也。”服，表示是服侍家人的人。“服”“妇”

二字叠韵，段玉裁注：“亦以叠韵为训（按：即声训）。妇，主服事人者也。”甲骨文开始以“帚”借用为“妇”，因为帚是妇女从事家务劳动的代表性工具；后来加“女”以显义。

“妇”的本义是“已婚女子”或“已嫁的女子”，与“女”相对。广义的“女”包括未婚和已婚的所有女性；“妇”“女”相对时，“女”专指未婚的女性，“妇”则指已婚女子。《诗·大雅·思齐》：“思媚周姜，京室之妇。”“妇”也指“妻”。《诗·卫风·氓》：“三岁为妇，靡室劳矣。”此言做了三年妻子，尽心竭力，不觉得劳累。《诗·豳风·七月》：“同我妇子，馌彼南亩。”此指农忙时妻子带着孩子随丈夫到田间为人送饭。《玉台新咏·日出东南隅行》：“使君自有妇，罗敷自有夫。”在封建社会，妇女的地位十分卑下，受男尊女卑观念的影响，妇女失去了独立的人格，思想、行动都受到“三从四德”伦理道德的严重束缚。所以许慎以“服”释“妇”，一指服侍人，二指服从人，点明了妇女在家庭中处于被使派的地位，真可谓一语中的。

宋代纺车图局部

在语言交际中，词语是灵活多样的，有的表意具有特定性，即不能跨越一定的语域，有的表意则较宽，可以跨越一定的语域。如“妇”，既指“已婚女子”，有时也可泛指妇女，包括已婚和未婚。汉桓宽《盐铁论·救匮》：“而葛绎、彭侯之等，隳坏其绪，纰乱其纪，毁其客馆议堂，以为马厩妇舍。”妇舍即女子宿舍，并无婚否的界限。“妇”还可指“儿媳妇”。《左传·襄公二年》：“礼无所逆，妇，养姑（指婆婆）者也。亏姑以成妇，逆莫大焉。”“妇”也指“女子称弟之妻”。《尔雅·释亲》：“女子谓兄之妻为嫂，弟之妻为妇。”

其实，“妇”还有其特定的含义。“夫”与“妇”是具备婚配关系的成年男女。夫妇负有“上以事宗庙，而下以继后世”（《礼记·昏义》）的庄严使命，因此，“妇”必须是男子通过正式聘娶而来的正妻。据《仪礼·士昏礼》，古代婚礼分为“成婚”“成妇”两个过程。经过婚礼成婚而同居，此时女子尚是“妻”，而不能称“妇”。新婚的妻子必须在婚后第二天拜谒公婆即“见舅姑”，得到公婆的认可，并且在三个月后举行“庙见”，即前往家庙拜见祖宗的神位，才算得到祖宗的认可。只有这时，新婚的妻子才有资格称为“妇”。万一新娘在此期间不幸去世，就失去了称“妇”的机会，也不能归葬于婆家的祖坟。简言之，经过“庙见”的新娘才称“妇”，否则只是“妻”。清人俞正燮《癸巳类稿·释士补仪礼名义》指出：“实则在父母家曰女，亲迎时亦曰女，在婿家未庙见亦曰女，既庙见始曰妇。”可见封建社会在婚配上的繁文缛节是多么严苛，而受压制和伤害的始终是广大妇女。

（四）婚

婚，会意兼形声字，从女，从昏，昏亦声。金文作，小篆作。《说文》：“婚，妇家也。《礼》：‘娶妇以昏时，妇人，阴也，故曰婚。’”许慎向人们透露出两点时代文化讯息。一是古人有在黄昏时举行婚礼的习俗。古时婚礼规定，“亲迎必以昏时”。汉班固《白虎通义·嫁娶》也说：“昏时行礼，故谓之婚。”因此，古人也常用“昏”表示“婚”，如《左传·僖公二十七年》：“楚始得曹，而新昏于卫，若伐曹、卫，楚必救之，则齐、宋免矣。”二是“婚”古可指女方家，“姻”则指男方家。古人崇尚阴阳五行说，晨为阳，昏为阴，男为阳，女为阴，故“婚”可代表女方家。

学者们认为，古人之所以在黄昏时成婚，还与婚姻制度的改变有关。远古母系社会实行男从女居，女子不外嫁；转入父系社会后，女子则需外嫁到男方家。妇女们自然不愿意失去长期形成的以女性为中心的地位，离开自己的氏族，接受男子的制约。这样便出现了男方以暴力抢婚的现象。抢婚通常在天色昏暗时进行，因此人们安排黄昏时在室内举行婚礼，当是对男女双方的一种有效的人身保护。

“婚”的本义是“男女结为夫妇”。《国语·晋语四》：“同姓间不通婚，恶不殖也。”同姓间不通婚，对避免血缘淆乱具有积极意义。“婚”可引申指“男子娶妇”。《汉书·叙传下》：“不疑肤敏，应变当理，辞霍不婚。”晋干宝《搜神记》卷二：“君所道，正是仆儿。年少时，与家中婢通，誓约不再婚。”“婚”也可指“女子出嫁成婚”。此外，“婚”也特指“妻子的父亲”，此义与“婚”指女方家存在着逻辑联系。《荀子·富国》：“婚姻娉内，送逆无礼。”杨倞注：“妇之父为婚，婿之父为姻。言婚姻者，明皆以二人之命也。”“婿之父为姻”与“姻”指男方家存在着逻辑联系。婚姻与二人相关，则揭示了“父母之命”在双方缔结婚姻中的关键作用。

婚姻是人生的大事。《礼记·昏义》说：“昏礼者，将合二姓之好，上以事宗庙，而下以继后世也，故君子重之。”夫妻之义关系到父子、君臣、家庭、社稷，因此“君子重之”。在整个封建社会，婚姻都受到一整套复杂程序即所谓“六礼”的规约。据《仪礼·士昏礼》，古代婚姻的具体程序是：纳采（送彩礼求婚），问名（询问双方姓名及出生日期），纳吉（送吉礼订婚），纳征（送聘礼），请期（双方议定结婚日期），亲迎（举行婚礼）。当六礼齐备之时，双方的婚姻关系才能确定下来。此外，新婚之夜，还有“同牢”（夫妻同吃祭祀后的同一份牲肉）、“合卺”（夫妻用由同一只瓠剖成的瓢饮酒）。次日，妻子要“见舅姑”（拜见公婆）。成婚三个月后，妻子

清代宫廷画师所画光绪帝大婚图局部

要行“庙见”（到家庙拜见祖宗），只有这样，才算完成全部婚仪程序，而新娘才成为真正的“妇”。

（五）姻

姻，金文作，小篆作。《说文》：“姻，婿家也。女之所因，故曰姻。从女，从因，因亦声。”“姻”是一个会意兼形声字。许慎认为“姻”指夫婿的家。因为夫婿家是女子依就的对象，故称为“姻”。传统文字学认为“因”是车垫子，可供人凭依，引申有“凭借，依靠”义，因而在“姻”中具有表意作用。《白虎通义·嫁娶》：“妇人因夫而成，故曰姻。”这种解释反映了封建时代妇女社会地位低下、以丈夫为依靠的社会现象。

关于“姻”的本义，现行辞书所释不够一致。据《汉语大词典》：“结亲的男家，指夫或夫之父。”《诗·小雅·我行其野》：“不思旧姻，求尔新特。”郑玄笺：“婿之父曰姻。”陈奂传疏引《白虎通义·嫁娶》：“姻者，妇人因夫而成，故曰姻。《诗》云‘不惟旧因’，谓夫也。”《左传·定公十三年》：“荀寅，范吉射之姻也。”杜预注：“婿父曰姻。荀寅子娶吉射女。”“姻”也引申指“妻或妻之父”。《礼记·经解》：“昏姻之礼。”郑玄注：“婿曰昏，妻曰姻。”《左传·昭公九年》：“王有姻丧。”孔颖达疏引服虔曰：“妇之父曰姻。”这个义项恰与第一义项相对而义相补充，因此有人认为上古的“姻”不应专指男方家，而应指男女双方互通婚姻。

在旧时代，婚姻不仅关系男女双方，更涉及家族利益。上层统治者常把缔结婚姻作为一种政治手段，通过联姻以巩固和提高自家的地

唐代婚俗男拜女不拜

位。如三国时孙权为笼络刘备，而假意嫁妹给刘备；司马懿为取得曹操的信任，让长子娶曹操的外甥女为妻。封建大家族常借联姻巩固权势，如《红楼梦》中贾、史、王、薛四大家族之间代代联姻，将各自的势力连为一体，一损俱损，一荣皆荣。由此，借婚姻攀龙附凤者比比皆是，如唐代杨国忠借其妹杨贵妃得宠，而为唐玄宗所信任，权倾一时。

“姻”也有“泛指由婚姻关系结成的亲戚”义。《左传·僖公五年》：“弦子奔黄。于是江、黄、道、柏方睦于齐，皆弦姻也。”杜预注：“姻，外亲也。”词语是对社会现实的记录和反映，古汉语中表达此义的合成词相当多。如亲戚故旧称“姻故”，联姻的家族或其成员称“姻家”，有姻亲关系的家族或其成员称“姻属”，由婚姻关系而结成的亲戚称“姻亲”“姻懿”“姻戚”，关系密切的姻亲叫“姻昵”或“姻娓”。《左传·襄公二十五年》：“今陈忘周之大德，蔑我大惠，弃我姻亲。”唐杜甫《赠比部萧郎中十兄》诗：“宅相荣姻戚，儿童惠讨论。”晋庾亮《让中书令表》：“今之尽败，更由姻昵。”《明史·熊文灿传》：“初，文灿徙蕲水，与邑人姚明恭为姻娓。”这也从一个侧面说明了姻亲关系对我国社会的深刻影响。

表义范围更为宽泛的此类双音词有“姻族”，指有姻亲关系的各家族或其成员。《后汉书·皇甫规传》：“今大将军梁冀、河南尹不疑，处周、邵之任，为社稷之镇，加与王室世为姻族，今日立号虽尊可也。”唐刘禹锡《谢裴相公启》：“姻族相贺，壶觞盈门。”从中可以看出，凭借政治权势所建立的姻族，其影响之大，足以从一定程度上改变社会政治生态。“姻党”义同“姻族”。如：晋庾亮《让中书令表》：“向使西京七族，东京六姓，皆非姻党，各以平进，纵不悉全，决不尽败。”这则从反面说明，姻党关系如果处理不当，则会酿成一损俱损的悲惨结果。

（六）归

归，甲骨文作，金文作，小篆作，繁体字作歸。《说文》：“归，女嫁也。从止，从妇省，自声。”归，本指“女子出嫁”。《周易·渐》：“女归，吉。”孔颖达疏：“女人……以夫为家，故谓嫁曰归也。”《诗·周南·桃夭》：“之子于归，宜其室家。”

上古母系社会实行男从女居的婚姻制度，女子并不外嫁。进入父系社会后，男子处于中心地位，女子外嫁就成为必然现象。这时女子的“家”指的是其与丈夫共同居住的处所，宽泛些又称“婆家”，而婚前生活的“娘家”已不是她真正意义上的家了。这个习俗一直传承至今。新婚之家也往往在新房门上贴上“之子于归，宜其室家”的喜庆对联。由于“归”是出嫁，故古代称娶妻叫“归妻”。如《诗·邶风·匏有苦叶》：“士如归妻，迨冰未泮。”意思是你若打算娶我，就在冰未融化时。

“返回”是“归”的常见义。古人为了生计，常背井离乡，颠沛流离，因此盼望返乡、求取安定是人们的心中之梦。如“归心”可指回家的念头。晋王赞《杂诗》：“朔风动秋草，边马有归心。”宋

古代婚礼场景剪纸

梅尧臣《送李庭老归河阳》：“五月驰乘车，归心岂畏暑？”可谓归心似箭。不媚世俗的高士常怀归隐之心，晋陶潜曾叹曰：“吾不能为五斗米折腰，拳拳事乡里小人邪！”乃赋《归去来》，“归去来”遂成“归隐”之典，也表示“回去”义。唐杜甫《发刘郎浦》：“白头厌伴渔人宿，黄帽青鞋归去来。”女子外嫁后思念父母，也要回家省视，这叫“归安”，也称“归宁”。《诗·周南·葛覃序》：“躬俭节用，服浣濯之衣，尊敬师傅，则可以归安父母，化天下以妇道也。”《后汉书·列女传》：“妻防远嫌疑，不肯归宁。”

古人迷信，出行婚嫁都有忌日，称为“归忌”。此日忌远行归家、移徙娶妇。人来到世间，有生必有死，乃自然规律。但世人畏惮死亡，多用避讳语称说，如称之“归山”“归天”“归西”“归道山”。

（七）娶

娶，甲骨文作，小篆作。《说文》：“娶，取妇也。从女，

从取，取亦声。”这是一个会意兼形声字。段玉裁注：“取彼之女，为我之妇也。”娶的行为发出者自然是男子，故段注有此说。“取”在“娶”字构形中起双重作用，一是注音，二是表意。《王力古汉语字典》把“取，娶”列为同源字。指出：“凡言‘亦声’，都是同源字。王筠曰：‘以取释娶，明娶为取之分别文。’”“取”与“娶”具有什么样的意义联系呢？《说文》：“取，捕取也。从又，从耳。《周礼》：‘获者取左耳。’《司马法》曰：‘载献聝。’聝者，耳也。”《周礼·夏官·大司马》：“（狩）大兽公之，小禽私之。获者取左耳。”郑玄注：“得禽兽者取左耳，当以计功。”原来，古人有这种惯例，将打猎时捕获的野兽割下左耳，作为计功的凭据。同样，对敌作战中也要把所俘获敌人的左耳割下，以作为计功的凭据。这一类的“取”，明显具有强制性的特点。表示“娶妻”义时，古人最初也使用“取”字，如《史记·淮南衡山列传》：“王后生太子迁，迁取王皇太后外孙修成君女为妃。”后来为了表意明确，新造“娶”字。由于上古婚娶常发生暴力式的掠夺婚，其特点也是具有强

清代嫁娶图

制性，于是“取”与“娶”就有了自然的意义关联。

“娶”的本义是“男子结婚，把女子接过来成亲”。《尚书·益稷》：“（禹）娶于涂山。”汉桓宽《盐铁论·未通》：“二十而冠，三十而娶，可以从戎事。”古代婚娶强调的是“父母之命，媒妁之言”。《诗·齐风·南山》：“娶妻如之何？必告父母。”《诗·豳风·伐柯》：“娶妻如何？匪媒不得。”可见这一传统由来已久。这种封建式的规定活活拆散了许多有情人，酿成了无数人间悲剧。但另一方面，娶妻前告知父母，听取长辈建议，或通过介绍人与女方建立联系，也并非毫无是处，在当今社会甚至已呈常态化。

婚娶要具备多种礼仪，如“铺房”，指在亲迎的前一天，女家派人到婿家铺设新房卧具，其俗约始于宋。又如“青庐”，指用青布幔搭成的帐篷，是新郎新娘交拜之处。《孔雀东南飞》：“其日牛马嘶，新妇入青庐。”又如“传袋”，指新妇临门，男家以袋铺地，让新妇行进其上。新妇走过的袋，又迅速传到前面铺于地上。“袋”与“代”谐音，取传宗接代之吉兆。唐代已有此风。“共牢”，指新郎新妇共食一牲。“合卺”，指新郎新妇用由同一个葫芦剖成两个瓢盛酒共饮，含有夫妻恩爱、同体为一之意。“结发”，本指女子许嫁时用五彩绳束发，后移指成婚当夕新郎解下妇缨（五彩绳）。“合髻”，唐宋后的一种婚仪，指新婚夫妇在饮交杯酒前各剪下一绺头发，绾在一起表示同心。种种礼仪，既烘托了新婚的欢乐氛围，也表现出新人缔结连理并承担社会责任的庄重色彩。

（八）嫁

嫁，形声字。小篆作。《说文》：“嫁，女适人也。从女，家声。”段玉裁注：“自家而出谓之嫁，至夫之家曰归。《丧服经》谓‘嫁于大夫曰嫁，适士、庶人曰适’，此析言之也；浑言之，皆可曰适，皆可曰嫁。”女子从自家而出称为“嫁”，这既说明了嫁的行为特点，也点明了“家”在“嫁”字结构中的特殊作用，即不仅是注明音读，而且具有表意功能。通俗点说，女子离家适人称为“嫁”，女子获得了新的家就是“嫁”。《公羊传·隐公二年》：“妇人谓嫁曰归。”注曰：“妇人生以父母为家，嫁以夫为家，故谓嫁曰归。”嫁、适、归是一组同义词。据《王力古汉语字典》，“嫁”与“家”“居”为一组同源词。“家是给人居住的，故‘家’‘居’同源。”“古人以为女子出嫁才算有家，故‘嫁’‘家’同源。”

“嫁”的本义是“女子结婚；出嫁”。《诗·大雅·大明》：“挚仲氏任，自彼殷商，来嫁于周。”《国语·越语上》：“女子十七不嫁，其父母有罪。”中国古代国与国之间存在着较为普遍的通婚现象。《左传·隐公元年》：“初，郑武公娶于申。”此乃郑、申通婚。《史记·秦本纪》：“十一年，楚平王来求秦女为太子建妻。至国，女好而自娶之。”此乃楚、秦通婚。古代男娶女嫁都有年龄方面的制度规定，即男子年满二十行冠礼后方可娶妻，女子则在行笄礼后方可出嫁。贵族女子十五岁时举行的加笄仪式称为“笄礼”。笄即簪子。行笄礼时要把头发绾成一个髻，然后用黑布包住发髻，再用笄固定发髻。笄礼是女子的成人礼，“主持者是女性家长，负责加笄的是女宾”[①]。

古代婚姻讲求父母之命、媒妁之言，讲求门当户对、攀高结贵，

---

① 杨金鼎：《中国文化史词典》，浙江古籍出版社1987年版，第142页。

中唐婚嫁图

讲求烦琐的程序仪式，而最为重要的事——男女的感情却往往被忽略或视而不见，以致酿成了许多人间悲剧。如焦仲卿与刘氏，梁山伯与祝英台，贾宝玉与林黛玉，都是著名的案例。特别是处于弱势地位的女性，命运往往被攥在别人手里，十分痛苦无助，有的因此听从命运摆布。“嫁鸡随鸡，嫁狗随狗”比喻出嫁后不管丈夫如何，都要随从一辈子。元武汉臣《老生儿》第三折：“我嫁的鸡随鸡飞，嫁的狗随狗走，嫁的孤堆坐的守。”也作“嫁鸡逐鸡，嫁犬逐犬”。清李渔《奈何天·逼嫁》：“却不道嫁犬逐犬，切莫要看样画葫芦，又把那别新郎的铺盖卷。”就连一直被女子视为精神支撑的娘家也退缩其后，说出“嫁出去的女，泼出去的水”之类绝情的话来。《红楼梦》第八十一回：“俗语说的‘嫁出去的女孩，泼出去的水’，叫我能怎么样呢？”更为惨无人道的是“嫁殇”，即男子夭亡后，家族为之议婚，嫁女而合葬之。《周礼·地官·媒氏》：“禁迁葬者与嫁殇者。”郑玄注：“嫁殇者，谓嫁死人也。”

“嫁”还具有一些其他常见义项，如“往；由此处到彼处”义。《战国策·中山策》：“赵自长平已来，君臣忧惧……四面出嫁，结亲燕、魏，连好齐、楚。”又如“将祸害、损失转移到他人身上”义。《战国策·魏策一》：“夫亏楚而益魏，攻楚而适秦，内嫁祸安国，此善事也。”再如“嫁接。改良果树品种的一种方法”义。《齐民要术·种李》：“嫁李法：正月一或十五日，以砖石著李树歧中，令实繁。”

（九）聘

聘，《说文》：“访也。从耳，甹声。”徐锴《说文解字系传》：“聘，访问之以耳也。”“聘”的本义为“探询；寻求”。《诗·小雅·采薇》：“我戍未定，靡使归聘。”《周礼·春官·占梦》：“季冬聘王梦，献吉梦于王，王拜而受之。”也指“聘问”，即天子与诸侯或诸侯与诸侯之间的遣使通问。《礼记·王制》：“诸侯之于天子也，比年一小聘，三年一大聘，五年一朝。”此指诸侯聘于天子。《国语·周语中》：“定王使单襄公聘于宋。遂假道于陈，以聘于楚。”此指天子聘于诸侯。北齐颜之推《颜氏家训·勉学》：“承圣中，遣一士大夫聘齐。”此指国与国之间的遣使访问。至于“聘请”义，古已有之。《礼记·月令》：“（季春之月）勉诸侯，聘名士，礼贤者。”《后汉书·徐穉传》：“灵帝初，欲蒲轮聘穉，会卒，时年七十二。”古人常用以蒲草裹轮的车子迎接贤士。

“聘”也具有与婚姻相关的义项。表示“聘娶正妻”义，如《后汉书·逸民传》：“女曰：‘欲得贤如梁伯鸾者。’鸿闻而聘之。”这个意义也用“娉”字。娉，《说文》：“问也。”古代婚礼，男方派遣媒人向女方问名求婚称为“娉”。《后汉书·袁术传》：“（术）乃遣使以窃号告吕布，并为子娉布女。”此义古代也多用“聘”字。段玉裁《说文解字注》：“凡娉女及娉问之礼，古皆用此字（按：指“娉”字）……而经传概以‘聘’代之。”表示“嫁娶；

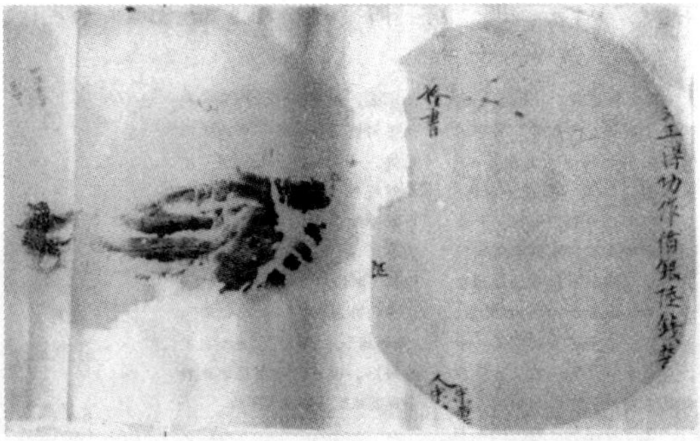

明嘉靖年间踩脚印、摁手印的婚书

婚配”义时，古人也用“娉”，如《敦煌曲子词·凤归云》：“娉得良人，为国远长征。争名定难，未有归程。”此义也与“聘”通用。

古代的婚前礼，包括议婚、订婚、送嫁妆等内容。议婚即商议婚事，由双方家长负责，要经过说媒、相亲、合婚等阶段。订婚是双方确定婚姻关系。订婚的程式主要有两项，一是男家给女家送去聘礼，二是两家交换婚书。“由于很多地方民间不习惯写婚书，因而都是以聘礼为证。只要女家收下聘礼，便表示答应婚事，即算订婚，因而订婚又称聘订。”[①]三是送嫁妆，泛指女家陪送女儿的礼品，从而体现婚姻乃“合两性之好”的宗旨。

与“聘”相关的合成词大大充实了古代婚礼的文化内涵。如“聘物”指订婚的信物，“聘金”指订婚行聘的财礼。《汉书·宣元六王传》：“赵王使谒者持牛酒、黄金三十斤劳博，博不受；复使人愿尚女，聘金二百斤，博未许。”从例中可见聘金之丰厚。“聘币”指订婚时所备的礼物。《北史·列女传》：“泾州贞女儿

① 李仕春等：《中国文化词语教学要略》，科学出版社2014年版，第89页。

氏者，许嫁彭老生为妻，聘币既毕，未及成礼。”“聘纳”指以礼娶亲。范晔《后汉书·皇后纪上》：“所以明慎聘纳，详求淑哲。”此处“聘”指问名，“纳”指纳征，亦称纳币。“聘书”指男方向女方求婚的婚书。宋陆游《老学庵笔记》卷二：“秦会之以孙女嫁郭知运，自答聘书。”

（十）媒

媒，小篆作媒。《说文》：“媒，谋也，谋合二姓。从女，某声。”宋高承《事物纪原》卷九：“媒之言谋也，谋合异类使和成者。”以“谋”释“媒”使用的是声训法。“谋”是“媒”的语源。

“媒”的本义是“说合婚姻的人”。《诗·豳风·伐柯》：“娶妻如何？匪媒不得。”郑玄笺：“媒者，能通二姓之言，定人室家之道。”《淮南子·说山训》：“因媒而嫁，而不因媒而成。”做媒的人今称“媒人”“媒婆”“红娘”，古又称“媒妇”“媒妪”“媒媪”“媒稳婆”“媒妁”“媒伯”“月下老人”等，显然以女性为主。传说上古时代的媒人多为氏族中有威望的长者，其中应有相当多的男性。这些专门成人之美的男性受到了人们的尊敬，因而古代专设“禖祭”，即于每年仲春之月郑重祭祀禖神。古代还专设“媒氏”的官职，以掌管婚姻之事。《周礼·地官·媒氏》：“媒氏掌万民之判，凡男女自成名以上，皆书年月日名焉。令男三十而娶，女二十而嫁。”

在封建社会，“父母之命，媒妁之言”的严苛规定迫使人们寻求媒人以缔结婚姻，因为有了媒人撮合的婚姻才叫“明媒正娶”，没有媒妁之言的结合就是“私奔”，“私奔”非但不会被家族与社会认

月下老人

可，还会受到世人的鄙弃。于是，媒人成了婚姻礼教的代理人，在旧式婚姻中起到十分重要的作用。她们为了撮合婚姻、牟取私利，就花言巧语、两头哄骗，从而成为一种以说媒为业的职业商人。如《水浒传》中的王婆，兼媒婆、牙婆和撮合色情交易的“马泊六”多重身份于一身，是一个遭万人唾弃的反面典型。《儒林外史》第二十六回：“你如今不管他喇子不喇子，替他撮合成了，自然重重的得他几个媒钱。”媒钱，酬谢媒人的财礼。清李渔《风筝误·鹞误》：“只是你怎么样谢媒？先要与你断过媒钱几两、媒红几丈。”媒红，酬谢媒人的布帛之类的财礼。可见封建社会中的媒人只图赚取金钱财礼，自然巧舌如簧，不择手段。

“媒”是婚姻的介绍人，所以引申为“中介”义。《楚辞·九章·抽思》：“既惸独而不群兮，又无良媒在其侧。”双音词“媒介”，既表示“说合婚姻的人”，如《左传·桓公三年》：“会于嬴，成昏于齐也。”杜预注：“公不由媒介，自与齐侯会而成昏，非礼也。”又表示“居中介绍的人或事物”，如《旧唐书·张行成传》：“观古今用人，必因媒介。”通过媒介以牟取金钱地位是古今官场的常见现象。宋周密《齐东野语·谢惠国坐亡》：“（谢）萃先帝宸翰为巨帙，曰《宝奎录》，侑以自制丹砂、金器、古琴之类以进，当国者以为有意媒进。”媒进，指凭借某种关系以谋求进身。此外，求取进身又叫“媒炫”。唐司空图《自诫》：“媒炫士所耻，慈俭道所尊。”

（十一）育

育，甲骨文作，金文作，小篆作。《说文》：“育，养子使作善也。从𠫓，肉声。”意思是培养孩子使之做好人好事。《说文》：“𠫓，不顺忽出也。从到（按：即“倒”）子。”段玉裁注：“子之不顺者，谓之突如。”关于“育”的本义，笔者认为许慎的解释不准确。据甲骨文、金文，“育”字从“女”（或从“母”），从“𠫓”。罗振玉《增订殷虚书契考释》引王国维说：“象产子之形。从人与从母从女之意同。以字形言，此字即《说文》育字之或体毓字。毓字从每（即母字）从𠫓（即倒子），与此正同。”因此，“育”的本义是“生育”。《周易·渐》：“妇孕不育，失其道也。”宋吴曾《能改斋漫录》：“虞部员外郎张咸，其妾孕五岁而不育。”“育”“毓”为异体字，“毓”的本义也是“生育”。《周礼·地官·大司徒》：“以蕃鸟兽，以毓草木。”郑玄注：“毓，

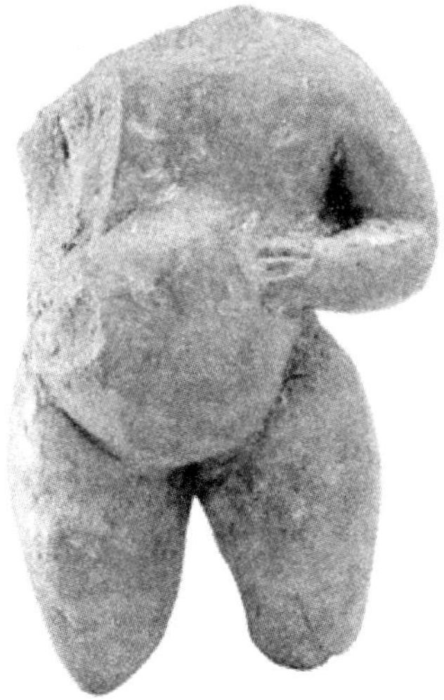

国家博物馆藏新石器时代红山文化陶孕妇

古育字。”后代二字功用略做调整：表示“生育”义时，用“育”，不用“毓”；表示“培养”义时，二字都可用。

生育孩子不仅是一种生理现象，更是一种严肃的社会行为，人类社会就是这样代代繁衍传承并不断发展起来的。因此，“育”又引申出“抚养”“培养；教育”等义项。表示“抚养”义，如《诗·小雅·蓼莪》：“拊我畜我，长我育我。顾我复我，出入腹我。欲报之德，昊天罔极。”此言诗人被迫在外服徭役，无法奉养父母，如今父母不幸登遐而去，诗人回想父母当年抚育自己的劳苦，简直难以抒发内心的哀痛。表示“培养；教育”义，如汉匡衡《祷高祖孝文孝武庙文》：“思育休烈，以章祖宗之盛功。”

回顾历史，我国传统文化教育内容十分丰富，不仅注重知识的传授、技能的培养，而且还关注人格品行的塑造。如由“礼、乐、射、御、书、数”所构成的“六艺”（即教人学习典章制度、道德规范和各种礼仪，学习歌咏、舞蹈、演奏乐器，学习拉弓射箭和驾驭战车的技能及读书计数），体现了文武兼备、诸育兼顾的特点，反映了中华文明发展早期的辉煌。此外，“六经”是孔子所提倡的教学内容；“四书五经”是我国儒家经典的书籍，南宋之后成为儒学的基本书目。这些都融进中华民族的国学体系，为民族复兴做出了重大的贡献。

“育”不仅适用于人类，也可推及生物界或借用于其他事物。表示“生长；成长”义，如《礼记·中庸》：“致中和，天地位焉，万物育焉。”表示“饲养或种植”义，如《管子·度地》：“乃以其天材，地之所生利，养其人而育六畜。”唐韩愈《潮州祭神文》之二：“岁月尽矣，稻不可复种，而蚕不可复育矣。”

（十二）婴

婴，甲骨文作，金文作，小篆作。“婴”的本义不是“幼儿”，而是“颈饰”。《说文》：“婴，颈饰也。从女賏。”“婴”是妇女颈脖上的装饰品，由女、賏会意。賏，表示贝相连。林义光《文源》：“（金文）象女系贝连形。”“婴”类似今天项链之类的装饰品，可用为动词。《荀子·富国》：“是犹使处女婴宝珠。”注：“婴，系于颈也。”《王力古汉语字典》将“婴”与賏、璎、缨、缺、鞅列为同源字，因为它们都有“颈饰”义。

“婴”由“颈饰”引申出以下义项。一是“缠绕；环绕”义。《山海经·西山经》：“婴以百珪百璧。”郭璞注：“谓陈之以环祭也。”陆机《赴洛道中作二首》其一：“借问子何之？世网婴我身。”《后汉书·卓茂传》：“婴城者相望。”唐李贤注：“婴城，言以城自环绕。”二是“纠缠；羁绊”义。《韩非子·解老》：“祸害至而疾婴内。”唐杜甫《晚登瀼上堂》：“四序婴我怀，群盗久相踵。”三是“遭受；遇”义。晋袁宏《后汉纪·质帝纪》：“今我元元，婴此饥馑。”唐王维《李陵咏》：“既失大军援，遂婴穹庐耻。”上述义项都与“颈饰”义具有合乎逻辑的意

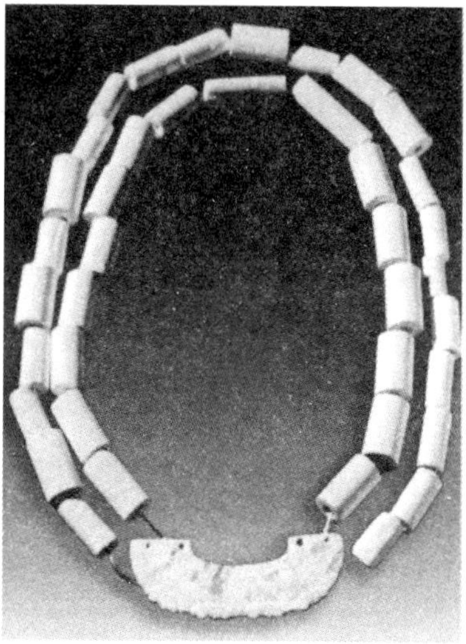

浙江余杭出土良渚文化玉颈饰

义联系。

在语言交际中，“婴”最常见的义项还是其“婴儿”义，即初生的小孩。《释名·释长幼》：“人始生曰婴儿。”《老子》第十章：“专气致柔，能婴儿乎？”晋郭璞《游仙诗》其六：“奇龄迈五龙，千岁方婴孩。”唐白居易《吾雏》：“老幼不相待，父衰汝孩婴。”也有人认为，“婴”本指女孩，如《玉篇》云“男曰儿，女曰婴”，后来才泛指初生儿。

婴儿幼小，需要成人精心呵护和关怀，因为他们关系到祖国以至人类的未来。我们不仅要为他们提供必要的生活条件，帮助他们健康成长，而且要从实际出发，及时地给予他们思想教育、文化教育，引导他们成人。在这方面古人已经为我们树立了榜样。汉王符《潜夫论·卜列》：“婴人畏蝼蚁而发闻。”汪继培笺：“婴人，犹婴儿。发闻，谓发声闻于人也。”此写婴儿期是人生脆弱期，需要成人格外的关注与保护。唐李肇《唐国史补》卷中：“竟陵僧有于水滨得婴儿者，育为弟子。”宋苏轼《虔州崇庆禅院新经藏记》：“婴儿生而导之言，稍长而教之书。”这些例子均说明，古人不仅关心幼儿的生活，而且会及时地对其施以教育，引导他们成人。更加感人的是，有人为了救别人的婴儿而牺牲自己的孩子。据《史记·赵世家》，春秋时程婴与公孙杵臼二人合谋保全赵氏遗孤，即著名的赵氏孤儿，后人遂以“婴臼”喻指危难时可以托孤的人。明徐渭《桐乡冯母》诗之一：“自古男儿婴臼少，谁家嫠妇帝王知？”

十一、丧葬

死亡是人生的最后一站，标志着一个人生命的终结。中华民族对生命历来具有敬畏感和人文关怀，所谓“慎终追远，民德归厚矣”（《论语·学而》）。处理死者后事的“葬礼”是人生中的最后一个礼仪，属于古代五礼（吉、凶、军、宾、嘉）中的凶礼。葬礼强调庄严、肃穆的氛围，以表达人们对死者的不舍和怀念。传统的丧礼程式很多，例如“送终”“属纩”“入殓”“吊唁”“守铺”“出殡”“送葬”等。相关的文化词也很多，如“讣告”“悼词”“墓铭”“挽联”“挽幛”等。本章选择一些常见词加以探析。

（一）丧

丧，甲骨文作，金文作，小篆作。《说文》：“丧，亡也。从哭、从亡会意，亡亦声。”许慎认为“丧”指丧失，读去声。段玉裁注：“凡丧失字本皆平声，俗读去声以别于死丧平声，非古也。”今“丧葬”义的“丧”读平声。朱骏声对人们舍“死”用“丧”的原因作了推测，其《说文通训定声》说：“《白虎通》：‘人死谓之丧

何？言其丧亡不可复得见也。不直言死，称丧者何为？孝子之心不忍言也。’”其甲骨文字形借用“桑”加“口”字，对此赵诚指出：“从口（象采桑时所用的器具），桑声……为采桑之本字。甲骨文作为动词，用作丧亡、丧失之丧，则是借音字。”①

“丧”读sāng时，表示“哀葬死者的礼仪”。《庄子·渔父》：“处丧以哀，无问其礼矣。”也指“死者的遗体”。《公羊传·僖公元年》：“夫人氏之丧至自齐。”古人强调“生有所养，死有所葬”的观念，面对临终的人，亲属要守护在其身边听取遗言，同时准备为其换寿衣。当其弥留之际，应将其及时送往堂屋，停放在木板或席子上，然后为其沐浴、更衣。古人还有“属纩”（测探其是否有气息）、“招魂”、“入殓”、“吊唁”、“哭丧”等礼仪。人死后殓奠殡葬等事宜称为“丧事”。有关丧事的礼仪、礼制称为“丧礼”。《礼记·曲礼下》：“居丧未葬，读丧礼。”孔颖达疏：“丧礼，谓朝夕奠下室，朔望奠殡宫，及葬等礼也。”办理丧事，需要安排丧主（主持人）、丧具（人死后所需的棺椁、衣被之类）、丧服、丧车、丧次（停灵治丧的地方）等。丧礼中持杖期以上的重服者跪拜宾客时的拜礼叫“丧拜”。安葬死者后举行的祭祀，称为“丧祭”。《礼记·檀弓下》：“是日也，以吉祭易丧祭。”为了表示对死者的不舍和哀悼，国人还讲究居丧之礼，即在送葬之前，亲属都不穿华丽的服装而改穿孝衣孝帽、不参加宴饮等，在生活的各方面都要节制，以表达哀悼之情。

“丧”读sàng时，主要有以下义项。一为“丧失；失去”义。

---

① 赵诚：《甲骨文简明词典》，中华书局1988年版，第334页。

《周易·坤》：“西南得朋，东北丧朋。”《孟子·梁惠王上》：“西丧地于秦七百里，南辱于楚。”形容人失去依靠、无处投奔或惊慌失措，叫“丧家之犬”。形容人失去人性，凶残恶毒到了极点，叫“丧尽天良”。形容人惊恐至极或心神不定，叫“丧魂落魄”。形容丧失主权，使国家蒙受耻辱，叫“丧权辱国”。二为“死亡”义。《尚书·金縢》：“武王既丧，管叔及其群弟乃流言于国。”晋陶潜《归去来兮辞序》：“寻程氏妹丧于武昌。”三为“逃亡”义。《礼记·檀弓下》：“虽吾子俨然在忧服之中，丧亦不可久也，时亦不可失也。”郑玄注：“丧谓亡失位。”

马王堆汉墓帛画“引魂升仙”图

（二）死

死，甲骨文作，金文作，小篆作。《说文》：“死，澌也，人所离也。从歺，从人。”澌指水耗尽，此处许慎用声训法比喻人精气穷尽，人的形体与魂魄分离。

“死”是人生命的终结，辞书释为“死亡；生命终止”。《论语·为政》：“生，事之以礼；死，葬之以礼。”《老子》第七十四章：“民不畏死，奈何以死惧之。”古人常用“死”来指称年少者、庶民或下级官员的死亡。《礼记·檀弓上》：“君子曰终，小人曰死。”《新唐书·百官志一》：“自六品达于庶人称死。”古人以“属纩”法检测人是否死亡。即在死者临终之时，用新的丝絮放在其口鼻上，试探其是否还有气息。人刚死，亲属在屋内或登上屋顶呼叫其名字，是为“招魂”。在停尸期间，要为死者清理头发、胡须、指甲，在其口中放置玉或饭团，此为“玉含（琀）”或“饭含”。这些都体现了人们对于死者的哀伤和悼念之情。

死是一种令人哀伤的不幸现象，人们在人际交往中常避讳这个字。汉语共有1200多个音节，而“sǐ”仅有“死”一个字，无同音字。有的地区如台湾、香港甚至回避“四”字及数字“4”，无4路车、404室。尽管如此，死亡毕竟是无法避开的社会现象，于是人们从等级观念、宗教观念等角度出发，使用一些同义词表达死亡的概念：

表示褒义的，如为正义事业献身或为国捐躯称为“牺牲”“捐躯”“阵亡”“遇难”“殉职”等。表示贬义的，如“毙命”“一命呜呼”“见阎王了”等。表示等级的，如《礼记·曲礼下》：“天子死曰崩，诸侯曰薨，大夫曰卒，士曰不禄，庶人曰死。”唐代有所调整，如《新唐书·百官志一》：“凡丧，三品以上称薨，五品以上称卒，自六品达于庶人称死。”天子去世称“崩”，也称“崩殂”“晏驾”“山陵崩”“大行”。《史记·范雎蔡泽列传》：“宫车一日晏驾，是事之不可知者一也。”表示避讳的，如“长眠”“安息”“过世”“弃养”“登堂帐”“物故”等。《汉书·苏武传》：“前以降及物故，凡随武还者九人。”颜师古注：“物故谓死也，言其同于鬼物而故也。一说，不欲斥言，但云其所服用之物皆已故耳。”表示宗教用语的，佛教有“涅槃”“圆寂”“示灭”“坐化”等，道教有

涅槃佛与弟子

“登仙”“登遐”“隐化”“迁化”等。现在人们也常用“心脏停止了跳动”“安静地睡着了”“永远离开了我们”等婉称死亡。

(三) 葬

葬，甲骨文作[古文字]，金文作[古文字]，小篆作[古文字]。《说文》：“葬，藏也。从死在茻中；一其中，所以荐之。《易》曰：‘古之葬者，厚衣之以薪。’”葬是把尸体掩埋收藏。许慎认为此字由“死”（指尸体）在茻（草）中构成，中间一横表示用来垫尸体的草席。他还引用《周易》，指出远古时代棺椁尚未产生，人们习惯上用丛草遮盖和掩埋尸体。但其甲骨文、金文的构形或“象残骨置床上，会意也”（李孝定《甲骨文字集释》），或像墓穴中有尸骨之形。据考古发掘资料可见，带木棺或木椁的土坑墓在新石器时代以大汶口文化和马家窑文化最为突出，“青海柳湾遗址的五百六十多座墓葬，许多有一头大、一头小的长方形木棺，还有用圆木挖成的独木舟式的木棺。除了木棺

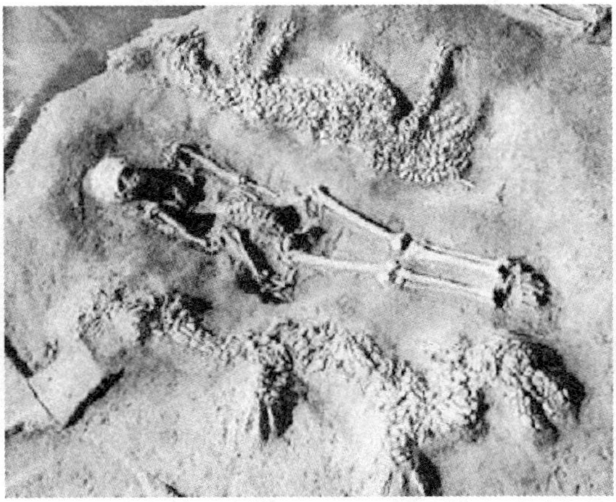

仰韶文化早期的贝壳龙虎图陪葬

之外，还有些地区流行石棺，墓坑的底、四壁和盖都以石板为之”[①]。

“葬”的本义是“掩埋尸体”。《周易·系辞下》：“古之葬者，厚衣之以薪，葬之中野，不封不树，丧期无数。后世圣人易之以棺椁，盖取诸《大过》。”此文简述了我国葬制的沿革。《楚辞·渔父》：“宁赴湘流，葬于江鱼之腹中。”葬身鱼腹，也算是掩埋尸体的一种特殊形式吧。古人非常重视葬礼，因为它不仅能够缅怀死者，更能够抚慰、鼓励和团结生者。一场葬礼往往是一场丰盛的家庭文化盛典，也是一场民俗文化演习。旧时迷信，认为风水的好坏与人事的吉凶有关，所以讲究葬术，举行葬礼前要请葬师选择墓地、确定墓穴方位和下葬日期。清赵翼《陔馀丛考·葬术》一节对此做了专门介绍。

安葬死者的形式多种多样，体现了不同民族、不同地域的文化

① 晁福林：《先秦民俗史》，上海人民出版社2001年版，第132～133页。

差异。较流行的葬式有土葬、火葬、水葬、天葬、悬葬、洞穴葬和塔葬等。土葬是挖坑将死者的遗体埋入土中的葬法，主要受农耕思想的影响，认为土地是万物之本、生命之母，人死后应当回到母体中，灵魂才能得到安息。《南史·扶南传》："死者有四葬：水葬则投之江流，火葬则焚为灰烬，土葬则瘗埋之，鸟葬则弃之中野。"火葬是将死者遗体用火焚化的一种葬法。风葬是把死者遗体放在通风处使之风化的葬法，又称露天葬，形式很多，如树葬、崖葬等。悬棺葬是把棺木悬挂在崖壁上、水边的高山峭壁上或天然崖洞中的一种葬法，流行于商周及明代。此外，还有塔葬、木架葬、露葬、衣冠葬、二次葬、复合葬等较特殊的安葬方式。

（四）殡

殡，小篆作。《说文》："殡，死在棺，将迁葬柩，宾遇之。从歺，从宾，宾亦声。夏后殡于阼阶，殷人殡于两楹之间，周人殡于宾阶。"许慎阐释了"殡"的语源，同时点明了殡制的历史演变，具有一定的文化价值。在中国古代，东阶是阼阶，供主人行走，西阶是宾阶，供宾客行走。传说夏代时待葬的棺木（殡）放置在东阶上，这就意味着人们尚把死者视为家里人。殷商时代灵柩放置于两阶之间，表明此期处于过渡时期。而到了周代，灵柩就要放置于西阶，这说明人们已经把死者作为宾客看待。人死，就要敛尸于棺，在堂的西阶挖掘一坑坎停柩。孔子说："周人殡于西阶之上，则犹宾之也。"（《礼记·檀弓上》）

"殡"的本义是"停柩待葬"。《释名·释丧制》："于西壁下涂之曰殡。殡，宾也，宾客遇之，言稍远也。"《论语·乡党》：

“朋友死，无所归，曰：‘于我殡。’”《礼记·檀弓上》：“夏后氏殡于东阶之上，则犹在阼也。”殡礼有很多具体规定。据《礼记·王制》记载，从人死之日起，天子七日而殡，诸侯五日而殡，大夫、士、庶人三日而殡。春秋时有殡庙之礼，如《左传·僖公三十二年》：“冬，晋文公卒，庚辰，将殡于曲沃。”曲沃是晋国宗庙所在地，因为要殡于庙，所以要运往曲沃。“殡”与“葬”是不同的。《礼记·王制》：“诸侯五日而殡，五月而葬。”晋文公身为诸侯，他殡于三十二年十二月，而葬于三十三年四月，相隔了五个月。

出殡又叫“出丧”，指将尸体送往下葬处的各种礼仪活动。《儒林外史》第二十六回：“鲍廷玺又寻阴阳先生寻了一块地，择个日子出殡，只是没人题铭旌。”《水浒传》第二十五回：“如今这事有甚难处，只使火家自去殓了，就问他几时出丧。”通常人在死后几天内要出殡，出殡的一般程序是：把棺材移到门外，叫“转棺”；然后是“旋棺”，即抬起棺材头，准备牲礼祭供（丧主跪拜，礼生主持礼

清代挂孝图

仪，宣读祭文）；接着是“绞棺”，即用绳索担具捆好棺柩，盖上棺罩；最后是“发引”，即出棺之前，亲属们穿上孝服依偎在棺材旁号哭，并再次祭奠，祝告迁柩，放灵牌到灵亭，发引铭旌作前导，抬棺起行。与此同时，孝子“摔丧盆”，送殡队伍随即出发。整个出殡过程充满了悲哀肃穆的气氛。

“殡”还有其他一些义项，如指“灵柩”。《左传·昭公五年》：“以书使杜洩告于殡曰：‘子固欲毁中军，既毁之矣，故告。’”杜预注：“告叔孙之柩。”“殡”也指运送灵柩出殡的队伍。《红楼梦》第十五回：“（贾赦）命手下人掩乐停音，将殡过完，方让北静王过去。”“殡”也泛指丧葬的事务。清蒲松龄《聊斋志异·庚娘》：“群以为烈，谋敛赀作殡。”“殡”也指“埋”。南朝齐孔稚珪《北山移文》：“道帙长殡，法筵久埋。”在西南方言中，“殡”则指把种子埋入土中培育。《四川谚语·农业生产》：“雨水早，春分迟，惊蛰殡苕正当时。”

（五）棺

棺，金文作，小篆作。《说文》：“棺，关也，所以掩尸。从木，官声。”“棺”“关”读音相同，意义相通，《王力古汉语字典》将二字认定为同源字。段玉裁《说文解字注》：“以叠韵为训，门闻、户护之例也。”

“棺”，本义是“棺材”，通常指内棺，与外棺“椁”相对。《周礼·春官·丧祝》：“及祖，饰棺，乃载，遂御。”指到了举行祖祭的时候，丧祝负责装饰棺椁，移柩于车上，在灵前引路上车。《孟子·梁惠王下》：“谓棺椁衣衾之美也。”棺椁，内棺外棺兼

石椁内壁画像

备。藏尸之器叫“棺”，也叫“棺材”“棺器”；围棺之器叫“椁”，即棺外的套棺。棺椁的发展经历过一个过程。据《礼记·檀弓上》记载，相传虞舜时使用瓦棺，夏代又烧砖砌在瓦棺四周，殷商时代开始使用木制的棺椁。而据宋高承《事物纪原》卷九：“刘向曰：棺椁之作，自黄帝始。”

棺椁的使用在古代具有等级区别。据《礼记·檀弓上》和《礼记·丧大记》记载，天子的棺椁有四重，诸侯三重，大夫二重，士只有一重。帝后的棺椁多用梓木，所以又称“梓宫”。上古时代贵族死后一般有棺有椁，但庶民则有棺无椁。《论语·先进》记载，颜渊去世后，其父颜路请求孔子卖掉车子替颜渊办理外椁，结果被孔子以自己曾做过大夫，不可步行为由婉言拒绝。同时还说：自己的儿子孔鲤去世也是“有棺而无椁”，可见古时候椁不是一般人所能具备的。

“棺”有一些复合型同义词，如“棺器”。南朝宋刘义庆《世说新语·文学》：“人有问殷中军：‘何以将得位而梦棺器，将得财而梦矢秽？’”又如“棺材”。北魏贾思勰《齐民要术·种槐柳楸梧柞》：“以为棺材，胜于松柏。”又如“棺函”，函，本指盛物的盒子。元岳伯川《铁拐李》第二折：“怕你子母每受穷时典卖盘缠，比如包尸裹骨棺函内烂。”再如“棺木”。《后汉书·儒林列传》：“歙掾陈元上书追讼之，言甚切至，帝乃赐棺木。”

“棺”与死亡联系密切，在人们心中是一种不祥、不吉利的事物，于是在语言交际中遇到“棺”字时，人们会加以规避，或换用另一种事物取而代之。例如“棺”通常用木材制成，所以人们就用“木”字指代棺材，此类成语有“行将就木”，表示“寿命已经不长，就快要进棺材了”。“木”字也有“棺椁”这一义项。如《礼记·檀弓下》：“原壤登木。”郑玄注：“木，椁材也。”《左传·僖公二十三年》：“如是而嫁，则就木焉。”江苏徐州一带的方言中，或称棺材为“木头”，如“他做的这个木头不错”，或称棺材为“脉”或“套”。[①]

另一方面，“棺”也可以作为贬义词，被相互仇视的人用于诅咒对方或发泄不满。如“棺材楦子”，楦子是制鞋所用的楦头，死尸放入楦里，如同楦头放进鞋里，故用作詈词，责骂人快要死了。《醒世姻缘传》第三十六回：“再不想自己七老八十的个棺材楦子，他那身强火盛的妖精，却是恋你那些好处？”“棺材瓤子”指快死的人，如柳青《创业史》第一部第二十章：“欢喜恨的是生禄自己不露面，总是让这个棺材瓤子出头。”“棺材座子”本是垫棺材的物品，也可用来表示倒霉的东西。《西游记》第七十六回：“你是个棺材座子，专一害人，师兄不曾死，你却说他死了。”吴方言中至今也有骂人“短棺材”的，意指寿命不长，快死了。

（六）奠

奠，甲骨文作，金文作，小篆作。《说文》：“奠，置祭也。从酋。酋，酒也。下其丌也。《礼》有奠祭者。”意为置酒食祭

① 苏晓青：《徐州方言词典》，江苏教育出版社，1996年，第437页。

奠。“奠”的小篆字形，上为酒，下为垫放酒食的几席之类。《礼》指《仪礼》，其《士丧礼》《既夕礼》祭皆谓之奠。其甲骨文、金文字形，也都像酒尊置放在垫物上。

“奠”的本义是“置祭品祭祀鬼神或亡灵”。《诗·召南·采蘋》：“于以奠之，宗室牖下。”毛传：“奠，置也。”《礼记·檀弓下》：“奠以素器，以生者有哀素之心也。”孔颖达疏：“奠谓始死至葬之时祭名。以其时无尸，奠置于地，故谓之奠也。”人死后到下葬之前的丧祭，当时尚无正式的“尸”或“主”来接受祭飨，祭品都停放在地上，因此称为“奠”。①所谓“素器”，指的是朴素的器皿，以表达人们对死者的真诚哀悼。“尸”是代替死者受祭的人，通常由死者的孙子充当。“主”指的是神主，俗称牌位，产生更晚些。桌子据说南北朝后才从北方传入中原。这些因素决定了上古时奠祭祭品要放置在较低的垫物上。

此外，有一些相关的合成词，可以从不同侧面对奠祭内容做出补充。如“奠文”，指祭祀时诵读的哀悼词。唐白居易《祭微之文》：“无以继寄悲情，作哀词二首，今载于是，以附奠文。”“奠享”，指置酒食以祭祀。唐段成式《剑侠传·花月新闻》：“同舍谓其获罪于神，使备牲酒往谢，于是力疾以行奠享。”“奠羞”，指祭祀时供置的酒食。前蜀杜光庭《中元众修金箓斋词》：“或幽阴尚滞，涣泽未沾；或嗣续已无，奠羞多阙。”“奠酒”，指洒酒于地以祭神。《隋书·礼仪志三》：“又奠酒解羊，并馔埋于坎。”“奠分”，指治丧时各家分摊送给丧家

---

① 杨金鼎：《中国文化史词典》，浙江古籍出版社，1987年版，第152页。

的奠礼，多为现钱。《二十年目睹之怪现状》第九十七回："（莫可基）到三十岁头上，又死了老婆，便又借着死老婆为名，硬派人家送奠分，捞了几十吊钱。"

公婆龛

"奠"也表示"进献"义。《尚书·康王之诰》："宾称奉圭兼币，曰：'一二臣卫，敢执壤奠。'"孔传："因见新王，敢执壤地所出而奠贽也。"《礼记·玉藻》："唯世妇命于奠茧，其他则皆从男子。"郑玄注："奠，犹献也。""奠"是把祭品置放于垫物上，由此推延开来，生活中不乏类似的现象，如建筑物安置在地基上，或把某种物体安放在某处，这种事物的相似性便使"奠"引申出"放置；停放"义。《礼记·内则》："非祭非丧不相授器，其相授则女受以篚。其无篚，则皆坐奠之，而后取之。"郑玄注："奠，停地也。"《仪礼·士冠礼》："赞者奠纚、笄、栉于筵南端。""奠"也表示"定"义。《尚书·禹贡》："禹敷土，随山刊木，奠高山大川。"孔传："奠，定也。高山、五岳、大川、四渎，定其差秩，祀礼所视。"指禹为了区分九州的疆界，就在所经过的山上插上木桩作为标记，并负责为高山大川命名。五岳，通常指东岳泰山、西岳华山、北岳恒山、南岳衡山、中岳嵩山。四渎，是长江、黄河、淮河、济水的合称。

（七）含

含，小篆作。《说文》：“含，嗛也。从口，今声。”指“口中衔着”。“今”与“含”现在的读音相差较大，但古代的声母都是舌根音，读音相近。

读hán时，“含”的本义是“置物于口中，既不咽下，也不吐出”。《释名·释饮食》：“含，合也，合口亭（停）之也。”《韩非子·备内》：“医善吮人之伤，含人之血，非骨肉之亲也，利所加也。”《史记·三代世表》：“有燕衔卵堕之，契母得，故含之，误吞之，即生契。”

由本义引申，“含”又生发出一些相关义项。如“容纳”义。《周易·坤》：“含万物而化光。”《淮南子·本经训》：“夫至大，天地弗能含也；至微，神明弗能领也。”又如“怀而不露；隐藏在内”义。《庄子·胠箧》：“彼人含其明，则天下不铄矣；人含其聪，则天下不累矣。”唐韩愈《戏题牡丹》：“陵晨并作新妆面，对客偏含不语情。”再如“忍受”义。《左传·宣公十五年》：“国君含垢，天之道也。君其待之！”《人物志·释争》：“君子知屈之可以为伸，故含辱而不辞。”

此外，“含”读hàn时，是一个与丧葬文化相关的词，古代指“放在死者口里的珠、玉等物品”。后为表义更加明确，于是产生后起字“琀”。《广韵》：“琀，送死口中玉。亦作含。”《周礼·天官·玉府》：“大丧，共含玉。”《公羊传·文公五年》：“含者何？口实也。”何休注：“缘生以事死，不忍虚其口。天子以珠，诸侯以玉，大夫以碧，士以贝，春秋之制也。”此处未提及庶民，其实

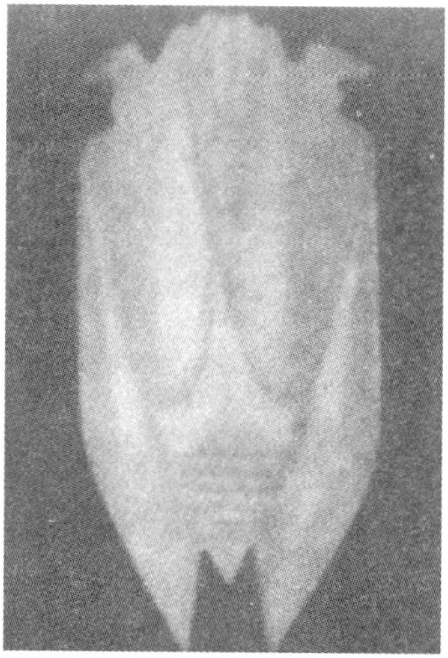

蝉形玉琀

他们以米为含。“缘生以事死，不忍虚其口”，表现了中华民族的孝道观念，体现了国人对于已逝者的人性关怀。天子至士人死后所含之物的品级差异，则体现了强烈的尊卑等级观念。“含”，古人又称“饭含（琀）。”饭，动词，指放入口中。“饭含（琀）”的内涵历代有所不同，如《周礼·地官·舍人》：“丧纪共饭米熬谷。”郑玄注：“君用粱，大夫用稷，士用粱。”《礼记·杂记下》则作：“天子饭九贝，诸侯七，大夫五，士三。”汉刘向《说苑·修文》说：“天子含实以珠，诸侯以玉，大夫以玑，士以贝，庶人以谷实。”而司马光《书仪》则说：“古者饭用米贝，弗忍虚也。饭用贝，今用钱，犹古用贝也。古礼，诸侯饭七贝，大夫五，士三。大夫以上，仍有珠玉。钱多既不足贵，又口所不容，珠玉则更为盗贼之招，故但用三钱而已。”

十二、崇拜

上古时代，由于生产力的低下和人们认识能力的局限，人们对于自然、社会的理解相当肤浅，甚至产生错误和歪曲，加上自然灾害和社会压迫，于是出现了原始崇拜和宗教迷信。又由于在长期的历史进程中，人们受到本民族传统历史文化的深刻影响，又受到儒、道、佛意识形态的浸润，从而潜移默化地形成了自己的核心价值观念和精神世界。原始崇拜包括对天地日月星辰等自然物体，对天地等神灵，对龙凤麟龟等神异动物，以及对福禄寿等人生理念的追求和向往。本章选择若干门类，对其加以分析探讨。

（一）天

晋代诗人陶渊明在《读山海经》中有“刑天舞干戚，猛志固常在”的名句。传说中的这位猛士是一个无头之人。“刑天”，意即“断首”，此处“天”指人头。这是“天”的本义吗?

天，甲骨文作，金文作、，小篆作。《说文》：“天，颠也。至高无上。从一大。”颠，人的头顶。从甲骨文、金文字形

看，天像一个正面站立的人，并突出其顶上的人头。而小篆尽管未画出人头，却用一横表示头顶，这样就使天的本义更为明确：人的头顶。甲骨文中，下面是正面的人形，上面是方框或圆圈，像人头之顶部。全字表示人之头顶，是为天字本义。今人常说的“天灵盖”，指的是人或某些动物的头顶的骨头，也是“天”的本义的一个佐证。如此看来，尽管“人头”也是“天”的一个古义，却不是其本义。

由于人头处于人体的最高处，天空是自然界的最高处，两者都是重要的事物，于是人们通过联想产生词义的引申，“天”就获得“天空”的含义。《孟子·梁惠王上》：“天油然作云，沛然下雨，则苗浡然兴之矣。”古人认为天圆地方，天似穹庐笼罩着大地。而中国范围内的全部土地，就称为“天下”，如《尚书·大禹谟》：“奄有四海，为天下君。”国君既然拥有天下，他也就获得了称“天”的资格，因而“天”可以指“君王”。《尔雅·释诂》：“天，君也。”《诗·大雅·荡》：“天降滔德，女兴是力。”毛传：“天，君。”不仅君王可被称为“天”，人伦中的尊者也可被称为“天”——由于封建社会提倡“三纲”，在君臣、父子、夫妻关系中，君、父、夫处于支配地位，都被称为“天”。《诗·鄘风·柏舟》：“母也天只，不谅人只。”毛传：“天，谓父也。”

古代生产力水平低下，人们对于社会、自然的认知水平也不高。面对无限辽阔深邃的天空，人们在惊叹它呼风唤雨、迎春送秋的神奇魅力之时，自然会产生一种由衷的崇拜感。于是“天”又产生出“天神；上帝；自然的主宰者”之义。《尚书·泰誓中》：“天视自我民视，天听自我民听。”孔安国传：“言天因民以视听，民所恶者，天诛之。”天神所居为“天堂”，是万民仰望之地。由天所主宰的命运

女娲补天

称“天命”。天所赐予的福佑称“天休”。上天的法则、天降的刑罚都称“天刑”。唐韩愈《答刘秀才论史书》：“夫为史者，不有人祸，则有天刑。”

我国古代的唯心主义哲学家把天称为“世界的精神本源”。《孟子·尽心上》：“尽其心者，知其性也；知其性，则知天矣。”朱熹集注：“心者，人之神明，所以具众理而应万事者也。性则心之所具之理，而天又理之所从以出者也。”这种哲学观念催生了战国时代的“天人合一”学说：认为天有意志，人事是天意的体现；天意能支配人事，人事能感动天意，由此二者能合为一体。汉儒董仲舒继承此说，发展为“天人感应”论。[①]而荀子、王充等朴素唯物主义哲学家所说与此不同，他们认为天就是物质的、客观的自然，它具有自己的不以人的意志为转移的内在规律。

“天”的内涵是丰富多样、不断发展的。“天”有“自然界”义，如“天灾”“人定胜天”；有“天然的；天生的”义，如“天性”“天资”；有“季节”义，如“春天”“三伏天”“黄梅天”；

① 傅永和、李玲璞、向光忠主编：《汉字演变文化源流》，广东教育出版社2012年版，第67页。

有“一昼夜时间，或专指白天”义，如“今天”；有“天气”义，如“阴天”“晴天”；有“一天中的某个时段”义，如“五更天”；有“迷信者指神佛仙人所住之处”义，如“天国”“天堂”“一命归天”。至于“天机不可泄露”“天网恢恢”“天造地设”“天遂人愿”等，更加具有某种神秘色彩，显示了国人对于天的自然崇拜。

（二）地

广袤的大地，一望无垠。寄身其上的河流湖泊和动物植物，为人类提供了无穷无尽的生命源泉。人们感恩它，敬畏它，使它成为他们心目中的崇拜对象。

地，金文作，小篆作。《说文》：“地，元气初分，轻清阳为天，重浊阴为地。万物所陈列也。从土，也声。”古人用阴阳学说对天地的形成做出推断，认为混沌之气刚刚分离时，轻的、清的、阳的气上升成为天，重的、浊的、阴的气下降成为地，地是万物陈列的地方。“地”的本义是“大地；地面”。《周易·乾》：“本乎天者亲上，本乎地者亲下，则各从其类也。”唐白居易《长恨歌》：“天长地久有时尽，此恨绵绵无绝期。”古人认为地载万物，因而将地比作车舆，称之为“地舆”；又认为天圆地方，天有九根柱子支撑，地有四条绳子系缀，因而把这维系大地的绳子称为“地维”；还认为大地德化恩泽，普施万民，称为“地德”。《管子·问》：“理国之道，地德为首。君臣之礼，父子之亲，覆育万人，官府之藏，强兵保国，城郭之险，外应四极，具取之地。”尹知章注：“法地以为政，故曰地德为首。”

“地”也指“土地；田地”，如《管子·权修》：“地之生财

盘古开天地画像砖

有时，民之用力有倦，而人君之欲无穷。”经过百姓的世代辛勤耕作，灌溉施肥，土地的利用率不断得到提高。人们又把土地的出产能力称作“地力”。《韩非子·五蠹》：“严其境内之治，明其法禁，必其赏罚，尽其地力以多其积。”对农业生产有利的土地条件叫“地利”。南朝梁沈约《劝农访民所疾苦诏》：“相亩辟畴，广开地利。”土地所产的农产品叫“地产”。《周礼·春官·大宗伯》：“以地产作阳德。”郑玄注：“地产者，植物，谓九谷之属。”

由于生产力水平落后、人们认知水平低下等限制，古人对土地的崇拜中自然免不了迷信的成分，因而想象中的神灵相当活跃。如“地一”，据《史记·孝武本纪》记载，古代天子每三年用太牢祠三神：天一、地一、泰一。大地之神叫“地神”。《周礼·夏官·校人》：“凡将事于四海山川，则饰黄驹。”唐贾公彦疏：“山川，地神。土色黄，故用黄驹也。”地神又叫“地祇”。《史记·司马相如列传》：“修礼地祇，谒款天神。”大地所呈现的瑞符叫“地符”。《周易·系辞上》：“河出图，洛出书。”孔颖达疏引《春秋纬》

云："河以通乾出天苞，洛以流坤吐地符。"神灵与死亡具有一定联系，故佛教认为坏人死后要堕入"地狱"，受种种苦。文人死亡叫"地下修文"。唐司空图《狂题》之九："地下修文著作郎，生前饥处倒空墙。"

"地"还具有其他几个义项。表示"地区"义，如"根据地""发祥地""内地""外地"。表示"地方；场所"义，如唐李白《关山月》："由来征战地，不见有人还。"表示"地位"义，如《周书·窦毅传》："以毅地兼勋戚，素有威重，乃命为使。"表示"地步"义，如宋陈亮《上孝宗皇帝第一书》："通和者，所以成上下之苟安，而为妄庸两售之地。"表示"路程（用于里数、站数后）"义，如"二十里地""两站地"等。

（三）日

日，照耀天空和大地的太阳，它给人类带来了光明和温暖，因而也成为人们内心崇拜的对象。其字为象形的代表字。《说文》："象形者，画成其物，随体诘诎，日月是也。"甲骨文作，金文作，小篆作。甲骨文由于刻写的不便，把圆太阳刻写成了方形；小篆则根据书写特点，将其处理为长方形。相较而言，金文"日"的字形更为形象。《说文》："日，实也。太阳之精不亏。从口一，象形。"许慎认为"日"像太阳精气充足时的样子。"实"是声训法释义，意思是"充实，富有"。

"日"的本义是"太阳"。王力先生指出："太阳、太阴原是道家术语。'阳'早有了'日光'的意思，'阳'原是阴阳二气的'阳'，'太''阳'二字连用，谓阳气极盛。后太阳演为'日'的

河南唐河出土汉画像石羲和主日、常羲主月图

同义词，而太阴没有发展为月亮。”①《周易·系辞下》：“日往则月来，月往则日来。”唐李白《古风》之二十八：“草绿霜已白，日西月复东。”在古人心目中，日是一个有生命的事物，这从“日”的同义词中可以得到反映。如古代神话传说太阳中有三足乌，因而用“三足乌”“金乌”作为太阳的代称。汉刘桢《清虑赋》：“玉树翠叶，上栖金乌。”唐杜甫《岳麓山道林二寺行》：“莲花交响共命鸟，金榜双回三足乌。”“东君”，本为太阳神名，也代指太阳。《史记·封禅书》：“晋巫，祠五帝、东君……先炊之属。”《广雅》：“东君，日也。”“羲和”，本指驾驭日车的神话人物，后转指太阳。《后汉书·崔骃传》：“氛霓郁以横厉兮，羲和忽以潜晖。”其实早在殷商时代古人已有对日的崇拜，甲骨文中不乏祭日的记载，至于成语典故“夸父逐日”“羿射九日”，则更加充满神话色彩，人人耳熟能详。

“日”也借喻“国君”，强调

① 王力：《汉语史稿》下册，中华书局1958年版，第495页。

其具有权威性。《礼记·昏义》：“故天子之与后，犹日之与月。”“日”既借喻国君，因此国君的弟、妹称呼其为“日兄”。唐陆畅《云安公主下降奉诏作催妆诗》：“天母亲调粉，日兄怜赐花。”旧时相术家认为人的额骨中央部分隆起，形状如日，称为“日角”，为大贵之相，故用“日角”或“日角龙庭”形容贵相，或指帝王。《魏书·尔朱荣传》：“伫龙颜而振腕，想日角以叹息。”

“日”的运转具有周期性，因而与时间建立起固定的联系。“天亮到天黑这一段时间”称为“日”，《诗·唐风·葛生》：“夏之日，冬之夜，百岁之后，归于其居。”“地球自转一周的时间；一昼夜”也称为“日”。《尚书·洪范》：“五纪：一曰岁，二曰月，三曰日，四曰星辰，五曰历数。”“每天；一天天”也称为“日”。晋陶潜《归去来兮辞》：“园日涉以成趣，门虽设而常关。”“日”还指“时代；时期”。《荀子·王制》：“殷之日，安以静兵息民，慈爱百姓，辟田野，实仓廪，便备用。”唐韩愈《通解》：“周之日，必曰和光而同尘，安用饿为？”

（四）月

“人有悲欢离合，月有阴晴圆缺，此事古难全。”这是苏轼《水调歌头》中的名句。从地球上看，月亮经常在变化，时而如弯弓斜挂，时而如银镜高悬，使人产生一种神奇莫测的崇拜感。

月，象形字。甲骨文作，金文作，小篆作。《说文》：“月，阙也。大阴之精。象形。”徐灏《说文解字注笺》：“象上下弦之形。日象圆形，故月象其阙也。

“月”的本义是“月球；月亮”。《诗·小雅·天保》：“如月之恒，如日之升。”《汉书·天文志》：“日之所行为中道，月、五星皆随之也。”对月的喜爱和崇拜使人们创制了很多颇具诗情画意的词语来表现月亮。如“月兔”，指月中的白兔，也借指月亮。《旧唐书·历志二》：“月欲有蚀，先月形摇振，状若惊惧，月兔及侧月色黄如有忧状。”“月华”，本指月光、月色或月亮周围的五彩光环，也借指月亮。北周庾信《舟中望月》：“舟子夜离家，开舲望月华。”“月桂”，指神话传说里的月中桂树，也借指月亮。南朝梁元帝《刻漏铭》：“宫槐晚合，月桂宵晖。”“月娥”，指传说中的月中仙子，也借指月亮。唐孟郊《看花》之一：“月娥双双下，楚艳枝枝浮。”“玉羊”也指柔和的月亮。南朝刘孝绰《望月有所思》：“玉羊东北上，金虎西南昃。”此外，“玉蟾”“玉桂”“玉兔”等也喻指月亮。

人们对月的崇拜和虔诚往往表现在祭祀月神上。月神被称为“月主”，通常指嫦娥，为秦汉所祠的八神之一。《史记·封禅书》：“六曰月主，祠之莱山。”帝王祭月之坛称为“月坛”，又名“夕月坛”，北周始建，以供皇帝于秋分日在京城西门外祭月，唐以后历朝因之。现今月坛位于北京阜成门外月坛公园，建于明嘉靖九年。人们对月的崇拜还可以从中秋节的一些活动中体现出来。中秋之夜，古人有全家团聚赏月的习俗，还有文人赏月、民间拜月之俗。苏

嫦娥奔月玉雕

州旧俗，中秋夜“比户瓶花、香烛，望空顶礼。小儿女膜拜月下，嬉戏灯前，谓之斋月宫”（顾禄《清嘉录》）。南京则有中秋“偷瓜”“送瓜”以求子之俗，即将南瓜、冬瓜做成小儿状，置于妇女床下，以求月神护佑生子。这些文化礼仪活动，寄审美价值与伦理价值于满月意象中，展现了人们对月神的崇拜。

古人以月为群阴之本，因此借“月”形容女子及与女子相关的事物。如形容女子容貌娇美，叫“月貌花容”。《醒世恒言》卷三：“（秦重）这一夜翻来覆去，牵挂着美人，那里睡得着？只因月貌花容，引起心猿意马。”比喻女子美丽称“月殿嫦娥”。元关汉卿《玉镜台》第三折：“便有瑶池仙子无心觑，月殿嫦娥懒去窥。”形容女子风韵秀逸叫“月韵”。明程羽文《鸳鸯牒》：“张惠连霞姿月韵，春梦楼高。”

“月”还有几个其他义项。表示“每月的”义，如“月给”指月俸、月饷。《宋史·毕士安传》：“士安以目疾求解，改兵部侍郎，出知潞州，特加月给之数。”表示“形状像月亮的；圆的”义，如“月朵”指白菊花。唐陆龟蒙《重忆白菊》：“月朵暮开无绝艳，风茎时动有奇香。”

（五）星

澄澈的夜空，缀挂着无数的星辰，晶莹闪烁，引人遐思。在古代，它们也是人们崇拜的天体。

星，形声字。甲骨文作，金文作，小篆作、。《说文》：“星，万物之精，上为列星。从晶，生声。”在古人看来，星是万物的精华，在天上就成了众多的星。星原为象形字，演变为晶字

后，为了区分，遂加“生”为声符，变为形声字。

星是宇宙间除了太阳和月亮以外发亮的天体的总称，按其性质可分为恒星、行星、卫星、彗星、流星等。星辰，通常泛指众星，一说星指金木水火土五星，辰指二十八宿。金星又叫“太白星”“启明星”“长庚”，是空中最亮的行星。木星大约每十二年绕太阳运行一周，又叫“岁星”。水星最靠近太阳，又叫“辰星”。火星荧荧似火，运行情况复杂，令人迷惑，故又叫“荧惑星”。土星大约每二十八年绕太阳运行一周，好像每年镇守二十八宿中的一宿，所以又叫镇星。

古人常常对星象做出想象性的解释，然后与人相比附，表现出对于星辰的崇拜。如“星位”，指星宿在天空中的地位，旧时人们认为星位可决定人的贫富尊卑。汉王充《论衡·命义》：“贵或秩有高下，富或赀有多少，皆星位尊卑小大之所授也。”又如“星使”，古人认为天节八星主使臣事，因而称帝王的使者为“星使”。唐刘长卿《贾侍郎自会稽使回篇什盈卷兼蒙见寄一首与余有挂冠之期因书数事率成士韵》：“江上逢星使，南来自会稽。”又如“星命”，术数家认为人的祸福寿夭与天上星辰的位置、运行有关，于是根据人的生年

大泉五十背星宿图花钱

时辰，配上天干地支，来推算命运、附会人事，故称为“星命”。宋叶绍翁《四朝闻见录·高宗知命》：“高宗自能推步星命。”又如，南极星通常被称为“老人星”“寿星”，被古人作为长寿的象征。“斗南”指北斗星之南，犹言天下。“斗南一人”比喻仅有的杰出人才。“泰斗”，是“泰山北斗”的缩略，比喻为大众所仰慕的人。北极星则是众星环围的对象，成语云“众星拱北”，常用来比喻有德行的君主得到天下臣民的拥戴。“星”也指与帝王有关的事物，如“星舆”指帝王的车驾，“星骑”指帝王的使者等。当然，“星”有时也表示负面意义，如天狼也叫封狼，意思是天上的大狼，古人把它作为贪残的象征。彗星又叫扫帚星，古人认为它的出现会给人带来不幸。

“星”也喻指“有特殊作用或才能的人”。唐刘禹锡《和令狐相公初归京国赋诗言怀》：“相印昔辞东阁去，将星还拱北辰来。”也比喻“细碎或细小的东西”。《周礼·天官·内饔》：“豕盲眡而交睫，腥。”郑玄注：“腥，当为星，声之误也。肉有如米者似星。”也指“秤杆上标记斤、两、钱的小点”。唐拾得《诗》之二十六：“银星钉称衡，绿丝作称纽。买人推向前，卖人推向后。”像流星那样，形容疾速，也用“星”。汉司马相如《子虚赋》：“星流霆击，弓不虚发。”汉应劭《风俗通义·十反》：“望自劾去，星行电征，数日归，趋诣府。”

（六）神

神，形声字。甲骨文作，金文作、，小篆作。《说文》：“神，天神，引出万物者也。从示申。”杨树达《增订积微居小学金石论丛·释神祇》根据古文字形体的分析指出，“据此诸证，

清代北京神祃《玉皇大帝》

知古申、电同文”，“皆象阴阳激耀之形……盖天象之可异者莫神于电，故在古文，申也，电也，神也，实一字也。其加雨于申而为电，加示于申而为神，皆后起分别之事也”。可知“神”原先写作“申”，表示闪电，闪电在古人眼里是一种神异的现象，难以解释清楚，所以人们就对其产生出崇拜感，敬而畏之。后来因“申”用为地支字，为了区别，“神”遂加上“示”旁。

“神”的本义是“神灵；神仙。宗教及神话中所指的超自然体”。《礼记·祭法》：“山林川谷丘陵，能出云为风雨，见怪物，皆曰神。”孔颖达疏：“风雨云露并益于人，故皆曰神而得祭也。”《论语·述而》：“子不语怪、力、乱、神。”何晏集解：“神，谓鬼神之事。”神又称神祇，包括天神和地神。《尚书·汤诰》：“尔万方百姓，罹其凶害，弗忍荼毒，并告无辜于上下神祇。”上古时代，人们认为神包括上帝和自然神，如山、河、岳、土、日、云、雨等（见赵诚《卜辞分类读本·上帝和自然神》）。随着时代的发展，人们对神的认知又有所扩展，民间信奉的诸神有玉皇大帝、观世音、关帝、冥界阎王、城隍、土地神、碧霞元君、妈祖等，体现了信仰的多元性。此外，神仙的境界称为“神境”，如南朝梁江淹《萧让前部羽葆鼓吹表》：“炎耀仙都，崇丽神境。”神灵、神仙又叫“神君”，如南朝宋刘义庆《世说新语·容止》：“相王作辅，自然湛若神君。”甚至一些动植物也与神灵挂起钩来，如嘉禾被称为“神禾”。唐柳宗元《为京兆府请复尊号表三首》之三：“黄龙皓兔，甘露庆云，神禾嘉瓜，祥莲瑞木，万物畅遂，百谷茂滋，此天之至灵也。”

帝王历来是臣民的拥戴和崇拜对象，人们往往将他们与神灵联系起来。天子的乘舆叫“神舆”，如晋陆云《盛德颂》：“或冀神舆降观，薄狩五服，时迈玉辂，言巡兹邑。”天子的心意叫“神虑”，如《三国志·魏书·陈留王奂传》：“相国晋王诞敷神虑，光被四海。”“神御”是对帝王出行的美称，如南朝梁江淹《建平王庆明帝疾和礼上表》：“吉躅为庆，神御方休。”旧时颂扬人君的功绩和教化，称为“神功圣化”，如宋秦观《敕书奖谕记》：“臣窃惟二圣临御以来，神功圣化，鼓动海内，阴阳调和，灾害绝息。”

“神”可指“精神；精力”。《荀子·天论》：“形具而神生。好恶、喜怒、哀乐臧焉，夫是之谓天情。”“神”也指“神韵；韵味”。唐李肇《唐国史补》卷上：“始吾见公主担夫争路而得笔法之意，后见公孙氏舞剑器而得其神。”形容人精神超逸叫“神超”，如唐陆龟蒙《和袭美伤开元观顾道士》：“何事神超入杳冥，不骑孤鹤上三清。”形容人心神清爽叫“神清气朗”，如明王守仁《传习录》卷下：“平旦时神清气朗，雍雍穆穆。”

（七）龙

在人们的心目中，龙遨游太空，具有击风破浪、呼风唤雨的超自然神奇力量，因此龙就成了人们崇拜的对象，成为远古时代的一种图腾，我国也成为龙的国度，中国人被称为龙的传人。

玉猪龙

龙，象形字。甲骨文作，金文作，小篆作。《说文》：“龙，鳞虫之长。能幽能明，能细能巨，能短能长。春分而登天，秋分而潜渊。从肉，飞之形。童省声。”许慎把龙描绘成变幻莫测的神兽。不过他对“龙”字的结构分析并不为后人所认同。罗振玉《殷虚书契考释》通过字形分析，认为全字“但为首角全身之形”，否定了许慎认为“龙”是形声字的解说。作为中华民族灵魂的龙，在生物界并无踪迹可寻。有学者经过长期研究，认为龙是在漫长的历史过程中，由各个部落的不同的图腾综合起来的，“它集中了许多动物美和力的形象：蛇的身，马的头，鹿的角，虎的脚，鹰的翼，鱼的鳞，虚构成为一种既能在地面行走又能升天入水的神奇动物，与洪荒时代曾经纵横逞威的大爬行动物恐龙完全是两回事”[①]。

“龙”的本义是“传说中的一种神异动物。身长，形如蛇，有鳞爪，能兴云降雨，为水族之长”。《周易·乾》：“云从龙，风从虎，圣人作而万物睹。”龙象征着矫健、隽异。古代术数家认为龙是神物，乾卦“九五”中的“飞龙在天”象征着人君的居高临下。“龙腾虎跃”形容矫健有力，生气勃勃。“龙盘凤翥”比喻山势雄壮蜿蜒，具王者气象。“龙骧虎视”比喻气势威武，目光远大。龙与庆云、麟、凤并举，均为吉祥物。“传说龙能行雨，龙举云兴，大旱之

---

① 吾三省：《古今词语通俗类解》，上海辞书出版社1995年版，第320页。

年蛟龙戏水为民所望。民俗认为二月二龙抬头，就意味着龙将行雨，春雨绵绵。”[①]龙能兴云布雨，化育万物，这种神异功能使之成为民族的象征，成为独具特色的龙文化。

在我国长期的封建社会中，被当作神物的龙一直是帝王统治权力的标志。《易传》称龙为大德之君。秦始皇自视为祖龙。许多与帝王有关的事物，都被冠上一个“龙”字。如皇帝的容貌叫“龙颜”，鼻子称“龙准”，身子是“龙体”。皇帝的后代叫“龙种”。皇帝穿的是“龙袍”，睡的是“龙床”，坐的是“龙椅”，乘的是“龙舆”。皇帝死了婉称“龙驭宾天”，意思是乘龙升天，到天宫做客去了。“龙行虎步”，比喻威仪庄严，气度不凡，常用来形容帝王之相。《宋书·武帝纪上》：“刘裕龙行虎步，视瞻不凡，恐不为人下，宜蚤为其所。”“龙颜凤姿”，比喻帝王气度非凡。唐韩偓《迷楼记》：“陛下享天下之富贵，圣貌轩逸，龙颜凤姿，而不自爱重。”龙也用来比喻才俊之士。《三国志·蜀书·诸葛亮传》：“诸葛孔明者，卧龙也。”

龙也喻指“形状像龙的或装饰有龙的图案的东西”。唐张建封《竞渡歌》：“鼓声三下红旗开，两龙跃出浮水来。”此指龙舟。宋苏轼《新茶送签判程朝奉，以馈其母，有诗相谢，次韵答之》：“火前试焙分新胯，雪里头纲辍赐龙。”此指龙团茶。

（八）凤

凤和龙一样，属于麟、凤、龟、龙“四灵”之一，历来被国人视

---

① 纪德裕：《汉字拾趣》，复旦大学出版社1997年版，第80页。

为祥瑞之物，是国人崇拜的对象。

凤，甲骨文作、，金文作，小篆作。《说文》：“凤，神鸟也。天老曰：凤之象也，鸿前麟后，蛇颈鱼尾，鹳颡鸳思，龙文虎背，燕颔鸡喙，五色备举，出于东方君子之国，翱翔四海之外，过昆仑，饮砥柱，濯羽弱水，莫宿风穴，见则天下大安宁。”从许慎这段颇有诗意的描述中，我们可以看到，凤是通过传说和想象，集中了十种以上动物的突出特征而构建的一种神鸟，在客观世界中并不存在。从古文字形体看，凤字像凤鸟高冠、花翎、长尾之形，有的则加上了“凡”作为声符。

“凤”的本义是“古代传说中的神鸟。雄的叫凤，雌的叫凰（亦作皇），通称为凤或凤凰，又名鶠”。《诗·大雅·卷阿》：“凤凰于飞，翙翙其羽。”《荀子·解蔽》：“《诗》曰：‘凤凰秋秋，其翼若干，其声若箫。有凤有凰，乐帝之心。’”杨倞注：“逸《诗》也。《尔雅》：‘鶠，凤，其雌凰。’”作为图腾崇拜物，凤被人们赋予了超常的能力和超凡的品质，传说中它一路飞来，非醴泉不饮，非梧桐不栖，表达了人们对高尚、圣洁的向往与追求。

凤的高洁圣灵也被转用于喻人，即“比喻有圣德的人”。《论语·微子》：“凤兮凤兮！何德之衰？”邢昺疏：“知孔子有圣德，故比孔子于凤。”宋苏轼《送冯判官之昌国》：“昼穷经史夜兵律，麟角凤毛多异质。”此类合成词也多见。如“凤骨龙姿”，形容超凡的体格和仪态。《云笈七签》卷四：“今视子之质，实霄景高焕，圆精重照，凤骨龙姿。”“凤凰来仪”，指凤凰来舞，仪表非凡，喻指吉祥之兆。凰，亦作“皇”。《尚书·益稷》：“《箫韶》九成，凤皇来仪。”孔传：“仪，有容仪。备乐九奏而致凤皇，则余鸟兽不待九而率舞。”“凤”也借喻帝王。如“凤邸”，指帝王即位前所居的府第。南朝陈徐陵《与王僧辩书》：“未有膺龙图以建国，御凤邸以成家。”“凤传”，指帝王之家所乘的车马。唐张说《安乐郡主花烛行》：“鸾车凤传王子来，龙楼月殿天孙出。”一些美好的事物也与“凤”建立起联系。如

吹箫引凤

供题诗写信使用精美纸张，因纸地有凤纹，被称为“凤笺”。宋周邦彦《华胥引·秋思》：“点检从前恩爱，但凤笺盈箧。”形容美妙的歌舞，叫“凤舞鸾歌”。唐宋之问《太平公主山池赋》：“凤舞鸾歌兮俨欲飞，披烟弄月兮宵未归。”形容诗文的文采华丽，叫“凤彩鸾章”。南朝梁沈约《谢齐竟陵王示永明乐歌启》：“凤彩鸾章，霞鲜锦缛。”形容华美的宫阙楼台，叫“凤楼龙阙”。前蜀韦庄《和集贤侯学士分司丁侍御秋日雨霁之作》：“洛岸秋晴夕照长，凤楼龙阙倚清光。”

青年男女互相爱恋是人生的华美篇章，“凤求凰”可谓其典型。这也是乐府琴曲名，因汉代文豪司马相如追求卓文君时所作的诗句“凤兮凤兮归故乡，遨游四海求其凰”而得名。占卜佳偶俗称“凤卜”，典出《左传·庄公二十二年》：“初，懿氏卜妻敬仲。其妻占

之，曰：‘吉。是谓“凤皇于飞，和鸣锵锵。’”“凤鸾”本指凤凰类的神鸟，又转以比喻佳偶。清李渔《风筝误·惊丑》：“主婚作伐两凭谁？如何擅把凤鸾缔？”“凤”通常指婚姻关系中的男方。有情男女结为夫妻被比喻为“凤友鸾交”，形容夫妻和睦、感情融洽叫“凤协鸾和”。

（九）麟

麟，或曰麒麟，是一种传说中的祥瑞动物，属于“四灵”之一，自然也是古人崇拜的对象。

麟，形声字。甲骨文作，小篆作。《说文》：“麟，大牝鹿也。从鹿，粦声。”汉司马相如《子虚赋》：“射麋脚麟。”张衡《东京赋》：“解罘放麟。”薛综注：“大鹿曰麟。”《汉语大字典》也将“大鹿”列为“麟”的第一义项。姑且不论大鹿的性别如何，至少它是一种较常见的动物，并非全指那种超凡脱俗的神兽。

与“大牝鹿”之说并行，麟也具有“麒麟”义。《诗·周南·麟之趾》：“麟之趾，振振公子。”《公羊传·哀公十四年》：“麟者，仁兽也。”麟是仁兽，它的出现也被人们视为一种祥瑞的征兆。据《淮南子·览冥训》记载：“昔者黄帝治天下……凤皇翔于庭，麒麟游于郊。”后人遂以“麟游”作为祥兆。麒麟出现过的郊野也引起人们的关注，被称为“麟甸”。唐骆宾王《上兖州张司马启》：“缉谐麟甸，下白鹤于仙庭；辅弼凫郊，重黄金于帝里。”据《史记·太史公自序》，汉武帝至雍获白麟，司马迁作《史记》于此处止笔，此称“麟止”。

麟也喻指“杰出的人才”。“麟子凤雏”比喻年轻的颖异俊秀之人。汉焦赣《易林》卷一：“麟子凤雏，生长家国。”“麟凤”比喻才智出众的人。《文选·汉武帝·贤良诏》：“麟凤在郊薮，河洛出图书，呜呼，何施而臻此乎？”李善注引《礼记》：“圣王所以顺，故凤凰麒麟，皆在郊薮。”宋苏轼《司马温公神道碑》：“公如麟

麒麟送子

凤，不鸷不搏。”“麟凤龟龙”在《礼记·礼运》中被称为“四灵”。《孔丛子·记问》：“天子布德，将致太平，则麟凤龟龙先为之祥。”“麟角”比喻稀有而难得的人才。晋葛洪《抱朴子·极言》：“若夫睹财色而心不战，闻俗言而志不沮者，万夫之中，有一人为多矣。故为者如牛毛，获者如麟角也。”这类人才也称“麟角凤毛”，如元王逢《奉寄兀颜子忠廉使》：“君侯素是骨鲠臣，麟角凤毛为世珍。”

“麟”还可表示“稀有；珍贵”之义。如用玉片等珍宝把席子装饰成云霞麟凤之状，叫“麟文”。麟形花纹的毯子叫“麟罽”，比喻书画等珍贵之物。清纽琇《觚賸·八分书》：“盖珊钩麟罽，未免以多藏取讥，而追仿昙曤之换者，其致远矣。”用麒麟肉做成的肴馔叫“麟馔”，比喻珍贵食品。元李存《挽三十七代仙姑》：“麟馔已供仙府贵，鸾封犹被国恩长。”“麟髓”指美酒。元陈孚《吴宫子夜歌》：“绿尊滟滟麟髓泣，露重花寒秋不湿。”

（十）龟

龟，象形字。甲骨文作，金文作，小篆作。《说文》："龟，旧也。外骨内肉者也。从它，龟头与它头同。天地之性，广肩无雄；龟鳖之类，以它为雄。象足甲尾之形。"旧，表示岁月长久，使用的是声训法。它，蛇。许慎认为：天地的本性是，宽肩大腰的动物没有雄性；乌龟和甲鱼之类的动物，以蛇作为雄性。罗振玉《增订殷虚书契考释》："卜辞诸龟字皆象昂首、被甲、短尾之形。""乌龟"是龟的本义。《吕氏春秋·季夏》："令渔师伐蛟取鼍，升龟取鼋。"

龟只是一种普通的水生动物，何以长期以来被尊为灵物，成为人们心中的崇拜物呢？推测起来，这应当与乌龟长寿有重要关联。传统文献中，"龟年""龟年鹤寿""龟龄""龟鹤"都用来比喻长寿，也足以说明龟在人们心中的地位。

由于龟是灵物，古人便用其甲壳占卜吉凶。《诗·大雅·绵》："爰始爰谋，爰契我龟。"此言周初古公亶父因昆夷的侵略，要迁都到岐，故占卜询问可否在周原住下。古代用龟甲占卜时，先在龟甲上钻一小孔，然后用火烤，使小孔处出裂纹，再观看裂纹的形态来断定吉凶。古代还流传下来许多有关龟的神话传说，如"大龟负图投尧""汉文帝欲受禅，龟出于夷地"等。"龟言"，表示龟卜所得之兆。清姚鼐《方侍庐先生墓志铭》："弟子所悼，营是幽宫；龟言既从，以安厥终。""龟"也作为人名被采用，以求吉庆。如李龟年、陆龟蒙都是唐代杰出文人。这都反映了古人对龟的崇拜。

龟甲在古代也被作为货币使用。《玉篇》："龟……货之宝也。”《史记·平准书》：“虞夏之币……或钱，或布，或刀，或龟贝。”汉武帝时造龙文、马文、龟文之币，龟文值三百，又称“龟币”。据《汉书·食货志下》，王莽时代所铸的龟币则名“龟宝”。古代印组多作龟形，因而以“龟”代称印章。《后汉书·西域传》：“先驯则赏籯金而赐龟绶，后服则系头颡而衅北阙。”龟印也叫龟章，龟绶也叫龟组。“龟”也是“龟袋”的简称，唐武则天时五品以上官员的一种佩饰。相传唐李白初进长安，会见贺知章时，以《蜀道难》一诗相赠，贺读后敬佩不已，遂解下身佩金龟换酒相招待，并称李白为谪仙人。

龟鹤齐龄

事物往往具有两面性。“龟”也具有消极意义。明陶宗仪《南村辍耕录·废家子孙诗》：“宅眷皆为撑目兔，舍人总作缩头龟。”

（十一）福

福，甲骨文作福，金文作福，小篆作福。《说文》：“福，祐也。从示，畐声。”指神明的降福保佑。罗振玉《增订殷虚书契考释》：“从两手奉尊于示前，或省廾，或并省示，即后世之福字。在商则为祭名。”后来由祭名引申为“上帝降福保佑”义。

“福”的本义是“幸福；福气”，与“祸”相对。在旧时代，人们历经饥荒战乱，经常流离失所，民不聊生。因此人们企盼安定幸福的生活，“福”就成为他们追求的目标和崇拜的对象，举凡富贵寿考、康健安宁、吉庆如意、全备圆满都谓之福。《尚书·洪范》："五福：一曰寿，二曰富，三曰康宁，四曰攸好德，五曰考终命。"《诗·小雅·瞻彼洛矣》："君子至止，福禄如茨。"郑玄笺："爵命为福，赏赐为禄。"孔颖达疏："凡言福者，大庆之辞；禄者，吉祉之谓。"人们都盼望着自己能拥有福气、福分。《水浒传》第九十八回："我真个有福分，天赐异人助我！""福星"，比喻能给大家带来幸福、希望的人。《初刻拍案惊奇》第三十四卷："姑娘是一点福星，若在小庵，佛面上也增多少光辉，实是万分之幸。"人们向往的神仙所居、福德所集的地方，称为"福乡"。唐崔尚《唐天台山新桐柏观颂》："是之谓不死之福乡，养真之灵境。"人们追求的具体目标是"福禄双全""福寿康宁"。贾仲名《对玉梳》第四折："俺如今福禄双全，稳拍拍的绿窗下做针线。"明无心子《金雀记·探春》："独奉椿庭，晨昏供敬，惟愿取福寿康宁。"为了求得福气，人们就要积福德，营福田，做善事，拜神佛。如为修福德而施舍作公众墓地的土地，称为"福德田"。宋叶廷珪《海录碎事》："史氏……舍高原之田十余顷为众人葬地，名曰'福德田'。"堪舆家则通过相地，推定地脉灵气所钟之地，称之为"福壤"。《北史·杨素传》："乃遍历川原，亲自占择，志图元吉，孜孜不已，遂得神皋福壤，营建山陵。"

"福"也用作动词，表示"赐福；保佑；造福"义。《左传·庄公十年》："小信未孚，神弗福也。"宋王安石《上执政书》："窃以方今仁圣在上，四海九州冠带之属，望其施为以福天下者，皆聚于朝廷。""福佑"也表示"赐福保佑"义。北齐颜之推《颜氏家训·名实》："忘名者，体道合德，享鬼神之福佑，非所以求名也。”“福庇”“福荫”也指“赐福保护”。《红楼梦》第八十五回：“蒙王爷福庇，都好。”《二刻拍案惊奇》卷十：“朱三反靠着老婆福荫，落得吃自来食。”“福”还表示“祭祀所用的酒肉”义，如《周礼·天官·膳夫》：“凡祭祀之致福者，受而膳之。”郑玄注：“致福，谓诸臣祭祀进其余肉归胙于王。”“福食”“福胙”也指祭祀所用的食物。如《太平广记》引《法苑珠林》：“愿父兄勤为功德，作福食时务使鲜洁。”汉王充《论衡·语增》：“使文王、孔子因祭用酒乎，则受福胙不能厌饱。”

双喜迎福

（十二）禄

禄，形声字。甲骨文作，金文作，小篆作。《说文》：“禄，福也。从示，录声。”甲骨文、金文均无“示”旁，小篆加“示”成形声字。对于此字的声符“录”，学界有不同的解读。李孝定《甲骨文字集释》：“疑以为井鹿卢之初字。上象桔槔，下象汲水器，小点象水滴形。”汤可敬补充说：“汲水灌溉，可保丰收，遂有福义。”[①]笔者觉得二人所说有一定的道理，故在此录以备参。

“禄”的本义是“福气；气运”。《诗·大雅·假乐》：“宜

---

① 汤可敬：《说文解字今释》，岳麓书社1997年版，第7页。

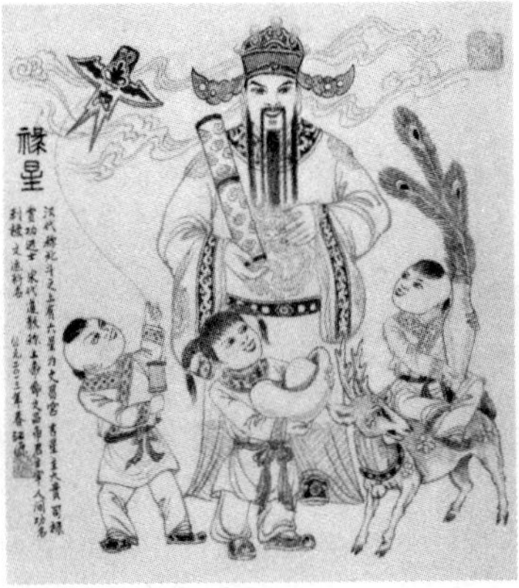

禄星

民宜人，受禄于天。”又：“千禄百福。”陈奂传疏：“福、禄义同，于禄言千，于福言百，互词也。”《仪礼·少牢馈食礼》：“使女受禄于天，宜稼于田。”郑玄注：“古文嘏为格，禄为福。”段玉裁注也列举例证指出“《诗》言福、禄多不别”。今《王力古汉语字典》将“禄”“福”列为同源词。古代宿命论者认为人生的盛衰、祸福、寿夭、贵贱等都由上天决定，故称为“禄命”。汉王充《论衡·解除》：“案天下人民，夭寿贵贱，皆有禄命。”也有人认为人间的福、禄、寿为上天神仙所分掌，称其为“禄星”。明李东阳《三星图歌寿致仕马太守》：“禄星高冠盛华裾，浮云为驭鸾为车。”而相术家则认为人的形体、气色等与人的贵贱、贫富、夭寿相关，故称为“禄相”。汉王符《潜夫论·相列》：“夫骨法为禄相表，气色为吉凶候。”这种种的推测，既表现了古人对“禄福”的崇拜与痴迷，也反映了宿命论的无奈和悲凉。

“禄”也表示“封邑”义。《国语·鲁语上》：“若罪也，则请纳禄，与车服而违署。”韦昭注：“禄，田邑也。”由此又引申出“俸禄”义。古代制禄之法，或赐予或颁发，形式不固定；或田邑或粟米或钱物，历代差等也不相同。或称“禄秩”“禄俸”，或称“禄粟”“禄糈”，或称“禄钱”“禄饷”，或称“禄赐”“禄赏”，等等。古人迷信天数和命运，认为俸禄的多寡取决于“禄气”“禄算”，即人生注定的福禄气数。宋吴处厚《青箱杂记》卷一：“（王旦）及将捐馆，遗命剃发以僧服敛……人皆谓其寒薄，独一善相者目之曰：‘公名位俱极，但禄气不丰耳。’”宋郭彖《睽车志》卷一：“责曰：‘太夫人无苦，三日当愈。禄算尚永。’”也叫“禄运”，即食禄的命运和官运。《三国志·魏书·管宁传》：“臣海滨孤微，罢农无伍，禄运幸厚。”用作动词，指“给予俸禄”。《礼记·祭统》：“古者明君爵有德而禄有功。”宋苏轼《徐州上皇帝书》：“心力有足过人，而不能从事于科举者，禄之以今之庸钱。”又引申指“禄位；权位”。《论语·季氏》：“禄之去公室五世矣。”

“赏赐物”也特称为“禄”，如《诗·小雅·瞻彼洛矣》：“君子至止，福禄如茨。”郑玄笺：“爵命为福，赏赐为禄。”《国语·晋语九》：“伯乐与尹铎有怨，以其赏如伯乐氏。曰：‘子免吾死，敢不归禄。’辞曰：‘吾为主图，非为子也。怨若怨焉。’”也指“祭祀后的酒肉”。《诗·小雅·楚茨》：“乐具入奏，以绥后禄。”古人在祭祀之后，要饮祭神所余之酒，要食用祭神所余之肉，认为这是接受神所赐之福，所以称这种酒为福酒，称这种肉为胙肉。

（十三）寿

寿，甲骨文作，金文作，小篆作。《说文》：“寿，久也。从老省，声。”中华民族历来有尊敬老人的美德，而健康长寿是对老人的最好祝愿，也是每个人对于自己人生的重要期盼。古时有“三寿”即上寿、中寿和下寿之说，其具体说法存在不同观点：或曰上寿120岁，中寿100岁，下寿80岁（《左传·僖公三十二年》孔颖达疏：“上寿百二十岁，中寿百，下寿八十。”）；或曰上寿100岁，

中寿80岁，下寿60岁（《庄子·盗跖》："人上寿百岁，中寿八十，下寿六十。"）；或曰上寿90岁，中寿80岁，下岁70岁（《论衡·正说》："上寿九十，中寿八十，下寿七十。"）。其中第三种说法较为人们所认可。

"寿"的本义是"年寿；寿限"。《荀子·荣辱》："乐易者常寿长，忧险者常夭折，是安危利害之常体也。"引申指"事物的使用期限"。宋唐庚《家藏古研铭》："笔之者，以日计；墨之者，以月计；研之寿，以世计。"企盼长寿是人类的心愿，这可从许多吉祥语中得到印证。如"寿比南山"，是祝福别人长寿的祝颂语。语本《诗·小雅·天保》："如月之恒，如日之升。如南山之寿，不骞不崩。""寿山福海"比喻寿比山高、福似海深，如明人刘基有《寿山福海图歌》。有一种传说的仙木，称为"寿木"，受到人们的广泛传扬。《吕氏春秋·本味》："寿木之华。"高诱注："寿木，昆仑山上木也。华，实也。食其实者不死，故曰寿木。"晋王嘉《拾遗记·前汉上》："有寿木之林，一树千寻，日月为之隐蔽。若经憩此木下，皆不死不病。"

"寿"也表示"长寿"义。《论语·雍也》："知者动，仁者静；知者乐，仁者寿。"唐韩愈《唐故朝散大夫越州刺史薛公墓志铭》："无怨无恶，中以自宝，不能百年，曷足谓寿？"一个人长寿，就会受到众人的称扬和祝福，被称为"寿星""寿翁"。中国历来有为老人过寿辰的习俗，表现的是中华民族敬老尊老的优良传统。过寿称"寿诞"，在生日当天举行。《红楼梦》第二十五回："原来次日是王子腾夫人的寿诞。"这一天要安排祝寿的宴会，称为"寿宴""寿筵""寿谯"。明谢谠《四喜记·椿庭庆寿》：

百寿图

“瑞应诞辰，出妆台早喜寿筵开整。”宴席上喝的酒叫“寿水”“寿酒”，祝寿的礼品称为“寿礼”，包括寿文、寿诗、寿画、寿联、寿屏、寿桃等。《二十年目睹之怪现状》第四十一回：“九月十九，是干娘五十整寿，我画一堂海满寿屏，共是八幅。”

“寿”也指“祝寿；祝福”，多指奉酒祝人长寿。《汉书·高帝纪上》：“庄入为寿，寿毕，曰：‘军中无以为乐，请以剑舞。’”也可引申指“问候”。唐韩愈《送幽州李端公序》：“端公岁时来寿其亲东都，东都之大夫士莫不拜于门。”“寿”也指以送寿的名义赠人金帛。《汉书·东方朔传》：“主大喜，使偃以黄金百斤为爰叔寿。”此外，“寿”也用作婉辞，表示“生前预备的；装殓死者的”义。如“寿器”指棺材。《后汉书·皇后纪下》：“元嘉二年崩。以帝弟平原王石为丧主，敛以东园画梓寿器。”李贤注：“梓木为棺，以漆画之。称寿器者，欲其久长也，犹如寿堂、寿宫、寿陵之类也。”

插图目录

1. 后母戊鼎，引自《中国美术》，张小梅编，中国言实出版社2012年版，第7页。

2. 双羊尊，引自《海外藏中国历代雕塑》，林树中主编，江西美术出版社2006年版，第9页。

3. 西晋持盾武士俑，引自《制胜之道　孙子兵法暨中国古代军事文物精品展》，中国人民革命军事博物馆编，文物出版社2008年版，第58页。

4. 奚仲像，引自《跟着孔子去旅行》，梅和勒·庆吉著，黑龙江美术出版社2016年版，第407页。

5. 秦陵铜车马二号车，引自《中华国宝图典》，贺云翱主编，山东画报出版社2014年版，第226页。

6. 河姆渡文化时期的陶舟，引自《中国美术全集　工艺美术编　民间玩具剪纸皮影》，中国美术全集编辑委员会编，上海人民美术出版社1988年版，第5页。

7. 商晚期蝉纹铜斗，引自《中国设计全集　餐饮类编　食具篇》，梁盛平、熊建新、沈体雁主编，商务印书馆2012年版，第276页。

8. 半坡出土石斧复原图，引自《中国古代器物图典》，刘萱堂等编绘，吉林美术出版社1993年版，第5页。

9. 东汉刀俎俑，引自《中国美术全集　雕塑编　秦汉雕塑》，中国美术全集编辑委员会编，人民美术出版社1985年版，第117页。

10. 槐荫消夏图，引自《宋画全集》第1卷第7册，浙江大学中国古代书画研究中心编，浙江大学出版社2010年版，第42页。

11. 河姆渡出土席残片，引自《中国传统家具装饰》，高阳、门琳、曾亚奴著，百花文艺出版社2014年版，第8页。

12. 公孙灶壶，引自《图说管子》，宣兆琦著，山东友谊出版社2016年版，第101页。

13. 青釉葫芦式执壶，引自《金戈铁马的交汇——辽、西夏、金》，李硕主编，时代文艺出版社2011年版，第111页。

14. 元代铜壶滴漏，引自《元明清国宝的故事》，张德勤主编，紫禁城出版社2009年版，第16页。

15. 西汉雁鱼灯，引自《国宝档案1　青铜器案》，中央电视台《国宝档案》栏目组编，中国民主法治出版社2009年版，第222页。

16. 西汉长信宫灯，引自《图说中国文化　器物卷》，张国华、左玉河等著，吉林人民出版社2007年版，第134页。

17. 河南密县打虎亭东汉墓秉烛图，引自《话说中国物质文化遗产》，叶文宪著，学林出版社2008年版，第55页。

18. 湖北江陵马山砖厂楚墓出土的扇子，引自《重放异彩　楚文化考古重大发现》，田野著，湖北教育出版社2001年版，第135页。

19. 骨笛，引自《中华国宝图典》，贺云翱主编，山东画报出版社

2014年版，第588页。

20. 五行图，引自《道解〈黄帝内经〉》，王寅著，中央编译出版社2013年版，第42页。

21. 走百病，引自《中国节日传统文化读本（珍藏版）》，严敬群编著，东方出版社2009年版，第66页。

22. 拜尘，引自《中国典故（图文本）》，方福仁主编，浙江文艺出版社2000年版，第1477页。

23. 秦箕踞陶俑，引自《沙苑子文史论集》，张维慎著，文物出版社2014年版，第186页。

24. 秦咸阳宫殿麦穗图壁画局部，引自《壁画遗韵　古代壁画与古墓丹青》，肖东发主编、张学亮编著，现代出版社2015年版，第8页。

25. 甘肃贡院至公堂，引自《岳麓忆院国学文库　清代科举图鉴》，李兵、袁建辉著，岳麓书社2015年版，第169页。

26. 剃头放睡图，引自《中国古代医史图录》，李经纬主编，人民卫生出版社1992年版，第86页。

27. 说唱俑，引自《中国国家博物馆馆藏文物研究丛书　陶俑卷》，中国国家博物馆编，上海古籍出版社2015年版，第39页。

28. 喜神剪纸画，引自《幸福美满　福禄寿喜与五福临门》，肖东发主编、石静编著，现代出版社2015年版，第102页。

29. 萱草（忘忧草），引自《观花植物栽培百科图鉴》，吴棣飞、王军峰编，吉林科学技术出版社2016年版，第40页。

30. 苏解为陶盖，引自《百年学府聚珍　西北大学历史博物馆藏品选》，西北大学文博学院考古专业编，文物出版社2002年版，第86页；苏解为拓片，引自《中国书法名作大典》，王冬龄主编，广西美术出版社1998年版，第179页。

31. 大禹治水，引自《两淮之风　两淮文化特色与形态》，肖东发主编、文杰林编著，现代出版社2015年版，第38页。

32. 大理寺大殿红柱石基，引自《石家庄市新华区文化大观》，张彩珍主编，河北美术出版社2014年版，第107页。

33. 好客山东，引自《从风欲飞的山东》，杜军编著，福建教育出版社2014年版，第104页。

34. 圆明园遗址，引自《好父母带孩子去的368个地方　北京卷》，李淳朴编著，北京理工大学出版社2014年版，第4页。

35. 左宗棠书法对联，引自《博大精深的民间楹联》，闻婷编著，吉林出版集团有限责任公司2014年版，第136页。

36. 错金篆书阳陵虎符，引自《博物馆里的中国　藏在指尖的艺术》，卢婷婷等编著，新蕾出版社2015年版，第135页。

37. 苦菜，引自《中国野菜图鉴》，刘全儒编著，山西科学技术出版社2015年版，第92页。

38. “香火龙”闹元宵，引自《仁化历史文化丛书　仁化印象》，赖小红主编，暨南大学出版社2015年版，第60页。

39. 云南晋宁石寨山出土长发青铜人像，引自《中国历代服饰艺术》，高春明著，中国青年出版社2009年版，第152页。

40. 浅浮雕彩绘陶豆，引自《马家浜文化　江南文化之源》，嘉兴市文化局编，浙江摄影出版社2004年版，第157页。

41. 1989年重建的徐州快哉亭，引自《寻访徐州老建筑》，汉风著，中国戏剧出版社2001年版，第135页。

42. 郦食其见刘邦，引自《讲给孩子听的中国历史故事　秦汉》，益博轩编著，北京联合出版公司2015年版，第29页。

43. 蚕箔，引自《中国传统农器古今图谱》，潘伟著，广西师范大学出版社2015年版，第428页。

44. 曲高和寡，引自《学生漫画成语故事　逸闻哲理》，崔晓光主编，商务印书馆2015年版，第152页。

45. 宋代砖画厨娘图，引自《味道中国　味中味　味蕾上的历史记忆》，王仁湘著，四川人民出版社2015年版，第146页。

46. 旷野上的玛尼石，引自《名胜与文物瑰宝》，宫蒲光、洛松次仁主编，中国藏学出版社2006年版，第52页。

47. 山西离石马茂堆出土青鸟画像，引自《画像石艺术　砖石精神》，刘宗超著，西南师范大学出版社2009年版，第27页。

48. 曲尺纹木栏杆，引自《中国古典建筑图释》，雷冬霞编著，同济大学出版社2015年版，第146页。

49. 五代乞巧图，引自《中国茶画》，裘纪平著，浙江摄影出版社2014年版，第12页。

50. 吉礼，引自《中国人应知的国学知识随用随查》，思履主编，中国华侨出版社2014年版，第383页。

51. 曾侯乙墓出土二十八星宿图衣箱，引自《中华民族史记3　从华夏到汉族》，徐杰舜主编，福建教育出版社2014年版，第115页。

52. 胯下之辱，引自《写给孩子的完美性格书　智慧与进取》，方舟主编，北京联合出版公司2016年版，第155页。

53. 河姆渡出土炭化稻谷，引自《浙江文物》，浙江省博物馆编，浙江人民出版社1987年版，第12页。

54. 耦耕示意图，引自《中国古代农业科技史图说》，中国农业博物馆农史研究室编，农业出版社1989年版，第66页。

55. 耒，引自《杨宽著作集　古史新探》，杨宽著，上海人民出版社2016年版，第29页。

56. 孔宅故井，引自《图说历史丰碑　儒家道学》，李默主编，广东旅游出版社2013年版，第18页。

57. 宿迁出土汉画像石田猎图，引自《长江文化论丛》第8辑，贺云翱主编，南京大学出版社2012版，第99页。

58. 民国廿五年嘉禾拾枚币，引自《百年铜元　中国近代机制币珍赏》，何代水、周沁园编著，上海科学技术出版社2012年版，第172页。

59. 祈年殿匾额，引自《中国美术全集　建筑艺术编　坛庙建筑》，中国美术全集编辑委员会编，中国建筑工业出版社1988年版，第10页。

60. 汉代砖刻平房式粮仓，引自《粮食储藏科学技术进展》，靳祖训著，四川科学技术出版社2007年版，第462页。

61. 汉画像石狩猎图，引自《微山汉画像石选集》，马汉国主编，文物出版社2003年版，第79页。

62. 宴饮·庖厨，引自《中国巴蜀新发现汉代画像砖》，高文主编，四川美术出版社2016年版，第62页。

63. 东汉壁画宴饮百戏图，引自《鉴宝　古典家具》，金帛编著，浙江摄影出版社2016年版，第5页。

64. 汉画像石庖厨图，引自《品味中国　味无味　餐桌上的历史风景》，王仁湘著，四川人民出版社2015年版，第114页。

65. 三国煎饼图，引自《图说世界文明史》，文若愚编著，北京联合出版公司2016年版，第382页。

66. 韩滉送军粮，引自《变幻中的乾坤　公元763年至公元960年的中国故事》，金尔文、郭建著，上海文艺出版社2005年版，第44页。

67. 元代釉里红楼阁式粮仓，引自《走进中国古建筑》，张驭寰、陶世安著，机械工业出版社2010年版，第227页。

68. 后稷像，引自《中国风尚史　先秦卷》，陈炎主编、逄金一著，山东友谊出版社2015年版，第40页。

69. 良渚文化遗址中先民用餐复原，引自《席面文化》，吕长鸣著，中国经济出版社2013年版，第8页。

70.《植物名实图考》书影，引自《国学知识大全》，思履主编，中国华侨出版社2014年版，第219页。

71. 高粱饴糖，引自《马达故事绘　青岛城事绘》，马达著，青岛出版社2014年版，第143页。

72. 清代太白醉酒图，引自《中国名画全知道》，马帅编著，北京联合出版公司2016年版，第409页。

73. 清代幽篁茗事图，引自《中国茶画》，裘纪平著，浙江摄影出版社2014年版，第173页。

74. 清代石青缎地龙纹朝服，引自《中国传统服饰　清代服装》，王金华著，中国纺织出版社2015年版，第50页。

75. 簪花仕女图，引自《簪花仕女图》，洪健绘，上海人民美术出版社2002年版，第16页。

76. 汉素纱禅衣，引自《湖南文化遗产图典》，湖南省文物局编，岳麓书社2008年版，第596页。

77. 年画：不爱红装爱武装，引自《绣的书写　中国刺绣的艺术与文化》，张朵朵著，东华大学出版社2016年版，第157页。

78. 湖南出土晋代进贤冠陶俑，引自《中国设计全集　服饰类编　冠履篇》，张秋平、袁晓黎主编，商务印书馆2012年版，第16页。

79. 新泰城出土骨佩觿两件，引自《平阳稽古录　悟源斋藏珍》，李明煜著，山东人民出版社2010年版，第23页。

80. 头巾，引自《中国人应知的国学知识随用随查》，思履主编，中国华侨出版社2014年版，第402页。

81. 唐代乐舞人物纹白玉带銙，引自《成语与服饰文化》，冯盈之编著，东华大学出版社2013年版，第142页。

82. 沂南汉墓画像石着裤人像图，引自《中国设计全集　服饰类编　衣裳篇》，廖军、许星主编，商务印书馆2012年版，第268页。

83. 汉代歧头履，引自《中国设计全集　服饰类编　冠履篇》，张秋平、袁晓黎主编，商务印书馆2012年版，第116页。

84. 江西出土明代翘尖弓鞋，引自《中国历代鞋履研究与鉴赏》，骆崇骐著，东华大学出版社2007年版，第137页。

85. 西汉绛紫绢袜，引自《中国设计全集　服饰类编　冠履篇》，张秋平、袁晓黎主编，商务印书馆2012年版，第180页。

86. 鸟瞰故宫，引自《儿童百科图谱　建筑篇》，黄松、潘学馥编文，周松豪等绘图，少年儿童出版社1998年版，第19页。

87. 二里头宫殿复原图，引自《古中国》，王海晨、杨晓虹、王希哲编著，上海科学技术文献出版社2009年版，第11页。

88. 帝王宣明政教的明堂，引自《漫步中国星空》，齐锐、万昊宜著，科学普及出版社2013年版，第151页。

89. 南禅寺大殿，引自《看懂中国建筑第一本书》，艺术大师编辑部编著，江苏凤凰美术出版社2015年版，第81页。

90. 琅琊台，引自《青岛旅行Let’s Go》，《亲历者》编辑部编，中国铁道出版社2016年版，第77页。

91. 放鹤亭，引自《古文观止彩图馆》，（清）吴楚材著，（清）吴调侯编选，谢烨编，中国华侨出版社2016年版，第361页。

92. 白马寺，引自《看懂中国建筑第一本书》，艺术大师编辑部编著，江苏凤凰美术出版社2015年版，第38页。

93. 城隍庙，引自《中国最美的古镇2》，黄滢、马勇主编，华中科技大学出版社2016年版，第168页。

94. 紫铜华严塔，引自《秀甲天下峨眉山》，余志超著，大象出版社2013年版，第129页。

95. 诸葛八卦村的丞相祠堂，引自《看懂中国建筑第一本书》，艺术大师编辑部编著，江苏凤凰美术出版社2015年版，第192页。

96. 鸟瞰地坛，引自《坛庙》，北京市古代建筑研究所编，北京美术摄影出版社2014年版，第48页。

97. 孔子墓碑，引自《图说山东　孔子文化》，张从军主编，山东美术出版社2013年版，第52页。

98. 元代青花三顾茅庐图纹罐，引自《官窑遗珍　鸿禧来馆藏》，来春荣主编，河南美术出版社2012年版，第32页。

99. 烟台蓬莱阁，引自《看懂中国建筑第一本书》，艺术大师编辑部编著，江苏凤凰美术出版社2015年版，第109页。

100. 丙戌年重阳世界华人华侨炎帝陵祭祖大典，引自《海峡两岸共祭炎帝神农》，湖南省人民政府台湾事务办公室、株洲市人民政府台湾事务办公室著，岳麓书社2015年版，第87页。

101. 夸父逐日邮票，引自《邮票上的神话与传说》，杨波、杨学旺编著，北京时代华文书局2016年版，第109页。

102. 岳王庙壁画岳母刺字，引自《杭州西湖岳王庙志》，李慧敏、沈立新主编，杭州出版社2012年版，第19页。

103. 戴敦邦绘村姑图，引自《中国白描　人物现代卷》，杨悦浦主编，福建美术出版社1998年版，第29页。

104. 外甥打灯笼——照舅（照旧），引自《彩图俗语词典》，王剑引等编著，上海辞书出版社1990年版，第75页。

105. 河伯娶妻，引自《中国神话与民间传说》，刘媛编著，北京联合出版公司2015年版，第261页。

106. 魏晋砖画厨娘杀鸡图，引自《饮食与中国文化》，王仁湘著，青岛出版社2012年版，141页。

107. 孟姜女哭长城，引自《中国神话与民间传说》，刘媛编著，北京联合出版公司2015年版，第243页。

108. 宋代秋庭戏婴图，引自《国画大师　宋画小品1》，实践经典编辑部编著，中央广播电视大学出版社2014年版，第86页。

109. 清代桃花坞木版年画百子图，引自《中华传统吉祥图案知识全集》，王连海编著，气象出版社2015年版，第34页。

110. 古代足阳明胃经经络图，引自《经络腧穴应用图解》，张鸥等主编，辽宁科学技术出版社2000年版，第22页。

111. 秦云梦睡虎地竹简，引自《中国设计全集　文具类编　书印篇》，杨志麟主编，商务印书馆2012年版，第194页。

112. 刻有名言的戒尺，引自《人性的复归〈红楼梦〉的教育世界》，于洋著，华中科技大学出版社2016年版，第225页。

113. 清代大学堂匾，引自《国学常识彩图馆》，付改兰编著，中国华侨出版社2016年版，第200页。

114. 孔子讲学雕塑，引自《图解国学知识》，梦华主编，中国华侨出版社2016年版，第737页。

115. 孔子问礼图（奚文渊绘），引自《东方文华　浦东开发开放二十周年书画精品展作品集》，王卫国主编，上海人民美术出版社2010年版，第111页。

116. 田横岛上的五百义士塑像，引自《青岛深度游Follow Me》，《亲历者》编辑部编，中国铁道出版社2014年版，第220页。

117. 杭州岳王庙忠泉，引自《杭州西湖岳王庙志》，李慧敏、沈立新主编，杭州出版社2012年版，第53页。

118. 季札挂剑画像石拓片，引自《石头上的中国画　武氏祠汉画像石的故事诠释》，胡广跃著，三秦出版社2014年版，第182页。

119. 虎狼之仁图，引自《诸子百家国风画传　庄子画传》，赵明钧著，济南出版社2015年版，第30页。

120. 孝亲图，引自《人生遵俗　人生处世与礼俗文化》，肖东发主编、袁凤东编著，现代出版社2015年版，第144页。

121. 梁上君子，引自《中华成语故事》，晨风童书编著，中国人口出版社2017年版，第67页。

122. 湖北云梦睡虎地出土秦代毛笔等书写工具，引自《中国古代印刷工程技术史》，方晓阳、韩琦著，山西教育出版社2013年版，第48页。

123. 《天工开物》所载松烟制墨图，引自《中国出版图史》，肖东发主编，南方日报出版社2009年版，第102页。

124. 汉代造纸流程示意图，引自《中华姓氏彩图馆》，徐梦然编著，中国华侨出版社2016年版，第304页。

125. 东汉圆形研磨器和研石，引自《中国考古集成　华北卷　河南省　山东省　综述1》，孙进己、孙海主编，中州古籍出版社1999年版，第306页。

126. 唐三彩陶马与马夫俑，引自《文物小讲》，许进雄著，中央编译出版社2016年版，第216页。

127. 清代典妻图，引自《中国通史教程　第3卷　元明清时期》，姜义华主编，复旦大学出版社2006年版，第259页。

128. 宋代纺车图局部，引自《中国名画全知道》，马帅编著，北京联合出版公司2016年版，第204页。

129. 清代宫廷画师所画光绪帝大婚图局部，引自《清代宫廷生活》，万依等主编，人民美术出版社2014年版，第255页。

130. 唐代婚俗男拜女不拜，《中国民俗百图》，王弘力绘，辽宁美术出版社2014年版，第143页。

131. 古代婚礼场景剪纸，引自《中国孝文化知识读本》，徐玉琼、王平编著，湖北人民出版社2014年版，第111页。

132. 清代嫁娶图，引自《你可能不知道的1000个历史细节 清代卷》，李福杰编著，时代文艺出版社2009年版，第163页。

133. 中唐婚嫁图，引自《中国石窟　安西榆林窟》，敦煌研究院编著，文物出版社2012年版，第17页。

134. 明嘉靖年间踩脚印、摁手印的婚书，引自《老结婚证书》，许芳、荆绍福主编，中国档案出版社2009年版，第2页。

135. 月下老人，《中外民间故事》，张新国主编，北京时代华文书局2014年版，第26页。

136. 国家博物馆藏新石器时代红山文化陶孕妇，引自《中外美术名作欣赏》，罗胜京编著，重庆大学出版社2013年版，第82页。

137. 浙江余杭出土良渚文化玉颈饰，引自《服饰中华　中华服饰七千年》第1卷，黄能福、陈娟娟、黄钢编著，清华大学出版社2011年版，第29页。

138. 马王堆汉墓帛画“引魂升仙”图，引自《川大史学（第二辑）中国古代史卷》，刘复生主编，四川大学出版社2016年版，第52页。

139. 涅槃佛与弟子，引自《华夏文明圣火薪传》第5卷，章人英主编，上海三联书店2015年版，第145页。

140. 仰韶文化早期的贝壳龙虎图陪葬，引自《入土为安　图说古代丧葬文化》，张剑光著，广陵书社2004年版，第13页。

141. 清代挂孝图，引自《冷门知识大全》，鲁中石主编，天津科学技术出版社2015年版，第364页。

142. 石椁内壁画像，引自《汉画像之美　汉画像与中国传统审美观念研究》，朱存明著，商务印书馆2011年版，第230页。

143. 公婆龛，引自《中国人的社会生活》，［美］卢公明著，陈泽平译，福建人民出版社2009年版，第119页。

144. 蝉形玉琀，引自《汉代丧葬礼俗》，李如森著，沈阳出版社2003年版，第6页。

145. 女娲补天，引自《光的传奇》，李然、张海川编著，上海科学普及出版社2013年版，第123页。

146. 盘古开天地画像砖，引自《古罗马神话彩图馆》，余祖政、刘佳、刘世洁编著，中国华侨出版社2016年版，第359页。

147. 河南唐河出土汉画像石羲和主日、常羲主月图，引自《楚汉装饰艺术集　画像石　画像砖　帛画》，李正光主编，湖南美术出版社2000年版，第34页。

148. 嫦娥奔月玉雕，引自《花好月圆　中秋节俗与赏月之风》，肖东发主编、李姗姗编著，现代出版社2015年版，第8页。

149. 大泉五十背星宿图花钱，引自《中国珍稀钱币图典　花钱卷》，余榴梁、朱勇坤编著，上海科学技术出版社2014年版，第197页。

150. 清代北京神祃《玉皇大帝》，引自《节令年画》，殷伟、殷斐然编著，清华大学出版社2016年版，第54页。

151. 玉猪龙，引自《博物馆里的中国　四海遗珍的中国梦》，陆青松编著，新蕾出版社2015年版，第11页。

152. 吹箫引凤，引自《中华祥瑞图典》，孟君撰译，团结出版社2001年版，第69页。

153. 麒麟送子，引自《中华祥瑞图典》，孟君撰译，团结出版社2001年版，第313页。

154. 龟鹤齐龄，引自《中华祥瑞图典》，孟君撰译，团结出版社2001年版，第173页。

155. 双喜迎福，引自《福禄寿喜财》，姜震山、姜贺编著，北京工艺美术出版社2015年版，第6页。

156. 禄星，引自《福禄寿喜财》，姜震山、姜贺编著，北京工艺美术出版社2015年版，第65页。

157. 百寿图，引自《中华祥瑞图典》，孟君撰译，团结出版社2001年版，第32页。

敬　告

在本书的编写过程中，我们与本书所收图片的作者进行了广泛的联系，得到他们的热心指导和大力支持。众多的现当代图片作者慷慨授权，嘉惠后学，更让我们深受感动。在此，我们表示衷心的感谢和崇高的敬意。由于种种原因，部分图片作者无法联系，未能事先取得授权，谨此表示歉意，敬请见书后及时与我们联系，提供相关身份与作品证明，以便我们支付相应稿酬。